陈　亮　编著

出版企业战略
与
管理发展

上海古籍出版社

图书在版编目(CIP)数据

出版企业战略与管理发展/陈亮编著. —上海:上海古籍出版社,2012.1
ISBN 978 - 7 - 5325 - 6192 - 6

Ⅰ. ①出⋯ Ⅱ. ①陈⋯ Ⅲ. ①出版社—企业管理—研究—中国
Ⅳ. ①G239.22

中国版本图书馆 CIP 数据核字(2011)第 277415 号

责任编辑　王冰鸿
装帧设计　严克勤

出版企业战略与管理发展

陈　亮　编著

上海世纪出版股份有限公司
上 海 古 籍 出 版 社　出版
(上海瑞金二路 272 号　邮政编码 200020)
(1)网址:www.guji.com.cn
(2)E - mail:guji@ guji.com.cn
(3)易文网网址:www.ewen.cc

发行经销　新华书店上海发行所
印　　刷　江苏启东人民印刷有限公司
开本　787×1092　1/16　插页 2
印张　16　字数 337,000
版次　2012 年 1 月第 1 版
　　　2012 年 1 月第 1 次印刷
印数　1—1 300
ISBN 978 - 7 - 5325 - 6192 - 6/F·8
定价　58.00 元

前　　言

对中国的学者和企业的经营者来说,"战略管理"是一个非常重要的课题,也是一门应用性很强的管理科学,企业的战略管理成功与否,企业战略的灵活性如何,几乎决定了现代企业今后的发展命脉,而对于现实中的企业,怎样从更高的层次上去把握自身的发展方向,如何在更大的范围内提高资源配置的效率,它都具有重要的指导意义。

进入 21 世纪,中国出版企业在制度创新、体制变革等方面取得了实质性的进展。随着全球化、数字化浪潮的进一步推进,中国出版企业将面临全球出版巨头的有力竞争,还要积极应对信息网络、数字技术对出版产业核心竞争力的全面革新。因此,党中央、国务院做出了推进出版业加快转企改制的决定,并推出了改革时间表和转制基本方案,我国出版社根据国家的要求,转制后将要完全按照市场经济的规律运行,实行企业市场化运作的模式,因此如何在我国出版社实施战略管理,如何创新内部机制,提高出版企业的生存和发展能力,成为迫在眉睫,亟待解决的问题。

作为一个在国内高校出版社工作了 19 年的管理人员,本人一直想编撰一本适合企业管理专业师生和出版企业管理人员参考的论述中国出版企业战略与管理发展的专著。因此本书在体系设计和内容取舍上,将企业战略管理的核心知识与真实的中国出版企业案例相结合,图文并茂,从战略管理学中若干个重要领域对多家出版企业以及这些企业在战略与管理发展中存在问题与困惑进行了广泛意义上的研究讨论与实用性分析,为帮助我国出版企业走出困境提供了科学的思维方法与具体的建设性意见及相关解决对策。

按照这一指导思想,将本书的构架设计为:企业战略管理概论→出版企业环境研究→出版企业战略选择与评价→出版企业战略实施与控制。

第一章,出版企业战略管理概述,主要介绍了战略的概念、要素与结构、战略管理理论演进以及战略管理过程;第二章,出版企业的使命和战略目标,主要讲述了出版企业的使命、环境与 SWOT 分析和出版企业的战略目标;第三章,战略管理者,介绍了战略管理者的构成、战略管理者的管理方式,并描述了我国教育音像出版行业战略管理者的现状;第四章,企业环境研究的基本原理,阐述了环境构成与相互关系和环境的信息与环境的研究程序;第五章,出版企业外部环境研究,分析了出版企业环境性质、行业结构、竞争位置,并总结了外部环境的机会与威胁;第六章,出版企业内部环境分析,研究了出版企业内部资源识别模型、人力资源、企业财务、核心能力、优势与劣势等等;第七章,出版企业的战略选择,分别介绍了稳定发展战略、增长战略、并购战略、防御战略,并用实际案例讲述了出版企业战略的组合和选择;第八章,出版企业人力资源管理战略,通过一些实际案例,探索出版企业人力资源管理应该注重的几个问题;第九章,出版企业实施财务战略管理,通过中外出版企业的案例说明了加强财务战略管理的意义、并介绍了具体措施和如何进行分析和合算,以出版传媒和当当网不同的上市案例,介绍了国内外不同的财务融资模式;第十章,音像出版企业的成本管理战略,介绍了成本战略管理的意义与原则、音像出版企业成本管理战略规划和具体实施,最后以上海外语音像出版社为案例分析其成本管理战略;第十一章,出版企业营销战略管理,通过一些具体案例,介绍了图书核心营销战略、图书整合营销传播战略、事件营销在图书营销中的应用、市场定位与特色经营与一些管理经验;第十二章,出版企业数字时代营销战略,通过分析当今流行的一些传媒和出版渠道,结合已有的实际案例的经验,论证未来数字出版物的战略发展趋势;第十三章,我国出版产业集团化发展的战略选择和战略模型,本章介绍中国出版产业集团化发展的战略选择、战略模型及模型的具体运用;其后阐述了中国出版产业集团化发展的重要因素、如何处理好出版集团两种经营战略和核心竞争力的关系,本章最后分析了中国出版产业集团化发展的战略对策。

中国出版企业战略与管理发展作为一项新的课题,其理论和方法尚处于不断完善和发展之中。在本书编写过程中,我参考了国内外名著和一些专家的论述,引用了一些实际案例,在此表示特别的感谢。由于战略管理领域发展很快,书中的不足和缺憾在所难免,敬请专家和广大读者谅解,并批评指正。

目　　录

第一章　出版企业战略管理概述

战略管理（Strategic Management）是企业管理的重要组成部分，是一个不断循环、没有重复的过程。美国企业在 20 世纪 70 年代就进入了"战略管理时代"，日本则宣称 20 世纪 80 年代初进入了"战略经营时代"。对我国企业来说，随着市场经济的发展，企业已经成为市场经济的主体，外部环境的不断变化和市场竞争的日趋激烈，对企业的影响很大，许多企业的管理者已经使用战略管理的理念、思想、方式等来管理企业。

美国的一项研究对 101 家零售、服务和制造企业进行了历时三年的跟踪，结果表明，采用战略管理观念的企业比那些不采用战略管理观念的企业更为成功。其中采用战略管理的企业明显地增加了销售、盈利并提高了生产率，此外有高达 80% 的公司将依靠改变公司的战略方向来实现盈利能力的提高。

当前，我国的文化体制改革进入了关键时期，出版业随着单位的生存环境，如市场基础、受众群体，传播手段、体制机制，以及国外市场的准入，都出现了翻天覆地的变化。2008 年 8 月，党中央、国务院做出了推进我国出版业加快转企改制的决定，因此取消国家的保护政策也只是一个时间问题。随着我国出版产业结构的全面调整，文化教育出版市场的竞争日益加剧，如在教育出版领域，教育出版社业改制、教材招投标、学生减负、免费教科书等一系列政策措施的实施，使我国出版业面临着前所未有的挑战。我国的出版业是否会随着这次改制，一跃成为竞争力强的优势行业？是率先融入市场经济潮流，还是最先崩溃？这些都与战略紧密相关。战略管理已经成为决定我国出版企业竞争成败的关键与核心问题之一。

第一节　战略概念、要素与结构

一、战略与战略管理

（一）战略

在我国，战略一词古已有之，先是"战"与"略"分开使用，"战"指战斗、交通和战争；"略"指谋略、策略和计划，后来才合二为一，一起使用。《左传》和《史记》中已使用"战略"一词，西晋史学家司马彪曾有以"战略"为名的著述。在西方，"战略"（strategy）一词来源于希腊语"strategos"，它由"statos"和"ag"构成，其含义是"将军指挥军队的艺术"。克劳塞维茨（Clausewits）在其理论巨著《战争论》中指出："战略是为了达到战争的目的而对战斗的运用。"总而言之,"战略"一词原本是个军事用语,在中国和西方都起源于古代的战争,在现代,"战略"被进一步引申到政治、经济活动中。

"战略"本来是一个军事上的用语,在军事上有谋略家、战略家之称,是为对抗和竞争服务的。从20世纪中叶开始,"战略"这一名词从军事学的用语引申到经济领域,这说明经济领域和军事领域实质上有很多类似的方面,是可以做类比的。我们日常也经常讲"商场如战场,一招不慎,将导致全军覆没"。一个好的点子、决策、策略,可能使企业起死回生,所以,战略对企业来说相当重要。

早在1938年美国学者巴纳德在他的《经理的职能》一书中提出了"战略"这一构思。大约在20世纪60年代开始,企业界开始明确引进战略概念。1965年美国著名学者安索夫(H. L Ansoff)发表《企业战略论》提出的"产品与市场战略"模型,使得"战略"这一术语得到广泛应用。20世纪70年代中期战略管理被企业广泛接受和采用。1978年著名学者苏恩提出了战略的三个层次观点。在"战略"这一概念的随后发展过程中,又分别出现了诸如:"战略是一种决策模式并决定和揭示企业的目标";"战略是一种计划,它将企业的主要目标政策和活动按照一定的顺序连成一个有效的整体";"战略是计划、计策、模式、定位和观念,5PS的有效组合"等各种不同观点。欧洲战略学认为,战略几乎包含了商科所有要素,比如市场、财务、项目、人力资源、企业管理等方面的知识都在战略的分析过程中有所涉及。其中,以英国著名学者杰森和舒勒1999年对战略的定义最有影响。他们认为,战略是通过有效地组合企业内部资源,以在变化的环境中确定企业的发展方向和经营范围,从而获取竞争优势以满足市场需求和企业拥有人的需求。

(二)战略管理

企业战略管理一词最初由安索夫在1976年出版的《从战略规划到战略管理》一书中提出。安索夫认为企业战略管理是指将企业的日常业务决策与长期计划决策相结合而形成的一系列经营管理业务。国内外学者对战略的解释不一,但对战略管理的理解基本一致,主要列举以下几种说法:

(1)战略管理涉及对有关组织未来方向做出决策和决策的实施,它包括两个方面:战略规划与战略实施。

(2)战略管理是一整套决策和行动,旨在指定和实施有效的战略以有助于完公司的目标。

(3)战略管理是一系列决定公司长期绩效的管理决策和行动,包括战略的形成、评价和控制。

(4)企业战略管理是指在企业总体战略的形成过程中以及在企业运行时贯彻落实这些战略的过程中,制定的决策和采取的行动。

本书将战略管理定义为企业根据其使命结合组织内外部环境设定战略目标,制定战略决策,实施战略计划,控制战略绩效的一个动态管理过程。而出版企业战略管理则是指出版企业根据其使命结合组织内外部环境设定战略目标,制定战略决策,实施战略计划,控制战略绩效的一个动态管理过程。

· 二、战略管理要素

战略管理的概念不同的学者众说纷纭,没有统一的表述。战略管理涉及的领域广泛,内容多样,对于战略管理要素也没有一致的说法。尽管不同的学者论述差异大,但大多数观点都以安索夫的产品市场战略为核心。1965 年安索夫在其著作《企业战略论》中,将战略管理概括为四个要素,即产品与市场领域、成长方向、竞争优势、协同效应。安索夫认为这四种要素可以在企业中产生一种合力,形成企业的共同经营主线,即企业目前的产品与市场组合和未来的产品与市场组合之间的关联。产品与市场领域、成长方向、竞争优势与协同效应作为战略管理的四个要素相辅相成,互不排斥,共同构成企业战略的内核。产品与市场领域指明了企业寻求获利的范围,成长方向则明确了企业的扩展方向,竞争优势是企业获利的有效保证,协同效应是企业获利能力得以实现的"加速器"。

(一)产品与市场领域

确定企业的产品和市场是战略管理的第一个要素。产品和市场领域不仅包括企业现在从事的事业活动范围,而且包括企业将来的事业活动领域,即正在做什么与应该做什么,以便企业具有十足的成长空间。产品和市场领域的确定应依据企业的具体情况而定,立足当前,着眼未来。对大多数的企业来说,应根据自己所处的行业来确定产品与市场领域。出版企业可以依据其出版物特点和消费者需求的个性化来确定经营范围。

以中国人民大学出版社为例,我们可以看出,对于出版企业来说确定产品经营范围的重要性,产品和市场的定位对企业总体战略至关重要。

中国人民大学出版社成立于 1955 年,是新中国建立之后成立的第一家出版社。50 年来,人大出版企业始终以促进我国教育、文化事业发展为自己的历史使命,为中国高等教育事业、中国人文社会科学事业、马克思主义的研究和传播作出了积极的贡献。1982 年人大出版社被教育部确定为全国高校文科教材出版中心,是中国高校教材、学术著作出版最重要的基地之一。

中国人民大学出版社的产品和市场定位是以精品出版物促进中国哲学社会科学的发展与繁荣。出教材精品,服务于中国的教学改革和学科建设。中国人民出版社出版的高校文科教材被国内上千家大学所采用。根据对各省采用教材情况的分析,中国人民出版社出版发行的教材在高校文科教材的市场占有率达 10%,高校文科教材已成为其重要的出版特色,成为出版社发展的支柱。出学术精品,服务于学术研究和文化传承。中国人民出版社既是教材出版机构,也是学术性出版机构,它一直注重学术著作的出版,每年出版的学术著作超过 150 种,占总出版品种的 20%左右。出大众精品,服务于全面建设小康社会,提高国民素质;近年来中国人民出版社一改过去只出版"纯学术著作"的出版思路,策划出版一些图文并茂、文字优美、通俗易懂的休闲类"大众精品",如音乐欣赏、艺术鉴赏、著名音乐家、画家、书法家等的传记丛书,这些图书出版后不仅提升了大众的阅读欣赏层次,也有很可观的销售量,有的品种销售量达 20 万册以上,成为出版企业一个新的出版增长点。

(二)成长方向

成长方向是指企业的经营范围应该向什么方向发展。安索夫根据企业现有产品、市场和将来发展的新产品、新市场的组合,指出企业可以采取四个方向的发展战略:市场渗透战略、市场开发战略、产品开发战略、多元化战略。

市场渗透战略是指将现有产品领域与现有市场领域组合而成的一种企业成长战略。企业主要通过加强广告宣传、促销等手段扩大产品销售,从而占领更大市场份额。为此,一是扩大产品的消费者数量;二是增加消费者的使用频率和使用数量;三是扩大产品的用途和范围。这种战略适用于潜在市场大的情况。

市场开发战略是指将现有产品领域与新市场组合而成的一种企业成长战略。企业主要通过开发新用户、新地区市场,扩大产品销售,从而占领更大市场份额。很多的出版企业都采用过此战略。

由 158 家成员单位、两万余人组成的河南出版集团,是以图书、报纸、期刊、音像、电子出版物的出版、印刷、制作、发行、版权贸易为主业,编印发一条龙、产供销一体化的大型综合性文化产业集团,是河南省目前最大的文化产业集团。

河南出版集团在改革中坚持做好出版主业,走多元化发展道路,为集团未来发展点亮了多盏航灯。它们实施"立足中原,借智发展"战略,充分利用北京的专家、信息、资源、辐射优势,积极实施对外扩张,打造占地 200 亩的北京出版基地,开始了集团扩张的第一步。自 2005 年投入运营以来,实现了低成本进入和当年建设、当年完成、当年见效的目标,保持了良好的发展势头。2006 年,仅北京汇林公司就取得了销售收入 3 亿元、利税总额 1 200 万元的优异成绩,注册成立的北京文华金典公司被国家新闻出版总署授予总发行权,取得了进军全国出版物发行市场的通行证,为集团下一步在全国中心城市进行战略布点、实施跨地区连锁经营、构建全国发行网络创造了有利条件。

产品开发战略是指通过向现有市场投放新产品,或改良产品或追加不同规格的产品,来提高市场占有率的企业成长战略。

河南出版集团旗下的大象出版社、河南文艺出版社经过精心策划和培育,已开发出 70 多种国标教材和省编教材,全年新增销售收入 3 638 万元,利润 350 万元,税金 285 万元。河南出版对外贸易公司通过加大市场开发和营销力度,2006 年新开发进口木浆、纸张出口、与国内著名出版企业签订图书代理协议等业务,全年实现销售收入 2 300 万元,在发展外向型出版业务方面迈出了可喜的步伐。

多元化战略是指通过向企业未涉足的新市场投放新产品,开发新的经营领域而使企业成长的一种战略。多元化经营战略已经成为经济成长较快、市场竞争激烈的情况下,企业拓展市场,提高经营效益,减少风险的重要选择。

如河南出版集团下属的河南省新华书店积极开发利用无线互联网开展图书信息客

户服务、信息增值服务和第三方物流。河南省印刷物资总公司大力开拓深圳出版物资市场,注册成立了深圳托利纸业有限公司,经过近几年发展,经营规模不断扩大。2011年预计将完成纸张销售37万吨,实现销售收入25亿元。出版集团采取的多元化战略使企业快速成长。

（三）竞争优势

竞争优势是指企业通过其资源配置的模式和经营范围的决策,在市场上形成与其竞争对手之间的竞争地位。竞争优势一般表现为企业所拥有的资源与竞争企业相比,在数量和质量上形成的有利差别。一定的竞争优势是企业在特定的产品和市场领域应追求的目标,同时也是企业在竞争中立于不败之地的根本保证之一。竞争优势既可以来源于企业在产品和市场上的地位,也可以来自企业对特殊资源的应用。发挥竞争优势有两个含义:一是正确认识企业的竞争优势;二是有效利用企业的竞争优势。

（四）协同效应

协同效应是指企业从资源配置、现有的产品和市场领域的决策中所能寻求的各种共同努力的效果。若干因素的有效组合可以比各个因素单独作用产生更大的效果,由于相互补充、相互促进,可以取得1+1大于2的效果。一般企业的协同效应主要有以下方面:

（1）生产协同效应　生产协同效应是指企业通过有效地利用现有的生产技术和设备、现有的人员以及分摊间接费用等取得的协同效应。

（2）投资协同效应　投资协同效应是指企业通过企业内部各经营单位共用厂房、原材料库存、设备和工具以及研究开发战果的协同效用。

（3）销售协同效应　销售协同效应是指企业通过利用共同的销售渠道、共同的销售机构、共同的销售手段、共同的产品品牌和企业形象来扩大销售而取得的协同效应。

（4）管理协同效应　管理协同是指企业通过充分地运用管理系统的作用,特别是各级管理人员的通力合作而产生的协同效用。

前三种协同效应实际是发生在企业生产经营活动过程中的三个阶段,而第四种协同效应则是贯穿于整个企业生产经营活动的一个"质"。

三、战略结构

公司战略、竞争战略和职能战略作为战略的三个层次,共同构成了企业的战略体系。对战略三个层次的划分使得战略在制定与实施的过程中能够促使企业各管理层进行充分的协商与密切的合作。设计战略体系的目的,是为了使企业高层管理人员明确认识战略的层次以及各层次之间的关系,以便根据公司整体的情况和公司内部各部门和各经营单位的经营业务实际,制定符合各种实际情况的不同战略,进而有效地实施战略管理,增进企业的战略竞争能力。

如图1-1描述了战略体系的主要内容。企业战略包括公司战略、竞争战略与职能战略三个层次。不同类型的企业战略层次会有不同,这里的三个层次主要依据大型公司内的战略类型而分类的。在一个企业内部,企业战略的各个层次之间是相互联系、相互配合的。企业每一层次的战略都构成下一层次的战略环境,同时,低一级的战略又为上一级战略目标的实现提供保障和支持。所以,三个层次的战略有效结合是一个企业实现其总体战略目标的必要保证。

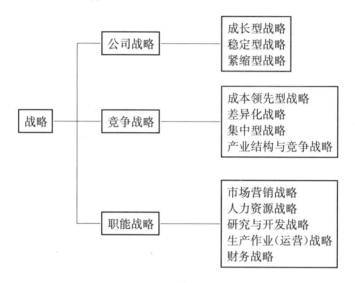

图 1-1 战略结构

（一）公司战略

公司战略包括企业战略决策的一系列最基本的因素:公司的宗旨、性质、组织结构、组织形式、资源配置、从事的行业、发展速度以及投资决策等等。公司战略是企业的总纲领,是企业最高管理层指导和控制整个企业一切行为的最高纲领,它主要研究企业的经营方向和企业应该经营的事业领域,从而使企业长期获利。公司战略注重把握企业内外部环境的变化,同时努力将企业内部各个部门间的资源进行有效的战略配置,并以企业的整体为对象。公司战略以价值为取向,并以抽象的概念为基础,忽略具体性原则。该层次战略注重深远性和未来性,代表了企业的发展方向。公司战略具有如下特点:从形成的性质看,公司战略体现企业全局发展的整体性与长期性;从参与战略形成的人员来看,它的制定与推行主要由企业高层的管理人员来执行;公司战略与企业的组织形态关系密切。

（二）竞争战略

竞争战略是企业内部各部门和所属单位在企业总体战略的指导下,经营管理某一个战略单位的战略计划,是各个战略事业单位制定的部门战略。竞争战略着重考虑企业如何在特定的市场上获取竞争优势,比如,如何建立企业的特色,推出什么样的产品,提供什么样的服务,在哪些市场推出,什么时机推出等等。竞争战略要思考企业所有的竞争议题,包括企业自身需要加强的部分、市场上的自我定位以及取得竞争优势的方法和在不同产业发展阶段中所采用的不同策略等等。同时,针对不断变化的外部环境在各自的经营领域里有效地竞争。

(三)职能战略

职能战略是职能管理领域为了贯彻、实施和支持公司战略和竞争战略而制定的战略。职能战略主要考虑如何有效组合企业内部资源来执行公司层战略和竞争战略,注重企业内部主要职能部门的短期战略计划,以使职能部门的管理人员能明确本职能部门在实施企业总体战略过程中的责任与要求。职能战略通常包括市场策略、生产策略、研究与开发策略、财务策略与人事策略等职能策略。职能战略主要思考如何提升企业的运作效能,使企业获得较佳的效率、品质、创新和回应顾客方面的能力。职能战略的重点在于提高企业资源的利用效率,使企业资源的利用效率最大化。职能战略与公司战略和竞争战略相比较,职能战略更为详细具体。战略管理三个层次的比较详见下表。

表 1-1　战略管理三个层次的比较

比较内容	战　略　管　理　层　次		
	公司战略	竞争战略	职能战略
管理要素	产品与市场领域成长方向	竞争优势	协同效应
管理者	高层	中层	基层
性质	观念型	中间	执行型
明确程度	抽象	中间	确切
可衡量程度	以判断评价为主	半定量化	通常可定量
频率	定期或不定期	定期或不定期	定期
时期	长期	中期	短期
地位	开创性	中等	大改善增补性
与现状的差距	大	中等	小
风险程度	较大	中	较小
盈利潜力	大	中等	小
可能的代价	较大	中	较小
灵活性	大	中等	小
资源	部分具备	部分具备	基本具备
协调要求	高	中等	低

将公司战略与竞争战略相区别,主要是针对那些跨行业多种经营的企业而言,这些企业对不同的顾客、技术和产品,都有不同的战略。

如果企业跨行业经营,而且有许多不同的经营业务活动,则企业的战略层次就如同前面所提到的三个层次的战略组合,即公司战略为最高层,其次为竞争战略与职能战略,如图 1-2 所示。

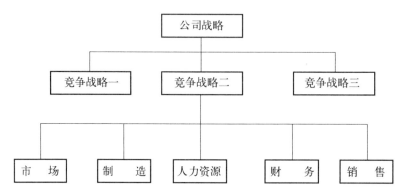

图 1-2　跨行业多种经营企业的战略层次

如果企业仅从事一项业务,那么企业的公司战略与竞争战略就是一样的,也就是说这两种战略的决策权都将集中在企业的高层管理者手中。如图 1-3 所示。

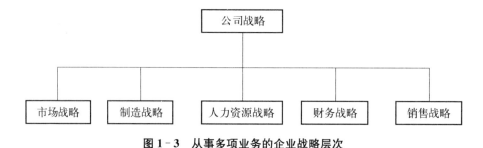

图 1-3　从事多项业务的企业战略层次

第二节　战略管理理论演进

纵观战略管理理论的发展历史,战略管理理论主要经过三个阶段的演变:以环境为基点的经典战略管理理论,以产业(市场)结构分析为基础的竞争战略理论和以资源、知识为基础的核心能力理论。

一、以环境为基点的经典战略管理理论

20 世纪 60 年代初,美国著名管理学家钱德勒(Chandler)的《战略与结构》一书的出版,拉开了企业战略问题研究的序幕。钱德勒在其著作中,分析了环境、战略和组织结构之间的相互关系,认为,企业经营战略应当适应环境——满足市场需要,而组织结构又必须适应企业战略,随着战略变化而变化。钱德勒因此被公认为研究环境——战略——结构之间关系的第一位管理学家。其后,就战略构造问题的研究,形成了两个学派:"设计学派"(Design School)和"计划学派"(Planning School)。

设计学派以哈佛商学院的安德鲁斯(Andrews)教授及其同仁们为代表。该学派在主张经营战略和组织（企业）自身条件与所遇到的机会和适应的基础之上，建立了将战略构造分为制定与实施两大部分的基本模型。其理论认为，首先，在制定战略的过程中要分析企业的优势与劣势、机会与威胁，因为，这将涉及企业的竞争环境和企业发展的外部极限。其次，高层经理人员应是战略制定的设计师，并且，他们还必须督导战略的实施。最后，战略构造的模式应是简单而又非正式的，而且最好的战略应该具有创造性和灵活性。

计划学派则是以安索夫为杰出代表。安索夫在1965年出版了《企业战略论》一书。以他为代表的计划学派主张，战略构造应是一个有控制、有意识的正式计划过程：企业的高层管理者负责计划的全过程，而具体制定和实施计划的人员必须对高层管理者负责通过目标、项目、预算的分解来实施所制定的战略计划等等。1972年安索夫在《企业经营政策》杂志上发表了《战略管理思想》一文，正式提出"战略管理"的概念，为后来的企业战略理论的发展奠定了基础。安索夫还出版了《战略管理》一书，系统地提出了战略管理模式。它认为，战略行为是对其环境的适应过程以及由此而导致的企业内部结构化的过程；企业战略的出发点是追求自身的生存与发展。

二、以产业（市场）结构分析为基础的竞争战略理论

忽视了对企业竞争环境进行分析与选择是经典战略理论缺陷之一。波特（Ponter，1980）在一定程度上弥补了这一缺陷。他将产业组织理论中结构（S）—行为（C）—绩效（P）这一分析范式引入企业战略管理研究之中，提出了以产业（市场）结构分析为基础的竞争战略理论。波特认为，企业盈利能力取决于其选择何种竞争战略，而竞争战略的选择基于以下两点考虑：

（1）必须选择有吸引力的、高潜在利润的产业。不同产业所具有的吸引力以及带来的持续盈利机会是不同的，一个选择朝阳产业的企业要比选择夕阳产业更利于提高自己的获利能力，因为一个企业所选择的那个产业的内在盈利能力是决定该企业获利能力与机会的重要因素。

（2）必须在已选择的产业中确定自己优势的竞争地位。一般说来，在一个产业中，不管它的吸引力以及提供的盈利机会如何，处于竞争优势地位的企业要比劣势企业更有利可图。而要正确地选择有吸引力的产业以及给自己的竞争优势定位，必须对将要进入的一个或几个产业结构状况和竞争环境进行分析。

在《竞争战略》一书中，波特提出了著名的由五方面竞争力（进入者威胁、替代品威胁、现有竞争对手的竞争以及买方和供方讨价还价的能力）所形成的竞争模型，认为产业的吸引力、潜在利润是源于这五个方面压力所产生相互作用的结果。而"战略制定的关键就是要透过表面现象分析竞争压力的来源。对于表象之下压力来源的认识可使公司的关键优势与劣势突现出来"。在此不难发现，企业可以通过其战略对五方面竞争力量发生影响，并影响产业（市场）结构，甚至改变某些竞争规则，从而赢得竞争优势，提高自己的盈利能力。波特的研究正是按照这样的思路展开的。首先，他构建了一个制定竞争战略的模型，分析了决定产业潜在利润和吸引力的五方面竞争力量,并在此基础上提出了赢得竞争优势的三种通用战略:成本领先战略、差异化战略和集中化战略。其次,波特通过对各个具体产业如零散型产业、新兴产业、走向成熟的过渡产业、夕阳产业以及全球性产业等的环境进行分析,把上述三种通用战略加以具体化。

与经典战略理论相比,竞争战略理论有了进一步的发展。该理论指出了企业在分析产业(市场)结构竞争环境的基础上制定竞争战略的重要性,从而有助于企业将其竞争战略的眼光转向对其有吸引力产业的选择上。然而,同经典战略理论一样,竞争战略论仍缺乏对企业内在环境的考虑,因而无法合理地解释下列问题:为什么在无吸引力的产业中仍然有盈利水平很高的企业存在,而在吸引力很高的产业中又存在经营状况很差的企业;受潜在高利润的诱惑,企业进入与自身竞争优势毫不相关的产业进行多元化经营,最终这些企业缘何大多以失败告终等等。波特后来对此缺陷有所认识,于是在此后的《竞争优势》一书中,从企业的内在环境出发,提出以价值链为基础的战略分析模型,试图弥补原有理论的不足。但是,就价值链的分析方法而言,它几乎涉及企业内部所有方面,存在着对主要方面(如特定技术和生产方面)重视不足的局限性。在这样的情形下,以资源、知识为基础的核心能力理论便迅速地发展起来。

三、以资源、知识为基础的核心能力理论

信息技术的迅猛发展使竞争环境更加恶劣,使得企业不得不将其所关注的目光从其外部产品市场环境转向其内在环境,并注重自身独特资源和知识(技术)的积累,以形成特有的竞争力(核心能力)。20 世纪 80 年代中期"资源观"(resource based view)和 20 世纪 90 年代初"知识观"(knowledge based view)的提出就恰恰体现了这一转变。

该理论假定企业具有不同资源(这里的资源包括知识、技术等),形成了独特的能力,资源不能在企业间自由流动,对属于某企业特有的资源,其他企业无法得到或复制。企业利用这些资源的独特方式是企业形成竞争优势、实现战略管理的基础。企业经营战略的关键在于培养和发展企业的核心能力。所谓核心能力是"组织中的积累性学识,特别是关于如何协调不同的生产技能和有机结合多种技术流的学识"(Prahald & Hamel,1990)。因此核心能力的形成要经历企业内部资源、知识技术等的积累、整合过程。正是通过这一系列的有效积累与整合,形成持续的竞争优势后,才能成为获取超额利润的决定性因素。这表现在战略管理实践上,就是要求企业从自身资源和能力出发,在自己拥有一定优势的产业及其关联产业进行多元化经营,从而避免受产业吸引力诱导而盲目地进入不相关产业经营。

核心能力理论认为,并不是企业所有的资源、知识和能力都能形成持续的竞争优势,而只有当资源、知识和能力同时符合珍贵(能增加企业外部环境中的机会或减少威胁的资源、知识和能力才是珍贵的)、异质(企业独一无二的,没有被当前和潜在的竞争对手所拥有)、不可模仿(其他企业无法获得的)、难以替化(没有战略性等价物)

的标准之时,才成为核心能力,并形成企业持续的竞争优势。因而,要培养和发展核心能力,企业应首先分析自身的资源、知识和能力状况,然后依据上述标准,选择其中某一方面或几个方面,充分发挥这一方面或几个方面的优势,并成为最擅长者。显然,核心能力理论克服了波特的价值链分析模型涵盖企业内部所有方面的过度宽泛性。此外,在选择那些可能成为核心能力的同时,还应关注未来新的核心能力的培养。而要培养新的核心能力,必须提高产业预见能力。为此,企业应根据对人的需求欲望、技术发展、社会大趋势等前瞻性的预测,从完全想象的市场出发来构想未来的产业,培养新的核心能力,从而使自己永久地保持核心能力的领导地位,成为未来产业的领先者。

第三节　战略管理过程

　　战略管理的基本思路是,企业高层管理人员要根据企业的使命和目标,分析企业经营的外部环境,确定企业存在的经营机会和威胁;评估自身的内部条件,认清企业经营的优势和劣势。在此基础上,企业要制定完成使命、达到目标的战略计划。在执行战略的过程中,企业管理人员还要对战略的实施成果和效益进行评价,同时,将战略实施中的各种信息及时反馈到战略管理系统中来,确保对企业整体经营活动的有效控制,并且根据变化的情况修订原有的战略,或者制定新的战略,开始新的战略管理过程。因此,战略管理是一种循环复始、不断发展的全过程总体性管理。

　　战略管理过程,主要是指战略制定和战略实施的过程,主要包括五项相互联系的管理任务:① 提出公司的战略展望,指明公司的未来业务和公司前进的目标,从而为公司提出一个长期的发展方向,清晰地描绘公司将竭尽全力所要进入的事业,使整个组织对一切行动有一种目标感。② 建立目标体系,将公司的战略展望转换成公司要达到的具体业绩标准。③ 制定战略,达到期望的效果。④ 高效、有效地实施和执行选择的公司战略。⑤ 评价公司的经营业绩,采取完整性措施,参照实际的经营事实、变化的经营环境、新的思维和新的机会。调整公司的战略展望、公司的长期发展方向、公司的目标体系、公司的战略以及公司战略的执行。

　　战略分析(strategic analysis)、战略选择(strategic choice)和战略执行(strategic implementation)三部分构筑成战略管理的核心框架。三者之间相互影响、相互作用形成战略。其中,战略分析部分主要解决企业的定位问题,同时考虑企业有什么样的竞争优势和能力来创造机遇,外部环境发生了什么变化以及这种变化对企业有什么影响等等。分析部分中的企业外部环境分析和内部人力资源分析尤为重要,因为这是战略选择的基础;战略选择部分对可能的行动进行评估并形成选择方案;战略执行部分将把战略推向实施,是战略的实践阶段。如图 1-4 战略管理过程图所示。

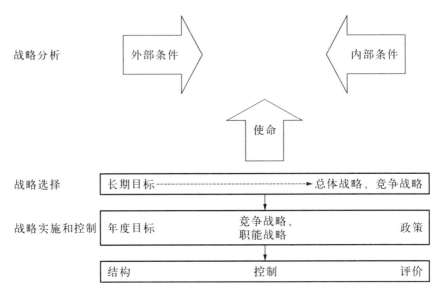

图 1 - 4 战略管理过程图

一、战略分析阶段

战略分析阶段的任务是根据企业目前的市场地位和发展机会来确定未来应该达到的市场"位置"。具体工作内容包括决定企业的使命,决定企业的发展远景、分析企业所处外部环境的特征和变化趋势,特别是为企业生存和发展提供的有利机会以及对企业生存和发展造成的威胁,从而找出在特定环境下企业取得战略性成果所必须具备的要素;评价企业内部能力,根据企业的内部配备和企业具备的核心专长(那些能形成企业区别于竞争对手并被认可是有价值的,因而能成为企业核心竞争力来源的有关职能活动方面),决定企业相对于关键竞争对手的竞争优势和弱势,从而找出企业的核心竞争力;根据以上分析所得的外部战略性成功要素和内部企业核心竞争力两类因素,决定企业在本战略期间有关战略性关键事件的排序,成为该战略的目标。

二、战略选择阶段

战略选择阶段的任务是为企业长期目标确定恰当的总体战略和竞争战略目标的途径。主要工作包括:根据战略分析阶段确定的战略目标制定能同时符合"企业使命"、"环境机会和威胁"、"内部优势和劣势"三方面要求的若干战略方案;根据预先确定的评价标准和分析模型,对各战略方案进行仔细的分析评价,找出各自的价值部分和资源约束方面,并从中做出选择;决定战略方案所需的资源,根据战略性关键事件的要求对企业的资源进行分配;制定有关战略实施的政策和计划,并将战略目标进行层层分解,制定相应的具体目标和实现目标的方法。

企业在这个阶段要进行多种战略选择并进行有效的评估和再选择。战略选择要结合企业的内部强势,考虑自己的不足之处,从而在战略制定过程中做到有针对性。

三、战略实施阶段

在战略分析的基础上进行战略选择后,战略管理过程则体现为战略执行了,这是战略管理过程的行动阶段。战略执行是贯彻既定战略规划所必需的各项活动的总称,是战略管理活动过程的一个重要组成部分。一个好的战略需要通过有效的执行才能体现出来,而战略的成功执行是战略管理中最为复杂的事情。战略执行主要包括战略实施和战略控制两部分内容。

战略实施阶段的任务是为战略的具体实施安排组织条件,并对战略实施过程进行领导、指挥和控制,以保证战略目标的实现,或是根据战略平衡状态的变化及时调整战略目标。主要有以下工作内容:根据战略的要求调整组织结构和相应的指挥和沟通关系;建立或调整企业的各项管理系统使之与战略实施要求相一致;协调和处理战略实施过程中的各类活动以及活动之间的冲突和矛盾。

在战略实施的过程中,为了使实施中的战略达到预期目的,实现既定的战略目标,必须对战略的实施进行控制。也就是将经过信息反馈回来的实际绩效与预期的战略目标进行比较,如果二者有明显的偏差,就应当采取有效的措施进行纠正。当由于原来分析不周,判断有误,或是环境发生了预想不到的变化引起偏差时,甚至可能会重新审视环境,制订新的战略方案,进行新一轮的战略管理过程。

战略的实施过程涉及管理活动的整个范围,几乎涉及管理中的所有要素。因此关注企业内部的不同并从中入手显得非常必要。战略的制定者有必要规定出一些必须要做的事情,从而使战略在企业中占有应有的位置并引起足够的重视。企业的管理者要思考"在我的管理范围内应该做些什么? 怎样去做这些事情?"必要时要考虑战略性的变革,即减少阻碍势力,增加积极势力,从而使企业的内部行为和能力与战略成功的必要条件相接近。由此建立企业内部运作方式和战略成功要素间的"协调性"是成功执行战略的有效办法。这种协调性体现在战略和企业文化间的协调、战略和组织能力间的协调、战略和内部激励体系间的协调以及战略和企业内部支持体系间的协调等等。在战略的执行过程中,企业内部的必要变革就显得尤为重要。

战略管理是一种循环复始、不断发展的全过程总体性管理。出版企业战略管理是指出版企业根据其使命结合组织内外部环境设定战略目标,制定战略决策,实施战略,控制战略绩效的一个动态管理过程。随着市场经济的发展,企业作为市场经济的主体,外部环境的不断变化和市场竞争的日趋激烈,对企业的影响巨大,许多企业的管理者已经使用战略管理的理念、思想、方式等来管理企业。

第二章　出版企业的使命与战略目标

使命是企业制定战略的一个宏观的大前提,也是企业精神的高度概括和浓缩。企业战略目标的制定必须紧紧围绕企业的使命来开展。企业在进行生产经营活动和制定企业战略之前,应首先确定企业使命,确定使命是制定战略的前提。

企业在进行战略分析的过程中要考虑外部环境问题、企业内部资源问题、能力问题和企业高层对战略制定的影响问题,从而尽可能地解决企业定位。企业要考虑自己的内部资源和能力是否与企业的外部机遇相对接,同时要考虑外部动荡环境的影响。企业内部资源和能力构成企业的战略能力。企业要考虑企业高层的影响力,这种影响力可以从企业的目标和理念看出来。

第一节　出版企业的使命

一、出版企业使命

（一）企业使命

企业使命是企业对自身生存发展目的的定位,是企业管理者确定的企业生产经营的总方向、总目的、总特征和总的指导思想。它反映企业管理者的价值观和企业力图为自己树立的形象,揭示企业与同行业其他企业在目标上的差异,界定企业主要产品和范围以及企业试图满足的顾客基本要求。使命表明企业为社会提供什么。一个组织的使命就是其目的,也就是它存在的理由。良好构思的使命陈述能够使企业明确一个最基本、最独特的目的,它把本企业和其他企业区别开来。成功的企业通常都有简洁、有力、深入人心的使命说明。它回答了这样的问题:我们是什么样的企业? 想成为什么样的企业? 出版企业使命则是指出版企业对自身发展的定位,在社会和经济发展过程中为自己定位的角色和责任。

下面是三家出版公司的企业使命和关于出版品牌的表述:

企业1(长江出版集团):集团向着"打造成中国一流的出版传媒集团,成为中文媒体领域具有高成长性和国际竞争力的内容产业供应商和服务商"的目标稳步前进。

企业2(科学出版社):科学出版社一直以来都本着"为消费者创造价值,为员工创造机会,为社会创造效益"的原则。

企业3(高等教育出版社):从高教社不断总结和升华出版企业经营理念,提出了"引领教改教材潮流和方向"、"做教学内容的服务商"、"追求服务对象的最大满意度"等理念。

（二）出版企业使命的内容

出版企业使命一般包括以下几方面的内容：

（1）企业目的 特别是企业的经济目的。在企业里，企业的生存、增长和获利等三个经济目的决定着企业的战略方向，在战略决策中，企业不能只注重短期目标，而忽视其长期目的。在日益激烈变化的环境中，企业只有真正关注其长期增长与发展，才能够真正生存。企业生存的目的定位在于说明企业要满足顾客的某种需求，而不是说明企业要生产某种产品。如，出版品牌长江出版集团将企业生存目的定位于成为中文媒体领域具有高成长性和国际竞争力的内容产业供应商和服务商，而不是生产和销售书籍。高教出版品牌高教出版社则宣称"引领教改教材潮流和方向"。

（2）企业哲学 企业哲学是指一个企业为其经营活动所确立的价值观、态度、信念和行为准则。企业哲学对企业的经营活动发挥指导作用。企业的经营哲学主要通过企业对外部环境和内部环境的态度来体现。对外可以包括企业在处理与顾客、社区和政府等关系上的指导思想；对内包括企业对其投资方、员工和其他资源的基本观念。一般企业经营哲学受文化的影响较大。不同国家的企业在管理观念上的体现有明显的差别。如日本的企业着重向员工表明企业的愿景，唤起员工承担责任的精神和创新精神。

（3）企业定位 企业必须在竞争中根据所拥有的技术、所生产的产品和所服务的市场，客观地评价自己的优劣条件，准确地确定自己的位置，制定竞争的基准。

人民卫生出版社：主要出版医学教材、参考书和医学科普读物等，涉及现代医药学和中国传统医药学的所有领域，是我国综合实力最强的医学专业出版社。外研社已经成为国内外语出版当之无愧的第一品牌。《读者》则是力争打造国内期刊第一品牌。

图书内容与特点是出版企业有效竞争工具，它是使本企业的产品区别于竞争对手的产品。出版竞争最有效的方法之一，就是率先推出人们需要的、有价值的、具有创新观点的精品出版物。高教出版社认为一部精品教材，一是在学术上、内容上和呈现方式上要有先进性；二是要充分考虑使用对象的实际需求和现实状况，有较好的层次差别和针对性；三是不仅要有主教材，还应有相应的辅助教材，不但有纸介质教材，还要有音像制品、电子出版物有机结合的多媒体教材，从形成整体教学能力出发，集成多功能、多媒体的教学包，系列化的教学解决方案。

（4）公众形象 企业管理者应树立良好的企业形象，应该充分满足公众期望，尽到对社会应尽的责任。企业对公众形象的重视反映了企业对环境影响及社会责任的认识。企业形象定位通过理念识别、视觉识别、行为识别等三个部分来体现。每一个企业在公众的心目中都有自己特定的形象。如"商务印书馆"、"人大出版社"都是消费者熟知的出版商代表；"新华书店"、"卓越亚马逊"、"当当"都是消费者认可的正版书籍购书渠道。

（5）利益群体 企业管理者必须充分重视企业内、外部利益全体和个人的合理要求。企业内部利益群体是指企业的董事会、股东治理人员和职工。企业外部利益群体是指企业的顾客、供应者、竞争者、政府机构和一般公众等。这些利益群体希望企业能够按照他们满意的方式进行生产经营活动。如职工要求在经济收入、社会地位和心理状态上得到满足;股东要求从他们的投资中得到一定的利润,顾客要求购买到物美价廉的货物,供应商希望企业能够长期地使用他们的产品或服务,竞争者要求能够公平竞争,政府机构要求企业遵纪守法,一般公众则希望由于企业在当地的存在,使他们的生活水平能够有所提高。

在企业结构简单的情况下,企业的所有者与经营者将各种职能集于一身,其信念、愿望、抱负决定着企业的使命,决定着整个企业的生产经营方向和运作。

企业使命阐明了企业的基本性质和存在理由。当企业有了发展,或者在竞争力下被迫改变自己的产品、市场和技术时,就必须重新确定自己的使命。这时,企业的使命虽然基本上与企业组织机构形式相同,但内容上却有所创新。

二、决定企业使命的因素

企业使命设定了企业为什么存在,并为企业的运营界定了范畴。使命是企业制定战略的一个宏观的大前提,也是企业精神的高度概括和浓缩。在确定企业使命时需考虑到企业内、外部环境中的诸多主要因素和利害关系中的诸多方面,如董事会成员、股东、员工(内部因素)和顾客、供应商、竞争对手和市场等等(外部因素)。在此基础上的企业目标则需要将企业的使命进一步明确和规范化。

企业使命的确定,必须充分考虑到与企业有利害关系的各方面的要求和期望。利害关系者可以是组织也可以是个人,一般分为两大类:一是企业内部的因素,即股东和雇员;二是企业外部的因素,通常包括顾客、供应商、政府、竞争对手和普通公众,他们不属于企业内部员工,但将受到企业生产经营活动的影响。

决定企业使命的内、外部因素如图2-1所示。

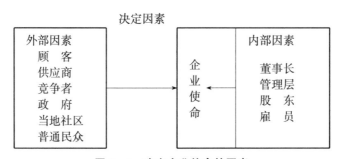

图2-1　决定企业使命的因素

(1)股东。享有参与利润分配、清算资产分配的权利,有配股权、选举权,可以检查公司账目,进行股票的转换,选择董事。

(2)雇员。要求在就业中获取经济上、社会上和心理上的满足感,满意的工作条件,分享利益,通过劳动合同提供服务的人身自由,不受公司主管人员的独断领导和个人行为的自由等。

(3)顾客。要求提供与产品本身有联系的各种服务,提供产品使用的技术资料和合格的零配件,改进产品性能提供商业信贷。

（4）供应商。要求建立长期业务关系,及时履行信贷义务,签约过程中的专业作风等。

（5）竞争者。要求竞争对手遵守社会和行业的竞争规则和规范。

（6）政府。要求企业及时纳税,开展公平竞争,遵守公平和自由竞争的公共政策,履行企业义务,遵守反垄断法律。

（7）当地社区。要求企业成为社区中提供良性就业和规律性就业的好组织,企业应参与社会事务,热心支持地区政府,支持文化和慈善事业,适量购买本地产品。

（8）普通公众。要求企业能参与社会并为社会做贡献,承担政府和社会负担的合理部分,合理而公平的价格,发展高新技术。

三、企业使命与战略的关系

企业使命对企业的经营范围、市场目标做了描述,具体表明了企业的性质和发展方向。战略目标是企业使命的具体化。任何企业在制定战略时,必须在研究企业和环境的基础上进一步明确使命。使命在整个战略的制定、控制和实施的过程中有以下作用:

（1）企业使命为企业发展指明方向。企业使命从整体上指导企业的方向和道路,为企业的各种活动提供依据,保证企业内部对企业目的取得共识。

（2）企业使命是战略制定的前提。企业使命是战略制定的前提,战略选择和执行的依据。

（3）企业使命是企业战略的行动基础。企业使命是有效分配和使用企业资源的基础。企业使命的定位为企业明确经营方向,树立企业形象、营造企业文化,为企业战略的实施提供激励。

第二节　环境与 SWOT 分析

一、环境、能力与战略的关系

企业生存的载体就是环境,外界环境是变化的,为适应外界环境的变化和企业的可持续发展,企业的战略也就有了变化。战略应根据外部环境的变化和企业内部资源与能力,不断地进行自我调整。环境与能力是企业制定战略的出发点、依据和限制条件。

（一）外部环境分析

外部环境的多变性构成了组织的生存空间。任何企业都处在复杂的经济、政治、技术、文化、社会等环境中,环境变化对企业的影响极为复杂。了解环境对企业的影响对战略分析来说至关重要。企业面临的外部环境主要有三大类:一是宏观环境,如政治、科技、经济、社会文化等,此类环境只能间接地影响企业的活动和决策;二是产业环境,如企业所处产业性质产业演化过程及趋势、市场状况等;三是竞争环境,如潜在进入威胁、替代品威胁、行业内竞争、买方和卖方的讨价还价能力等。后两类环境将直接影响企业的活动与决策。所以,第一类环境又称为间接环境,后两类环境又称为直接环境。

外部环境分析的核心目的就是在于明确企业运营环境的机会(Opportunity)和威胁(Treat)。在外部环境的分析中要了解企业所运营的产业环境、国内环境和国际环境。在分析产业环境时,要分析企业自身的竞争位置,主要竞争对手的竞争位置以及产业发展阶段。随着竞争日益全球化,在分析产业结构时也要分析全球化竞争所带来的冲击。在分析国内环境时,要考虑本企业所在国的国内情况对企业的运营是否有帮助,并进而达到全球性的竞争优势。同时,要分析企业所面对的国内环境到底是一个什么性质,并结合国内的宏观环境进行充分的分析。

(二)内部环境分析

企业内部的各种环境要素,一般可分为三类:一是企业资源条件,如人力资源、物力资源、财力资源、技术资源、组织资源、信息资源、自然条件等;二是企业的战略能力,如营销能力、财务能力、竞争能力、适应能力等;三是核心能力分析,核心能力是指居于核心地位并能产生竞争优势的要素作用力,具体地说就是组织的集体能力和集体知识,尤其是如何协调各种生产技术以及如何将多种技术、市场趋势和开发活动结合的知识。

内部环境分析的核心目的就是在于明确企业自身的优势和劣势,这包括企业内部可以运用的资源和获取竞争优势的资源。内部环境分析的基本宗旨就是承担对组织现状的目标评估,以确认公司的优劣。内部环境分析包括对组织本身和构成组织工作环境变化因素的评估,这些因素包括组织的结构与文化。本书将讨论企业内部的人力资源、财力资源、独特资源、核心能力、竞争优势与相关的潜能在建立维持企业竞争优势过程中所扮演的角色。

(三)环境、战略、能力的关系

不同的外部环境与企业能力需要有不同的战略匹配。在战略的发展过程中存在以下四个阶段:持续稳定阶段、逐步发展阶段、摆动阶段和巨变阶段。企业在其发展的不同阶段可以选用不同的战略以求全胜。持续稳定阶段和逐步发展阶段是企业战略对外界环境的一种适应,此时外界环境的变化比较平稳。因此战略的发展比较平稳,持续的时间也比较长。当环境发生剧烈变化时,企业不得不对战略做巨大调整。但由于调整幅度较大,此时的战略处于被动适应和无方向阶段,对企业来说是非常危险的。当环境发生巨变时,企业战略必须要进行巨变式的调整。

环境、能力与战略的综合匹配关系如表2-1所示。根据环境动荡的程度和企业能力,配合有不同类型的战略风格,环境分为高低不同的五个等级,从低到高的顺序依次为:重复的、扩张的、转换的、突变发和意外的。对于企业能力的度量,主要通过能力的开放性来表示。按照如何对待变化、企业追求的目标和对环境刺激的敏感性将企业能力划分为五种:看管的、生产的、市场销售的、战略的和灵活的。

表 2-1 环境、能力与战略的综合匹配关系

等　　级		1	2	3	4	5
	名　　称	重复的	扩张的	转换的	突变的	意外的
环境的动荡程度	对未来事件的熟悉度	熟悉的	运用经验可以推断	突发的,但与经验有关	突发的,部分与经验有关	突发的,以前从未遇见的
	未来的可预测性	重复出现,不需预测	通过经验,可以推断	可以预测威胁和机会	可以预言	部分可以预言
	名　　称	稳定的	反应的	预见的	探索的	创新的
战略类型	创新攻势	维持原有产品和市场	向相似市场扩张,增强产品的适应性	向相关市场等扩张,以熟悉的技术开发相关产品	向非相关市场扩张,开发新产品,采用新技术	打开全新市场,采用全新技术,开创新产品
	市场攻势	使产品为市场所需	保持市场占有率	扩大市场占有率	采用新的营销观念	采用开拓性市场观念
	名　　称	看管的	生产的	市场销售的	战略的	灵活的
能力的开放性	开放性	抑制转换	适应转换性的	寻求通常的转换。配合性的	寻求有关的转换。总体的	寻求新奇的转换。创意的
封闭系统←───────→开放系统						

二、SWOT 分析与战略选择

(一)SWOT 矩阵

SWOT 分析即将外部分析和内部分析置于 SWOT 矩阵中进行综合分析,如图 2-2 SWOT 矩阵所示。SWOT 代表:优势 S(Strengths)、劣势 W(Weakness)、威胁(Treat)、机会 O(Opportunity)。因此,SWOT 分析实际上是一种综合和概括,进而分析组织优势和劣势,面临的机会和威胁的一种方法。通过将外部分析获得的机会和威胁与内部分析获得的优势和劣势的组合分析就形成了 SWOT 分析的核心部分。优势和劣势分析主要着眼于企业自身的实力及其竞争对手的比较,而机会和威胁将注意力集中放在外部环境的变化及其对企业的可能影响上,但是外部环境的同一变化给具有不同资源和能力的企业带来的机会和威胁却可能完全不同。因此两者之间有着紧密的联系。

SWOT 分析的目的在于寻找出使企业内部资源和外部市场环境相配合的战略,从而在发挥自身优势的基础上把握外界机会,对抗外界威胁,进而克服自身劣势。因此,作为企业内、外部环境分析综合与总结的 SWOT 分析是战略规划不可少的一个部分。

(二)SWOT 分析步骤

进行 SWOT 分析,一般经过下列步骤:

（1）进行企业外部环境分析，列出外部环境中对企业有影响的发展机会和威胁因素。

（2）进行企业内部环境分析，列出内部环境中企业多具有的优势和劣势。

（3）绘制 SWOT 分析矩阵如图 2-2 所示。这是一个以内部环境中企业具有的优势和劣势为一方，外部环境中的发展机会和威胁因素为另一方的二维矩阵。矩阵中存在四种 SWOT 组合：优势-机会 SO 组合；优势-威胁 ST 组合；劣势-机会 WO 组合；劣势-威胁 WT 组合。

外部环境	内 部 环 境		
		优势 S1 S1 S2 S3	劣势 W: W1 W2 W3
	机会 O O1 O2 O3	SO 组合方案： （1）O1S1S2 （2）O2S1S3 （3）O3S3	WO 组合方案： （1）O1W1 （2）O2W2W3
	威胁 T: T1 T2 T3	ST 组合方案： （1）T1T2S1S3 （2）T2T3S1S2 （3）T3S1	WT 组合方案： T2W1

图 2-2　SWOT 分析

（4）进行组合分析。对于每一种组合，企业可能采取的一些策略如下：

第一，优势-机会 SO 组合。这是最理想的一种组合形式。可以为企业创造多种发展机会。

第二，优势-威胁 WT 组合。企业应巧妙利用自身的优势来应对外部环境的威胁。合适的策略是企业慎重而有限度的利用优势，有效回击外部威胁。

第三，劣势-机会 WO 组合。外部环境存在企业发展的机会，但企业的劣势限制了企业利用机会进一步发展。在劣势-机会 WO 组合的情况下，企业应遵循的原则是，通过外在方式来弥补企业的弱点，从而最大限度地利用现有机会。如果企业由于劣势止步不前，实际上是将机会拱手相让于竞争对手。

第四，劣势-威胁 WT 组合。企业一旦处于劣势，在制定企业战略时应该尽量减低劣势对企业的影响。由于存在外部环境的威胁，企业为了生存必须奋斗，否则就要破产。企业可以选择合并或缩减生产规模的战略，以便克服自身的劣势，或外部威胁随时间的推移而逐渐消失。在任何一种组合内可能会发现多种因素，它们之间形成多种错综复杂的组合关系，这些组合又以战略选择为基础。以优势-机会 SO 组合为例可能鉴别有 10 条优势和 10 条机会，这就将形成多种匹配关系，如表 2-2 所示。在表 2-2 中"＋"代表机会和优势的一个组合，"0"表示匹配关系很弱或不存在。

表 2-2 匹配关系

机会 \ 优势	1	2	3	4	5	6	7	8	9	10
1	+	0	+	0	0	+	+	0	0	0
2	+	0	0	+	0	0	0	+	+	+
3	0	0	0	0	+	0	0	0	0	+
4	+	+	+	0	+	+	0	+	+	+
5	+	0	+	0	0	0	+	0	0	0
6	+	0	0	0	0	0	0	0	0	0
7	+	+	0	+	+	0	+	+	+	+
8	0	0	0	0	0	+	0	0	+	0
9	+	0	0	+	0	0	0	0	0	0
10	+	+	0	0	+	0	0	0	0	0

（三）进行 SWOT 分析时应注意的问题

（1）不只是简单地列出优势与劣势、机会与威胁各自具体的因素,而是应从战略的角度出发,从中找出影响、维持和提高核心能力的因素。

（2）经过整合,应使各要素之间达到"1+1>2"的效果。即根据外部的机会及存在的威胁,企业应对内部资源进行有效整合,创造出优势能力,消除或调整不利因素,使优势能力发挥出更大的效能,而使不利因素的影响减至最小,或通过调整使不利因素转化为有利因素。

（3）SWOT 分析,是企业内外现实状况的综合体现,基本上是静态分析,但制定的战略是针对未来的,所以必须用动态的眼光、发展的思维来思考问题,需准确判断出企业面临的机会与威胁,存在的优势与劣势的变动趋势,做到既知道"现在是怎样的",更知道"未来会是怎样的"。

（4）通过 SWOT 分析,最终确定企业战略。

综合分析企业存在的威胁与机会,结合企业的优势与存在的劣势,可得出企业的战略方案。

第三节 出版企业的战略目标

一、企业目标

（一）企业目标内涵

目标是所规划行动的最终结果。从战略管理的角度来看,企业的目的是企业希望实现一种广义的方向,具有最终的、长期的和无限的属性。企业的目标是在企业目的的总框架中,为企业和职工提供的具体方向,有确定的完成时间。目标所规定的期限越短,目标所含的具体内容的数量就越多。目的和目标是相互一致,相互支持的。目的必须根据确定的使命来制定,而目标则必须支持企业已定的目的。

目标是组织试图达到其追求基本任务的一个长期结果。经营组织追求多种不同的目标。一般,企业的目标由四个部分组成:

第一,目的。这是企业期望实现的标志。

第二,衡量实现目的的指标。

第三,企业应该实现的指标或企业希望越过的指标。

第四,企业实现指标或越过障碍的时间。

为企业的战略设定目标有四个目标设定的标准可供参考:

第一,精确且可衡量。

第二,突出要点。

第三,具有挑战性且可以实现。

第四,界定出实现目标的时间性。

（二）企业目标的制定

企业目标的制定通常包括以下几个步骤:

（1）目标制定过程在企业最高管理权宣布企业使命时开始。

（2）确定达到这个使命的长期战略目标。

（3）由长期战略目标导致建立整个企业的短期执行性的战术目标。

（4）每个战略经营单位、主要事业部或经营单位建立自己的长期和短期目标。

（5）每个战略经营单位或主要事业部内的职能部门如市场部、生产部、财务部等制定自己的长期和短期目标。

二、战略目标

（一）战略目标内涵与特点

战略目标是指企业在其战略管理过程中所要达到的市场竞争地位和管理业绩的目标,包括在行业中的领先地位、总体规模、竞争能力、技术能力、市场份额、收入和盈利增长率、投资回收率以及企业形象等。企业制定战略目标,是为了使企业战略具体化、数量化,将企业总体的努力方向变成为各部门、各层次职工的行动原则。其结果不仅明确了企业的工作重点,而且提供了评价工作绩效的标准。战略目标是选择战略方案的依据,战略方案是实现战略目标的手段。

1. 战略目标与企业其他目标相比,具有以下特点:

（1）宏观性。战略目标是一种宏观目标。它是对企业全局的一种总体设想,它的着眼点是整体而不是局部。它是从宏观角度对企业未来的一种较为理想的设定。它所提出的,是企业整体发展的总任务和总要求。它所规定的,是整体发展的根本方向。因此,人们所提出的企业战略目标总是高度概括的。

（2）长期性。战略目标是一种长期目标。它的着眼点是未来和长远。战略目标是关于未来的设想，它所设定的，是企业职工通过自己的长期努力奋斗而达到的对现实的一种根本性的改造。战略目标所规定的，是一种长期的发展方向，它所提出的，是一种长期的任务，绝不是一蹴而就的，而是要经过企业职工相当长的努力才能够实现的。

（3）相对稳定性。战略目标既然是一种长期目标，那么它在其所规定的时间内就应该是相对稳定的。战略目标既然是总方向、总任务，那么它就应该是相对不变的。这样，企业职工的行动才会有一个明确的方向，大家对目标的实现才会树立坚定的信念。当然，强调战略目标的稳定性并不排斥根据客观需要和情况的发展而对战略目标做必要的修正。

（4）全局性。战略目标是一种整体性要求。它虽着眼于未来，但却没有抛弃现在；它虽着眼于全局，但又不排斥局部。科学的战略目标，总是对现实利益与长远利益，局部利益与整体利益的综合反映。科学的战略目标虽然总是概括的，但它对人们行动的要求，却又总是全面的，甚至是相当具体的。

（5）可分解性。战略目标具有宏观性、全面性的特点本身就说明它是不可分的。战略目标作为一种总目标、总任务和总要求，总是可以分解成某些具体目标、具体任务和具体要求的。这种分解既可以在空间上把总目标分解成一个方面又一个方面的具体目标和具体任务，又可以在时间上把长期目标分解成一个阶段又一个阶段的具体目标和具体任务。人们只有把战略目标分解，才能使其成为可操作的东西。可以这样说，因为战略目标是可分的，因此才是可实现的。

（6）协调性。企业战略的实施和评价主要是通过企业内部人员和外部公众来实现的。因此，战略目标必须被他们理解并符合他们的利益。但是不同的利益集团有着不同的甚至是相互冲突的目标。因此，企业在制定战略时一定要注意协调。一般的，能反映企业使命和功能的战略易于为企业成员所接受。另外，企业的战略表达必须明确，有实际的含义，不至于产生误解，易于被企业成员理解的目标也易于被接受。

（7）可检验性。为了对企业管理活动进行准确的衡量，战略目标应该是具体的和可以检验的。目标必须明确，具体地说明将在何时达到何种结果。目标的定量化是使目标具有可检验性的最有效的方法。但是，由于许多目标难以数量化，时间跨度越长、战略层次越高的目标越具有模糊性。此时，应当用定性化的术语来表达其达到的程度，要求一方面明确战略目标实现的时间，另一方面须详细说明工作的特点。

（8）可挑战性。目标本身是一种激励力量，特别是当企业目标充分体现了企业成员的共同利益，使战略大目标和个人小目标很好地结合在一起的时候，就会极大地激发组织成员的工作热情和献身精神。

2. 出版企业的战略目标一般包括以下内容：

（1）盈利能力。用利润、投资收益率、每股平均受益、销售利润等来表示。

（2）市场份额。用市场占有率、销售额或销售量来表示。

（3）产出率。用投入产出比率或单位产品成本来表示。

（4）产品。用产品线或产品的销售额和盈利能力、开发新产品的完成期来表示。

（5）资金。用资本构成、新增普通股、现金流量、流动资本、回收期来表示。

（6）生产状况。用工作面积、固定费用或生产量来表示。

（7）研究与开发。用花费的货币量或完成的项目来表示。

（8）组织。用将实行变革或将承担的项目来表示。

（9）人力资源。用缺勤率、迟到率、人员流动率、培训人数或将实施的培训计划数来表示。

（10）社会责任。用活动的类型、服务天数或财政资助来表示。

企业的战略目标会因为企业及企业使命的不同而呈现多样化。战略目标以企业内外部环境为依据制定，但也会受最高管理层的社会价值体系的影响。有的学者将企业的战略目标归纳为四类：盈利能力、为客户或其他受益者的服务、职工的需要和福利以及社会责任。

（二）战略目标体系

战略目标不止一个，而是由若干目标项目组成的一个战略目标体系，企业的战略目标体系可以分解成一个树形图，如图 2－3 所示。

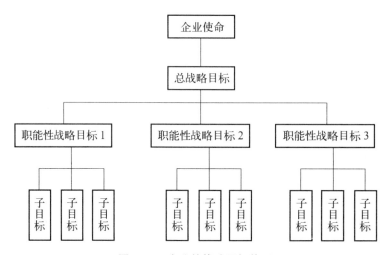

图 2－3　企业的战略目标体系

从图 2－3 中可以看出，在企业使命的基础上制定企业的总战略，为了保证总目标的实现必须将其层层分解，规定保证性职能战略目标。也就是说，总战略目标是企业主体目标，职能性战略目标是保证性的目标。

从横向上来说，企业的战略目标大致可以分成两类：第一类是用来满足企业生存和发展所需要的项目目标。这些目标项目又可以分解成业绩目标和能力目标两类。业绩目标主要包括收益性、成长性和安全性指标等定量指标。能力目标主要包括企业综合能力、研究开发能力指标、生产制造能力指标、市场营销能力指标、人事组织能力指标和财务管理能力等一些定性和定量指标；第二类是用来满足与企业有利益关系的各个社会群体所要求的目标。与企业利益关系的社会群体主要有顾客、企业职工、股东、所在社区及其他社会群体。

三、战略目标的制定

（一）战略目标制定的原则

（1）关键性原则。关键性原则要求企业确定的战略目标必须突出企业经营成败和全局的关键因素，不可把次要的战术目标作为企业的战略目标，以免滥用企业有限的资源而因小失大。

（2）可行性原则。可行性是指确定的战略目标必须保证能够如期实现。因此，制定战略目标时，必须全面分析企业各种资源条件和主观努力所能达到的程度。既不可脱离实际根据主观愿望把目标定得过高，也不可不求进取把战略目标定得过低。

（3）定量化原则。定量化是指要使企业的战略目标明确清晰，具有可衡量性，以便检查和评价其实现的程度。因此，战略目标必须用数量指标或质量指标来表示，而且最好具有可比性。

（4）一致性原则。又称平衡性原则。即战略目标组合中的各个子目标之间应相互协调，相互支持，在横向上形成一个系统。公司的长期战略目标和短期战术目标要与战略经营单位和职能部门的短期战术目标协调一致，形成系统，而不能互相矛盾，互相脱节。

（5）激励性原则。制定企业的战略目标既要具有可行性，又要考虑到先进性。所谓先进性，就是要求制定的目标要经过努力才能实现。只有那些可行且先进的战略目标才具有激励和挑战作用，才能最大限度发挥人的潜能。

（6）稳定性原则。企业战略目标如果已经制定和落实，就必须保持相对稳定，不可朝令夕改。当然，如果经营环境发生了变化，战略目标做出调整后，所有经营单位及职能部门的短期战术目标也要及时做出相应的调整。

（二）战略目标制定的步骤

一般来说，确定战略目标需要经历调查研究、拟定目标、评价论证、目标决断这样四个具体步骤。

1. 调查研究　在制定企业战略目标之前，必须进行调查研究工作。但在进入确定战略目标的工作中还必须对已经做过的调查研究成果进行复核，进一步整理研究，把机会和威胁，长处与短处，自身与对手，企业与环境，需要与资源，现在与未来加以对比，搞清楚它们之间的关系，才能为确定战略目标奠定起比较可靠的基础。调查研究一定要全面进行，但又要突出重点。为确定战略而进行的调查研究是不同于其他类型的调查研究的，它的侧重点是企业与外部环境的关系和对未来的研究和预测。关于企业自身的历史与现状的陈述自然是有用的，但是，对战略目标决策来说，最关键的还是那些对企业未来具有决定意义的外部环境的信息。

2. 拟定目标　经过细致周密的调查研究，便可以着手拟定战略目标了。拟定战略目标一般需要经历两个环节：拟定目标方向和拟定目标水平。在既定的战略经营领域内，依据对外部环境、需要和资源的综合考虑，确定目标方向，通过对现有能力与手段等诸种条件的全面衡量,对沿着战略方向展开的活动所要达到的水平也做出初步的规定,这便形成了可供决策选择的目标方案。

3. 评价论证　战略目标拟定出来之后,就要组织多方面的专家和有关人员对提出的目标方案进行评价和论证。

(1) 论证和评价要围绕目标防线是否正确进行。要着重研究:拟定的战略目标是否符合企业精神,是否符合企业的整体利益与发展需要,是否符合外部环境及未来发展的需要。

(2) 要论证和评价战略目标的可行性。论证与评价的方法,主要是按照目标的要求,分析企业的实际能力,找出目标与现状的差距,然后分析用以消除这个差距的措施,而且要进行恰当的运算,尽可能用数据说明。如果制定的途径、能力和措施,对消除这个差距有足够的保证,那就说明这个目标是可行的。还有一个倾向要注意的是,如果外部环境及未来的变化对企业发展比较有利,企业自身也有办法得到更多的发展途径、能力和措施,那么就要考虑提高战略目标的水平。

(3) 要对所拟定的目标完善化程度进行评价。如果在评价论证时,人们已经作出了多个目标方案,那么这种评价论证就要在比较中恰当进行。通过对比、权衡利弊,找出各个目标方案的优劣所在。目标的评价论证过程,也是目标方案的完善过程。要通过评价论证,找出目标方案的不足,并想方设法使之完善起来。如果通过评价论证发现拟定的目标完全不正确或根本无法实现,那就要回过头去重新拟定目标,然后再重新评价论证。

4. 目标决断　在决断选定目标时,要注意从以下三方面权衡各个目标方案:

① 目标方向的正确程度。② 可望实现的程度。③ 期望效益的大小。所选定的目标,三个方面的期望值都应该尽可能大。目标决断,还必须掌握好决断时机。因为战略决策不同于战术决策。战术目标决策常常会时间比较紧迫,回旋余地很小,而战略目标决策的时间压力相对不大。在决策时间问题上,一方面要防止在机会和困难都还没有搞清楚之前就轻率决策;另一方面又不能优柔寡断,贻误时机。

为使战略目标与战略方案有机地结合起来,制定战略目标必须遵循如下程序:根据环境预测和内部评估,确定战略目标的期望水平;预测企业未来的绩效水平并提出目标期望水平和未来预测水平之间的差距;探讨弥补差距的战略方案;调整各项战略,并修改对企业未来绩效水平的预测。经过调整和修订,如果期望水平与预测水平之间的差距可以得到弥补,期望目标水平即成为战略目标。否则,必须重新确定目标的期望水平。

四、长期目标与年度目标

战略规划的内容一般包括企业的使命、目标体系、长期目标、年度目标以及体现这些目标的具体行动方案。战略规划有两种存在形式:一是以文字的形式明确表达出来并发给企业的所有管理者和员工;二是以一种非文字的口头形式存在,只要企业的管理者对之理解并对它的主要方面给予承诺即可。因为战略规划不可能将未来发生的事情、机会和威胁都十分准确地预见到、规划到。所以,战略规划强调在执行过程中不断补充、不断完善。

（一）长期目标

长期目标是指企业在一个相对较长的期间内，计划实现的生产经营的结果。长期目标的计划期一般为五年，是企业总体战略与经营单位战略的基本出发点，并运用市场占有率、投资回收率与股票价格等手段来衡量企业战略的最终效能。企业的战略决策者一般从以下六个方面考虑建立自己的长期目标：

（1）获利能力。在长期生产经营中，任何企业都会要求获得一种满意的利润水平。实行战略管理的企业一般都有自己的利润目标。在市场经济条件下，这种目标可以用企业每股或其他证券的收益来表示。

（2）生产能力。在平稳的环境中，企业提高单位产出水平是增加获利能力的一种方法，为此，企业在建立生产能力的目标时，需要改进自己的投入与产出的关系，制定出每单位投入所能生产的产品或提供服务的数量，作为衡量的标准。同时，企业也可以根据降低成本的要求来制定自己的生产能力目标。

（3）竞争地位。企业在市场中所占有的地位，是衡量企业绩效的一个标准。大企业往往根据竞争地位来确立自己的目标，判断与评价自己在增长和获利方面的实力。企业的销售总量或市场占有率常常被用来作为评价这种目标的标准。

（4）技术领先。企业自身的技术状况关系到企业在市场中的竞争地位，而竞争地位又关系到企业的战略抉择。因此，许多企业把技术领先作为自己的目标。

（5）职工发展。在企业里，生产能力往往会与职工的忠诚程度以及企业为职工提供的发展机会和福利密切相关。当职工感到自己在企业里有发展的机会时，他们往往会促进生产力的增长。因此，在长期计划里，企业战略决策者要考虑满足职工的期望，确立职工参与制，制定有关职工发展的目标。

（6）公共责任。企业必须认识到自己对顾客和社会负有的责任，不仅要通过提供价格适宜的产品或服务来提高自己的声誉，还应通过参与社会活动、公共福利事务来扩大自己的影响。

（二）年度目标

年度目标指实施企业总体战略的年度作业目标，是战略实施中的一种必要手段。它与企业的长期目标有着内在联系，为监督和控制企业的绩效提供具体的可以衡量的依据。企业主要从两个方面考察其年度目标：

（1）年度目标与长期目标的关系。年度目标必须与企业总体战略的一个或多个长期目标有明确的联系。它与长期目标之间存在着内在的传递与分解的关系，即年度目标将长期目标的信息传递到主要职能部门，并将长期目标按各职能部门需要分解为更具体的年度的短期目标，使之便于操作和落实。年度目标与长期目标的区别在于：一是长期目标一般要考虑未来五年或五年以上的情况，而年度目标通常要考虑一年的情况；二是长期目标着重确定企业在未来竞争环境中的地位，而年度目标则着重考虑企业职能部门或其他下属部门下一年度具体要完成的任务；三是长期目标内容广泛，年度目标内容比较具体;四是长期目标一般用相对数衡量,年度目标多用绝对数衡量。

(2)企业年度目标与总体目标的协调。在实践中,有的企业职能部门在确定年度计划和目标时,往往会忽略企业的总体目标,而只注意于本部门的利益,由此而导致各职能部门在年度目标上各行其是,缺乏内在联系,造成内耗,从而损害企业整体利益,影响整体的效益。

第三章　战略管理者

企业管理已经进入战略管理时代。而战略管理的实施必须要有其核心力量,这就是企业领导者。在现代市场经济条件下,企业面临的内外环境日益复杂,对公司管理者的要求也不断提高。在一定意义上,是否有卓越的企业管理者和管理者小组,直接决定着企业的经营成败。

战略管理要求具有机智果敢、勇于创新、远见卓识、知识广博、富有经验、有独特管理魅力的人来担任企业领导,真正能够统领全局,领导和激励全体员工为实现企业真正的战略而努力。

战略管理者不能等同于普通的管理人员,而是高于普通的管理人员,有精力与条件去运用自己的知识、经验、技能为企业制定出创新的战略,并能积极有效地去推行战略。

本章主要介绍战略管理者的构成、组建,战略管理者的素质和管理方式以及在管理过程中战略管理者的责任分配。最后以我国教育音像出版行业为例,阐述目前此行业领导层战略管理缺位的现状,并对教育音像出版业战略管理者提出一些改进建议。

第一节　战略管理者的构成

一、战略管理者的构成

战略管理者是企业战略管理的主体,他们是企业内外环境的分析者、企业战略的制定者、战略实施的领导者和组织者、战略实施过程的监督者和结果的评价者。因此,战略管理者的构成、各自的参与方式、程度以及相互关系等因素,都对企业成功地实施战略管理有着重大的影响。

由于战略管理者构成了企业战略管理的核心体系并直接参与到企业内外环境的分析的整个过程中,因此,企业的战略管理者既是分析者又是制定者,既是领导者也是组织者。一般企业的管理层由公司层管理者、事业层管理者和运营层管理者这三个主要的管理阶层构成。而战略管理者涵盖了企业这三个层次的管理者。通常战略管理者包括企业的董事会、高层管理者、各事业部经理、职能部门管理者以及专职计划人员。

（一）董事会

从战略管理的角度,董事会具有三项主要的任务:

（1）提出企业的使命，为企业高层管理者划定战略选择的具体范围。

（2）审批高层管理者的建议、决策、行动，为他们提出忠告和建议，规划出具体的改进措施。

（3）董事会通过它的委员会监视企业内外环境的变化，注意这些变化将会给企业造成的影响。

（二）高层管理者

企业高层管理者负责制定和管理战略规划过程。为了确定企业的使命，建立企业的目标，制定企业的战略和政策，企业高层管理者必须高瞻远瞩。企业各层管理者分配在企业战略规划上的时间因其在企业内的地位不同而异。

公司层管理者由企业的董事会董事、执行总裁、高级总裁、高级经理和高级顾问组成。在该管理层中，执行总裁是最主要的高级管理者，对公司战略起着非常重要的影响并监控企业战略的形成和执行。该管理层负责企业使命和总目标的制定，对企业内部不同事业层进行资源配置，进而形成多个事业层的竞争战略。同时公司层管理者代表了股东的利益，他们要保证企业的目标与股东利益最大化的目标相一致，同时要在这二者间达到有效的平衡，从而使双方受益。

事业部管理者包括各事业单位的负责人。这里所说的事业部是指相对独立的组织单位，这个组织单位通常有自己的财务部门、生产部门、市场部门和销售部门，可以在特定的事业领域中独立运作。该层次的负责人负责将企业的公司战略进一步具体化，并对特定事业采取特定的战略。

职能部管理者主要对营销、加工、研究与发展等单一的事项负责，并对企业战略最终的执行起到至关重要的作用。该层次的管理者需要为企业的公司层管理者和功能层管理者提供必要的信息，以协助公司层管理者和事业层管理者达成切实可行的行动方案。由于该层次的管理者比上述两个层次的管理者更易接近顾客，因此他们产生的想法对企业战略的形成具有更现实的帮助。

在实施企业战略的过程中，高层管理者也起着关键作用。中层管理者一般遵循其上司的指导行事，所以他们总是乐于模仿优秀的高层管理者的特征和风格。此外，企业中的员工需要了解他们工作的目的，即需要有一种使命感，而只有高层管理者才具有确定并向广大员工提供这种使命感的地位。一般来说，具有明确和远大理想的高层管理者是能够运用自己的威信和影响去管理企业战略的制定和实施的。

（三）专职计划人员

当企业高层管理人员无法应付过于繁重的战略指定工作的时候，通常将其中一部分工作交给一个由高层管理人员组成的计划委员会，或由一名副总经理负责的专门的战略计划或规划部门。这种专职的计划人员主要负责收集和分析各种数据，提出和评价各种可行的战略选择。一般来说，专职的计划人员和专门的计划组织在大型企业中才有，其人数在 1—50 人之间。专职计划人员的职责是在很大程度上帮助高层管理者制定企业的目标和战略，并审查事业部的计划；协调各个事业部的计划；

帮助高层管理者设计企业的战略管理系统,准备企业计划手册;为各事业部提供环境分析结果,并为他们的计划活动给予指导;就诸如购并、事业部和产品线的出让等企业重大问题为高层管理者提供企业的整体计划;为高层管理者所关心的专项问题进行研究等。

二、战略管理小组的组建

一个理想的战略管理系统应该由一个战略管理小组来建立和管理。战略管理者实际上是一个团队。这个团队主要由企业中处于三个管理层次中的战略决策者构成,具体如前所述。下面主要介绍战略管理小组的组建。

(一)战略管理小组的组建原则

(1)确认首要领导的原则。即根据环境的变化和企业要实施的战略的要求,选择合适的首要领导,再结合首要领导的素质与能力,让其发挥企业战略实施的核心作用。

(2)由首要领导组阁的原则。即由已经确定的首要领导来确定战略管理小组的其他成员。这其中再配以适当的监督机制,以保证战略管理小组的万无一失。

(3)能力相配的原则。指战略管理小组内部成员的能力应该相互补充,相互匹配;即要选择具有领导暂不具备某些能力的人进入领导小组,以弥补首要领导的不足。

(4)协作原则。即在组建领导小组的人选时,应该考察其成员的合作性,选择具有合作性的人员进入领导小组,以建立小组内部和谐的人际关系,增添必要的润滑剂。

(5)优化组合原则。即在组建领导小组时,可能会有众多的人员搭配方案,这时应该选择最佳或满意的方案来实现组建目标。这样,便于实现能力匹配的要求和有利于战略的制定以及有效的执行。

(二)组建战略管理小组的途径选择

根据已经确定的战略管理小组的组建原则,就可以着手进行具体的组建。由于各个企业的实际情况不同,由此产生了不同的组建途径。

(1)调整现存的领导小组成员,使之成为新的战略管理小组的成员。即依靠现存的领导小组来负责新的战略管理职能,对其只做局部的调整和必要的培训,以适应新的要求。这样做的优点在于:① 现有的领导小组成员熟悉内部情况,便于开展工作。② 领导小组内成员相互了解,便于合作。③ 可以保持企业领导的连贯性,也可以树立典范,增强企业的凝聚力。

(2)选聘新人来组建新的战略管理班子。这是在企业内部不具备合适的人员时才做出的选择。在一定的条件下,它反而会更好更快地贯彻新的战略。采用这种选径的好处在于:挑选对新战略有信心的外部人员,能够避免现任领导成员面临的障碍,可以使他们更加顺利地进入新的角色和履行新的使命;同时,新的工作会使新的人选产生新鲜感,容易激发人的活力,使之创造性完成使命;另外,新人选受企业人际关系和旧秩序的影响较少,可以更加超脱地推行新战略。当然,选用新人选也会有一些弊端,例如新人选对环境不熟悉,需要花费大量的时间、精力去了解情况;另外,新选人员容易受到原来领导成员或企业其他员工的排斥。因此,采用此途径应该在详细、审慎、妥善的分析与安排之后,并配合一定的时机,才能够使用。

（三）对战略管理小组人员的激励

战略管理者是企业战略的关键因素。战略管理者的积极性将直接关系到企业管理的成效。实践已经证明,即使干劲十足的领导人员也需要激励。只有激励,才会强化战略管理者的战略行动,促使其进行各种创新性的变革。因此,激励在战略管理中具有非常重要的作用。

对战略管理者的激励,其目的就在于促使企业战略管理者对长期目标、战略计划和创业精神有足够的重视,鼓励其及时创造性地调整战略行为,以调动和维持战略管理者实施战略管理的积极性和主动性。激励的形式一般可以分为物质的和非物质的。物质的激励如增加工资、发放奖金、提高其生活待遇（如住房、福利等）;非物质激励指表扬、记功、颁发奖状等精神奖励。在实际运作中,把激励程度和战略活动绩效挂钩,根据绩效的大小来确定具体的激励措施。这样,正确地衡量战略管理人员的绩效,便成为激励的关键。由于企业日常经营活动常常与战略活动交织在起,因此要将战略活动和作业活动进行正确的区分,建立双重结构、双重预算和双重绩效评估系统,以便正确实施对战略行动方面的激励。

第二节　战略管理者的管理方式

一、战略管理者的素质

素质是指个人的品质、性格、学识、能力、体质等方面特性的总和。在现代企业里,管理者不仅担负着对企业生产经营活动进行计划、组织、指挥、控制等管理职能,而且从不同角度和方面负责或参与对各类非管理人员的选择、使用与培训工作。因此,管理者的素质是决定企业能否取得成功的一个重要因素。管理者的素质要求,是指从事企业管理工作的人员应当具备的基本品质、素养和能力,它是选拔管理人员担任相应职务的依据和标准,也是决定管理者工作效能的先决条件。

企业战略管理是一项复杂的决策活动,其制定和实施难度都较大,而且关系到企业的成长,因此要求战略管理者具备较高素质和管理水平。战略管理并非是什么样的领导者都能推行的,它向领导者提出了更高的要求。

企业一般管理人员常常不具备担当战略管理工作的条件,即使他们拥有战略管理能力,但在实际运行中也只是参与或辅助推进企业战略。真正的重任必将落到企业领导人的肩上。战略管理者要发挥出关键作用,确保战略的平稳实施,并为企业指引生存与发展的方向。只有这样,企业战略才会在制定过程中准确有效。

（一）道德与社会责任感

一个企业战略管理者的道德与社会责任感是指管理者对社会道德和社会责任的重视程度。企业的任何一个战略决策都会不可避免地牵涉到他人或社会集团的利益,企业的战略会涉及政府、消费者、投资者、供应者、内部员工和社区居民团体的利益。而企业战略常常不能同时满足各个团体的利益,企业领导人对各个集团利益的重视程度不同,就决定了不同的领导人对不同的战略会持不同的看法。因此企业领导者的道德和社会责任感对这些战略决策的后果会产生十分重要的影响。企业领导人应该综合平衡各方面的利益。

（二）综合能力

不同层次的管理者所需要的能力构成也有所不同。一般说来,专业技术能力对基层管理者比较重要,中层管理者及高层管理者不需要太强的专业技术能力,而基层管理者在日常管理工作中则要面对大量的技术问题,因此必须有熟练的专业技术能力和深厚的专业基础知识才能胜任。综合能力对高层管理者最为重要,因为高层管理者承担企业重大战略决策、协调内外环境平衡的职能,专业问题可以委托职能部门的参谋人员去解决,但是最终的决策必须由自己承担。管理者必须具备较强的解决问题的能力,要能够敏锐地发现问题之所在,迅速提出解决问题的各种措施和途径,使得问题得到及时、妥善的解决。管理者须具有较高的决策能力,要善于在全面收集、整理信息的基础上,准确判断,大胆拍板,从各种备选方案中果断地选择最佳方案,并将决策方案付诸实施。

（三）具有远见卓识

企业的领导人不仅要着眼于企业的现在,更应该将目光紧紧盯着未来,按企业未来的发展要求来做出战略决策。领导人这种远见卓识取决于领导人广博的知识和丰富的经验,来自于对未来经济发展的正确判断,取自于企业全体员工的智慧。当领导人对未来有了科学的判断之后,还应该迅速转化到行动中去,即采取"领先一步"的做法来及早获取竞争优势。同时,作为一个领导人,应该时刻关注竞争格局,经常分析竞争对手的状况,逐项将自己与竞争对手比较。

（四）具有随机应变的能力

随机应变的能力可以定义为接受、适应和利用变化的能力。在今天和未来的世界中,唯一不变的东西就是变化。因此,企业的领导人必须能够迅速理解并接受变化,愿意主动积极地根据这些变化来调整自己的思想和企业战略,善于利用变化调整自己的思想和企业战略,善于利用变化来转化不利因素为有利因素,以达到发展企业的目的,最终获得成功。

（五）具有开拓进取的品格

一个企业要想发展壮大,企业领导人一定要拿出开拓进取的精神,敢于在市场上,在未知领域中,在与竞争对手的较量中保持一种积极开拓顽强不服输的精神。

（六）具有丰富的想象力

想象是从已知世界向未知世界的拓展,是在对现有事物的梦想之后创造出来的。具有丰富想象力的领导人可以帮助企业创造和利用更多的机会,可以协助企业进行自我改进和自我完善,并能帮助企业适应千变万化的环境。

二、战略管理者的管理方式

在企业战略管理中,正确的战略思考逻辑能形成正确的企业战略。但是,如果没有良好的战略实施,无异于纸上谈兵。而良好的实施必然依赖于企业领导人的组织管理素质或组织管理技巧以及他们的战略管理方式。这对于企业战略的如期实现来讲非常重要。管理方式或风格从不同的角度划分,有不同的类型,比如保守型、开拓型、稳健型、冒险型。每个战略管理者都有其特有风格,可能具有多个类型的特征,也可能归属某一种类型。

组织变革管理大师伊恰克·阿迪兹博士(Dr. Ichak Adizes)认为常见的管理方式可分为以下四种类型:

P型:属于"独行侠"式的管理风格,管理者通常采取独来独往的做法,每天最早上班最晚下班,既没有时间开会、训练员工,也不允许授权,对于公司的未来缺乏长远规划。

A型:管理者只追求形式,如同准时上下班的公务员,员工一切奉命行事都忽略了工作的实质内容和意义。

E型:这种被称为"纵火者"的管理人,心思无法捉摸,随时有新的想法,但很少真正落实。

I型:这一类的管理者善于倾听别人的意见,有强烈的政治敏感,能够观察事物的发展过程然后找出重点,属于"超级追随者"。

阿迪兹认为,教科书上所描述的理想管理者在现实生活中根本不存在。人们常见的管理者,他们的管理风格往往是接近于上述P、A、E、I四型中的一种,只是程度不同而已。没有人可以独立完成所有事情,企业需要的也不是单一型的天才管理人,而是能够在制度上促成互补的管理团队。

王方华、吕魏的《企业战略管理》一书中将企业领导人的管理方式类型归纳为以下五种:指令型、合作型、转化型、增长型和文化型,如表3-1所示。

表3-1　领导者的战略管理形式

类　型	战略管理者的角色	研究的企业战略问题
指令型	理性行动者	如何制定出企业最佳战略
合作型	协调者	如何使战略管理人员各司其职,一开始就对企业战略承担自己的责任
转化型	设计者	如何将制定好的战略推向实施
增长型	评论者	如何激励企业战略管理人员和企业全体员工执行已制定的战略
文化型	指导者	如何使整个企业各个层次确保企业战略的实施

1960年,道格拉斯·麦格雷戈提出了X理论和Y理论,X理论阐论了独裁式的管

理方式而 Y 理论则阐述了民主式的管理方式,其思想如表 3-2 所示。

表 3-2　麦格雷戈对管理方式的划分

X 理论		Y 理论	
独裁式 ←	监管式 ←	参与式 →	社团式 →
"什么也别想,只能按我们所说的去做。" 假设:工作者在思考方面受到先天性的限制并且懒惰。因此应对他们施加一些控制,甚至使用威胁和惩罚手段,以达到使他们生产出更多产品的目的。	"我们会照顾到你,但你只能做我们告诉你应该做的事"。同独裁式相比,这是仁慈的。 假设:管理者清楚他的员工最急需什么。	"让我们一起工作,我们需要你的参与(但是我们还具有否决权)。" 假设:下面的自然的激励(即报酬)和工人自发的愿望,促使他们自己提高工作效率。	"让我们一起平等地一起工作……我们需要你们投入,但绝对不会滥用职权强迫你们。" 假设:正面的自然激励(即报酬)和工作自发的愿望,促使他们自己提高工作效率。

　　董事会是战略管理小组整个构成中的一个具有决定作用的部分。董事会在战略管理中的参与程度,直接关系着企业战略的制定、实施和评价。监督董事会所包括的成员在参与战略的程度上各企业存在很大的差别,不同类型的参与方式和战略管理小组的管理方式密切相关。董事会在战略管理中的参与程度如表3-3所示。

表 3-3　董事会在战略管理中的参与程度

	低(被动、消极) ← 参与战略管理的程度 → 高(主动、积极)				
挂名型	无主见型	低参与度型	中参与度型	积极参与型	促进型
对战略一点不关心,不知道应该做什么	听任管理人员做出决策,仅仅负责对管理人员提出建议并进行表决	只在形式上对部分企业的高层管理者的建议进行审查	有限地参与相关管理方面的决策,有选择地详审关键性战略决策或行动方案	考察企业提出的使命、战略、政策,并做出最后选择。通过各种委员会进行年度的管理审计	在建立和修改企业使命、目标战略和政策中起领导作用,并设有一个非常积极负责的战略委员会

三、战略管理中责任的分配

　　一个理想的战略管理系统应该由一个战略管理小组来建立和管理。高级管理人员以及企业的各级管理者都应该参与战略管理,其中,不同管理者的分工应有所差异,企业高层管理者如董事长、总经理等主要负责长期的战略规划和实施,而中层和一般管理者主要负责战略实施和中短期筹划,同时要对本公司的战略目标、任务和实施情况有所了解。此外,在董事会中引入独立董事有助于对企业战略进行较为客观和公正的评价。在整个管理小组中各个管理者的职责划分,如表 3-4 所示。

表 3-4　战略管理过程中责任的分配

活　　动	公司一级责任		事业部门责任		职能部门责任
	最高层经理人员	公司规划部门	事业部经理人员	参谋人员	职能部门计划人员
确立公司目标	▲				
确立公司目标	●	●			
确守计划期限	●		●		
组织和协调计划工作		●			●
对环境做出假设	▲	●	▲	●	
收集信息和预测					
预测销售额	▲		▲	●	
评价企业的优势和弱点			▲	●	
对竞争环境进行评价			▲	●	
确立事业部门目标	▲		▲	●	▲
制定事业部计划	▲	◆	▲		▲
制定替代战略方案		◆		●	
选择可行战略		◆	●		
评价和选择活动项目			▲	●	
制定策略方案			▲	●	
如果目标未达预定目标和计划	▲	●			
统筹计划					
分配资源	▲				
计划与实际进程对比检查	●		●		
评价计划的有效性		●			

表 3-4 战略管理过程中责任的分配给出了在企业管理过程中,处于战略管理小组中各级管理者的管理职责。它表明最高层管理人员承担了对规划各主要阶段的事项给予批准的责任。在执行这些责任的过程中,公司高层管理人员需要规划部门人员和参谋人员的帮助,而后者实际上是制定公司计划的主要部分。公司最高层管理人员也对计划进行评价,并对计划的实施提供咨询意见。

事业部门一级的经理人员主要负责对下列事项的批准工作:环境分析预测的结论、确定的事业部目标以及由参谋人员制定的事业部计划。在整个管理过程中公司规划人员的影响较大。

职能部门的经理制定职能部门的具体战略,但他们一般是根据公司或事业部的战略来制定职能战略,并向上级提供信息,落实上级战略的具体计划实施。在从事多项事业的公司中,职能部门经理对事业部门经理负责,对只从事一项事业的企业,没有事业部层级,则职能部门经理向公司高层管理者负责。

第三节 我国教育音像出版行业战略管理者的现状

领导层这一战略管理者,对本单位管理缺乏战略规划是目前教育音像行业的一个普遍存在问题:出版企业的领导层受计划经济体制影响没有企业战略管理的意识,没有一个战略管理者的视角。企业发展到哪里算哪里,单位部门之间的关系脱节,对自己单位没有优势和劣势的分析,没有整合有效地管理资源,没有品牌建设意识,使得教育音像出版社在市场上随波逐流。

以成本管理和核算工作为例,战略管理者把他们仅仅作为一个日常工作来看待,对科学的改进管理的方式,以消极的方式接受市场经济,既缺乏战略规划的意识,也缺乏成本改革的动力。在企业发展方向上还是依赖于国家政策扶持,音像出版物年年都是复制再版,没有创新,没有产品规划,没有将出版企业在市场经济中很好地定位,因此说领导层对目前教育音像出版社缺乏长远的战略规划。另外,出版企业管理也主要长期依赖于国家部门,政府部门对教育音像出版社的经营和管理插手过多也造成了教育音像出版社管理缺乏内部动力和系统规划的局面。

教育音像出版单位要想获得长足发展,在市场竞争中优势胜出,就需要战略管理者在各个方面顺应市场发展趋势、及时地改变自己的管理策略,领导层应该首先需要具备一个战略管理者的改革意识,有着长期在残酷的市场拼搏的准备。根据获取的市场情报信息,及时准确地判断市场产品的发展趋势,调整产品结构、做好品牌战略规划,在目前大多数教育音像出版社还在事业单位编制的摇篮里"沉睡"的时候,及早实施更切合音像市场需要的成本管理战略改革,及时抢占教育音像产品市场先机。如果没有先机意识,等产品在市场出现滞销,经济效益落后于同行才意识到要进行音像制品的成本战略规划和管理,那时候可以说,市场先机已经消失殆尽,市场份额也已经被尽数抢占落后于对手了,所以教育音像单位领导层越早发动成本管理改革,可能就越早赢得市场,争取到更多的发展机会。

第四章 企业环境研究的基本原理

企业和任何有机生命一样,必须不断地和周围环境发生人、财、物、能量和信息的交换。生物要生存,必须对周围环境非常了然,否则就会有灭顶之灾,企业同样如此。因此,企业有必要对自己的环境进行细致充分的研究。

第一节 环境构成及相互关系

一、企业环境的构成

环境是指某一事物赖以生存和发展的外部条件,或是影响其生存和发展的各种外在因素。企业环境是指对企业生产经营活动产生影响的内外部条件。企业的经营活动是在内外部情况不断变化的动态世界中进行的,企业必须了解其处境,并做出相应的反应。

在动态的企业世界里,企业不仅要意识到许多环境的力量,而且要对这些力量做出反应。现实的客观世界总是处于变化之中。如果政府通过某个法案,则一些企业会停止从事某些活动(某一些企业则可能开始从事某些活动)。企业之间的竞争也是一种互动关系。若干年前,中国彩电市场上,由长虹挑起了多次降价大战,而其他企业则以更大幅度的降价作为回击。一种原材料的价格上涨很可能会使得该企业开始寻求更廉价的替代品。面对工人提出的增加工资要求,公司会宣布已指定了一个委员会研究此问题并在一个月内向董事会提出报告。

以上这些例子揭示了企业怎样调整自身以便适应环境以及影响它的许多力量。这些力量构成了"企业的环境因素"。任何一个企业都受到来自这些环境力量的影响,而那些能够通过"与环境力量合作"做出适当反应的企业是成功的企业。这种合作可以有许多不同的方式。在竞争对手降价时,公司可以要求企业以降低同样程度价格予以反击。在工人要求更高工资的情况下,解决的方式可能是上调工资10%。不论在哪种情况下,企业为了生存必须同环境力量相互作用。不能做到这一点往往意味着企业的失败(见图4-1)。

一个企业的经营环境由许多亚环境因素构成。这些亚环境因素相互交错、相互影响,但又相互区别,各有独特之处。企业的经营环境按照层次不同可以分为宏观环境、行业微观环境以及企业内部环境。

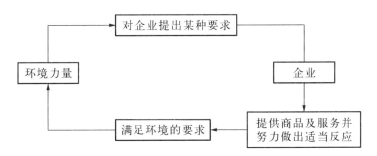

图 4-1　企业环境的相互作用

（一）微观环境因素

宏观环境又称为一般社会环境，是指影响一切行业和企业的各种宏观力量，大致可以分为以下几类影响力量：政治法律方面的影响力量、经济方面的影响力量、社会文化方面的影响力量以及科技方面的影响力量。这些外部影响力量对于不同的行业和企业，产生的影响力是不同的。因此每一个企业在进行战略环境分析时，应结合所在行业特点，根据自身特点和经营需要，有所侧重地进行分析。由于政治、经济、社会和技术四个英文首字母的缩写正好为 PEST，因此对于宏观环境因素的分析又被称为 PEST 分析。一般来说，在进行宏观环境因素分析时，都应从以下因素进行分析（见表 4-1）。

表 4-1　宏观环境因素汇总表

政治法律因素	经济因素	社会文化因素	科技因素
政局稳定程度 政治经济体制 路线方针政策 法律 法规 对外企的态度 国际政治法律	经济发展阶段 经济总量水平 国民收入水平 物价水平与通货膨胀 可支配收入 经济基础建设 国际经济因素	人口统计特征 人口迁移 教育水平 生活方式 保护消费者运动 社会公众的价值观、信仰、习惯等	科技水平 科技政策 专利保护 科技转化能力 科技发展潜力

1. 政治法律因素　政治法律因素是指对企业目前以及未来的生产经营活动具有作用与影响的政治力量，是对企业生产经营活动加以限制和约束的法律、法规条文。

从国内来看，政治法律因素包括企业所在国家或地区的政局稳定状况，政治经济制度与体制，执政党的路线、方针和政策，以及所在国家或地区的法律、法规等，其中经济法律对企业的影响更为重大。经济法律法规是为调整经济活动中的法律关系，为发展社会生产力服务的。它规定了企业可以做什么，不可以做什么。合法经营受到法律保护，非法交易要受到法律制裁。改革开放后，中国加强了经济法律法规的建立和健全，特别是进入 20 世纪 90 年代后，我国大大加快了有关立法的速度。到目前为止，中国先后颁布了《工业企业法》、《中外合资经营企业法》、《中华人民共和国涉外经济合同法》、

《专利法》、《商标法》、《公司法》、《票据法》等。

从国际上看,政治法律因素主要包括企业所在的或希望进行经营活动的国家或地区的政局稳定性、国体与政体、关税政策、进口控制、外汇与价格控制、国有化政策以及非政府组织(NGO)活动。内战、频繁的政府更换、频繁的罢工、黑手党猖獗或与周边国家或地区的武装冲突,都会影响合法企业正常的经营活动,甚至导致企业关门倒闭。最近几年,国际非政府组织举行了声势浩大的反对全球化、反对捕鲸等活动,并且已经迫使一些政府放弃原来的主张,这一组织已经在国际上形成了一股不可忽视的力量,相关企业在经营活动以及有关政府当局必须考虑到非政府组织的力量。

国际方面的法律因素主要涉及各国的国内法以及国际公约条约的有关规定等。各国都会制定一些调整国外企业在本国进行经营活动的法律,如果希望到国外生产经营,则企业应首先分析东道国的有关法律条文,以使经营活动能顺利进行。当前,各国越来越重视环保,特别是与人民生活密切相关的一些生活用品,各国都制定了严格的法律规定,以保护人们的安全。

政治法律环境因素对企业来说是不可控制的,带有强制性的约束力,企业配合适应这些环境因素的要求,使自己的行为符合本国及经营所在国或地区的政策、法令、法规的要求,才能生存和发展。

2. 经济因素 经济因素是指企业经营过程中面临的国内及国际上各种经济条件、经济特征、经济发展形势和趋势以及市场发育程度等。

企业必须考察所在国家及地区经济处于何种阶段:萧条、停滞、复苏还是增长,宏观经济以怎样一种周期规律变化发展。衡量宏观经济指标中,最常用的一个指标是国民生产总值(GDP),它是衡量一国或地区经济实力的重要指标,它的总量及增长率与工业品市场购买力及其增长率有较高的正相关关系。

人均收入是与消费品购买力直接相关的指标。随着经济的发展以及国家在劳动时间政策上做出调整,现在我国人民有了更多的可自由支配收入以及更多的余暇,在中国大多数城镇居民已经普及了家电,近几年又兴起了旅游热、房地产热以及证券投资热,这些热潮给企业带来了机会,给市场注入了活力,同时也带来了激烈的竞争。

一国总人口数量往往决定了一国许多行业的市场潜力,如食品、出版、交通工具、住房等。世界上人口最多的中国及印度,巨大的市场潜在规模,吸引了大量外国企业参与到这两个市场的竞争中来。尽管计划生育有效地控制了我国人口增长,但庞大的人口基数,伴随着中国经济持续稳定地高速增长,揭示了在中国存在巨大的市场潜力和机会,而这也正是吸引外商到中国投资的根本动因。由于儿童绝对数量非常可观,又由于是独生子女,家长对子女极其宠爱,近年来儿童用品市场,如婴儿奶粉、玩具、儿童食品、儿童出版等市场,呈现出空前活跃的景象,并有向高档化发展的趋势。

货币供给、物价水平和通货膨胀大小一直是经济环境的敏感因素。适度的通货膨胀可以刺激经济增长,但过高的通货膨胀对经济造成的损害往往难以预料,甚至导致经济的崩溃。消费品价格上涨太快,使人们原本生活需要的支出大幅增加,误导的价格信号会使某些消费行为提前,某些消费行为又被推迟。个人可自由支配收入的降低会长时间抑制耐用消费品的需求,特别是高通货膨胀率造成的社会心理损害将对整个市场供求关系产生深层次的影响。如果企业不能对此做出准确的估计,或者说日后的通货膨胀程度大大超过企业所能承受的范围,则企业的既有战略就形同废纸。

经济基础设施也是必须考虑的重要一环,它在一定程度上决定了企业的运营成本和效率。基础设施条件主要指一国或地区的道路交通状况、能源供应情况、通讯设施以及各种商业基础设施(如各种金融机构、广告代理商、分销渠道、营销调研机构)的可靠性及效率。这在策划跨国、跨地区的经营战略时,尤为重要。比如目前中国大力开发西部,但到中国东部沿海地区投资的外商企业数量要远远多于到西部投资的企业数量,其原因就在于中国东部沿海地区基础设施要远比西部健全、发达。

对于从事跨国经营的企业来说,必须考虑的经济因素还包括关税种类及水平、国际贸易的支付方式、东道国政府对利润的控制、对外国企业的各种待遇、东道国税收制度等。东道国政府有时限制外国企业的利润汇出,有时还要对外国企业的股份比例加以限制,并有可能要求外国企业在本国生产的产品中必须有一定比例的本国零部件,否则课以重税等。税率水平的不同使得企业可以选择在税负较轻的国家注册。

目前,由多个国家组成的政治—经济联盟已成为影响企业跨国经营活动的重要力量,其中较为重要的是石油输出国组织和欧洲联盟。石油输出国组织是一个包括了世界上石油和天然气最主要生产国的卡特尔(cartel),它的宗旨是控制成员国的石油产量,进而控制业界石油价格。这一组织的定价决策和生产数量,已经并将继续对业界经济和石油消费行业产生巨大影响。成立于1957年的欧洲联盟,现在成员国包括英国、意大利、法国、德国、丹麦、荷兰、比利时、卢森堡、爱尔兰、希腊、西班牙、葡萄牙、奥地利、芬兰和瑞典共15个国家。欧洲联盟最初的宗旨是取消配额和建立无关税的贸易区以推进各成员国之间的合作。1993年1月1日实施的欧洲共同市场,实际上消除了各成员国企业间经济合作的所有障碍,允许产品、服务、资金以及人员的自由流动。2002年1月1日起,欧洲共同体统一了货币,为各成员国企业在共同体内的经营创造了一个仅次于美国市场规模的统一大市场,有利于欧洲共同体企业在国际上的竞争力提高。除了以上两个经济体外,比较成型的政治—经济组织还有由美国、加拿大和墨西哥三国成立的北美自由贸易区(NAFTO),东盟自由贸易区和正在拟建中的东盟10国加上日本、中国和韩国的"10+3"经济组织。上述所有的经济组织对跨国经营企业的战略管理都会有潜在的影响。为了在竞争中获胜,企业的经营者必须识别出那些最能影响战略决策的、关键的经济力量。

3. 社会文化因素　社会文化因素(social factors)包括社会文化、社会习俗、社会传统、宗教信仰、教育水平、公众价值观、道德观、生活方式、保护消费者运动以及人口统计特征等。社会文化因素影响社会对企业产品或劳务的需要,影响企业的道德选择,并能改变企业的战略选择。

社会文化是人们的价值观、道德观、生活态度与方式等内容的总和。社会文化因素强烈地影响着人们的购买欲望与行为。不同的国家有着不同的主导文化传统,也有着不同的亚文化群体。因此,企业必须了解一定社会环境下的文化,并以此做出针对性的经营决策。欧美国家的消费者习惯于贷款消费,而东方国家的消费者更习惯于量力而行,这样的一种传统观念造成只有在整体经济状况有普遍提高后,才可能在东方国家大力推出新产品。

人是"潜在的购买者",企业必须随时分析目标市场的人口特征调整战略。目前在欧洲各国,已经普遍出现零出生率甚至是负的出生率,一方面这对于以儿童为目标市场的企业是一种威胁;另一方面,年轻夫妇可以有更多闲暇和收入用于旅游、在外用餐、运动及娱乐活动,因此可能为这些相应的行业带来机会。在出现零出生率的同时,欧美国家以及日本、中国的部分城市等国家和地区出现了人口老龄化倾向,这为企业提供了一个机会。法国的一家房地产公司抓住了这个机会,专门开发适合银发族居住的住宅。无论是在东方国家,还是在西方国家,在传统的家庭结构之外,出现了大量单亲家庭、核心家庭以及各种各样的同居住户,这些家庭不同于传统家庭,企业在制定战略时,必须考虑这些家庭的需求变化。

受教育水平的差异、从事职业的不同,造成消费者的消费特点差异。受教育越多,对产品的鉴别能力越强,购买理性程度越高,对产品的质量和品牌就越挑剔;受教育程度越高,对商品需求层次越高,对书刊、艺术、文化、旅行等的需求越大。同时,受教育人数越多,意味着劳动者素质较高,也意味着现代知识型企业及以知识为竞争基础的到来。一般来说,白领与蓝领工人即使收入相同,但是由于各自不同的职业取向,消费取向也会大不相同。

生活方式的演变、消费者保护运动的开展等也是构成社会文化环境因素的重要组成部分。

4. 科技因素　科技因素(technological factors)是指一个国家或地区的科技水平、科技政策、科技转化为新产品的能力以及科技发展动向等。对于企业来说,必须特别关注所在行业的科技发展动向、最新技术研究结果、竞争者的技术开发、新产品开发的动向。

新技术的产生能够引发社会性技术革命,创造出一批新产业,同时推动产业的变迁。比如,1946年,世界上第一台计算机问世,经过几十年的发展,今天计算机已经影响到我们生活的方方面面。计算机在制造业企业的运用,实现了无纸化设计和无人化生产的现代生产模式;在银行业的运用,使得我们能最正确、最便捷地处理各种业务往来,实现异地非现金交易等等,计算机带来其他领域的革命性变化也是有目共睹的,如远程医疗诊断、交通控制、图书馆管理等计算机对企业经营战略的影响程度,取决于它未来的发展。

新技术的产生还极大地改变了人口结构和人们的生活方式,最典型的莫过于抗生素的发明和运用。抗生素提高了人类抵抗疾病的能力,更多的工作者能更健康持久地从事自己的工作,增加了家庭可支配收入,结果提高了以家庭为单位的购买力。

然而对于企业经营战略设计的一个重要问题是：一种新技术的发明或应用可能又同时意味着"破坏"。因为一种新技术的发明或应用可以促使一些新的行业产生，也可以伤害或消灭另外一些行业。比如，通讯行业，在1910年以前，主要通信手段是邮政系统和电报。到19世纪80年代，电话作为一种通讯技术迅速代替了电报。而在手机广为使用的今天，人们便彻底放弃了电报的使用。其他行业中，同样存在这种情况。再如，化工行业的发展提供了新型的化纤材料，夺去了传统的棉毛生产行业的很大一块市场。还有，电视机的普及正极大地拉走了看电影的观众。所以现在的企业都非常重视开发与采用新技术，否则，企业早晚会有生存之虞。

（二）行业微观环境因素

行业微观环境是指和企业生产经营直接相关联的外部环境，包括竞争对手、供应商、顾客、替代产品和服务等。

1. 竞争对手　竞争对手是指生产同类产品或以同一目标顾客为服务对象的企业。竞争对手的数量和行为与企业有密切的关系。在竞争环境下，企业必须时刻注意竞争对手的动向，以使自己立于不败之地。企业竞争从多个层面上展开：价格竞争、产品性能竞争、质量竞争、服务竞争、品牌竞争、企业形象竞争、企业文化竞争。各种竞争都是为了夺得市场。

目前，中国企业之间竞争的突出问题表现在三个方面：一是企业竞争的层次太低，多数企业仍在价格层面上进行竞争；二是无序竞争，竞争中许多企业不按规则出牌，充斥着大量不正当竞争行为；三是只盯着一个市场，而不注意开拓潜在市场。市场竞争的核心是夺得消费者，谁能夺得消费者，谁就会立于不败之地，而不是在于打击他人。因此，必须培育合作竞争的观念，培育和竞争对手共同成长的观念，变纯粹的竞争为在合作中竞争。

2. 供应商　传统观念认为，供应商与本企业是一种零和竞争状况，也就是供应商获利多一些，必然损害本企业的利益。因此，许多企业在选择原材料、零部件供应商时，会向许多厂商同时发出邀约，继而在众多厂商中选择价格及质量等各方面最佳的供应商，并且企业在不断寻找更好的供应商。企业与供应商之间只是一种供与求的关系，基本上不存在合作关系。

事实上，日本企业与供应商之间采取一种合作的方式，使得日本企业在国际竞争中领先于其他国家的企业。比如，日本丰田汽车公司与其零部件供应商之间就是这样一种合作关系。丰田公司的零部件供应商基本上是固定的，同时为了企业的长远发展，丰田公司还会在零部件供应商技术改进以及产品设计方面提供帮助，因此保证零部件供应商在技术上先进，从而能提供丰田公司适用的零部件。这样一种关系，也有助于本企业的成长。

3. 顾客　顾客满意，是企业一切工作的中心，是企业工作的最高目标。市场竞争，就是对顾客的争夺术，争取到客户就争取到市场，谁就能获得高的市场占有率和盈利率。因此，研究市场、研究顾客、掌握顾客需要，迎合顾客的心理，为顾客提供满意服务，就成为企业价值所在,公司的价值就是为顾客创造价值,公司的利润,来源于为顾客创造价值的回报,然而多数企业都是把"顾客是上帝"挂在嘴上。

4. 替代产品和服务　替代产品和服务指能提供本行业企业产品和服务相类似的功能和性能的产品和服务。如果替代产品和服务在性能和质量上优于本行业企业的产品和服务,则本行业企业的产品和服务就有可能面临降价的威胁,从而导致本行业企业的赢利性下降,甚至有可能最终退出市场。

（三）企业内部环境因素

企业内部环境是指企业的资源、技术、营销、成本和管理等,应对这些方面进行系统而客观的评价,从而发现企业的强项以及弱点所在,进而利用外部的机会。

1. 资源因素　企业的生产经营离不开人、财、物,因此应对各种资源进行分析评价。具体从以下几个方面进行评价:

（1）人力资源。要从数量和质量两个方面进行分析。在竞争日益激烈的今天,企业之间的竞争归根到底是人才的竞争,企业应重视人力资源的培训和储备。

（2）能源。一个企业能否获得稳定的能源供应是企业发展的关键,特别是对于那些能源供应并非充足的企业更是如此。

（3）原材料。各种工业用品都是对原材料进行加工而得,如果企业生产所需的原材料资源丰富,这就是优势。

（4）资金。企业要再生产,就必须有充足的资金,否则生产将难以启动和周转。

2. 技术因素　企业要对自己的技术状况进行分析。企业的产品设计、工艺装备、产品功能结构、技术人员比重、产品的科技含量、技术进步贡献率、新产品试制成功率和工人的技术水平,这一切在同行业中是否处于领先地位。

3. 营销因素　在市场经济条件下,经营的重心转向营销,企业必须重视对自身经营情况的分析,通过对企业营销人员的素质、企业营销的能力及成果进行评价,才能了解自己竞争实力的强弱。企业可以从以下几个方面进行分析:

（1）销售渠道。企业有哪些营销组织,有多少营销员,素质如何,中间商的组织销售能力如何,销售网点分布状况等。

（2）宣传促销。企业信誉如何,通过对产品的知晓率、消费者投诉率、合同履约率等指标进行分析。

（3）产品竞争力。产品竞争能力是市场营销的物质基础,产品竞争能力表现在产品设计先进、结构合理、功能符合消费者需要、造型美观、质量上乘、价格公道、售后服务周到等。

（4）市场竞争地位。产品的市场地位除通过企业形象分析外,还要从市场占有率、相对市场占有率、市场覆盖率和市场扩大率等方面定量分析。

4. 成本因素　产品成本是反映企业的生产、技术和经营成果的综合性指标。产品成本的高低,决定着企业能否为社会提供更多的价廉物美的产品来满足社会的需要,同时也决定着企业的经济效益以及竞争能力。企业可通过对成本的比较,对成本构成及成本构成小的有利因素和不利因素进行分析。

5. 管理因素 通过管理可以寻求企业内部各要素的最佳结合形式,从而实现企业的经营目标。所以,企业必须对自己的管理工作进行分析,才能提高管理水平,取得更好的经济效益。管理因素的评价主要分析企业的资源使用是否合理、是否人尽其才、物尽其用;是否应用现代科学管理的方案与技术;企业内部的指挥系统与各部门间是否协调;企业的计划、组织与控制等职能是否有效;企业决策者的能力水平如何,决策是否正确、及时等。

二、企业环境之间的相互关系

宏观环境因素是企业所在国家或地区以及全球趋势和事件对企业施加影响的因素,这些因素对于所在国家或地区的所有企业来说都是一致的。宏观环境是企业的大环境,此环境相对来说,比较稳定,不易发生改变。比如社会文化因素中的社会习俗、价值观是经过许多年,甚至是几千年才形成的,这种因素的改变绝对不可能在一夜之间发生,企业能做的就是在制定战略决策时,充分考虑它的影响,进而利用它对企业有利的一面,尽量避免它对企业不利的一面。

但这也不是说,宏观环境因素是完全不可改变的。非常有势力的行业或企业可以通过对政府游说方式,影响到政治与法律、经济因素等。比如,克林顿政府时期,美国国会众议院就对中国永久性正常贸易关系地位进行争论时,各种代表不同利益的团体纷纷在国会上进行游说。一些团体认为如果批准给予中国永久最惠国待遇将导致美国失业率更高,因此反对。而"支持美中贸易联盟"于 2005 年 5 月 17 日,向 435 位联邦众议员赠送了漂亮的礼品篮,里边装着苹果、柑橘、火腿、燕麦、柯达胶卷和波音飞机模型等,上面挂着一个小标签,写着:这些都是出口到中国的,请投票支持 PNTR。最终,由于"支持美中贸易联盟"的力量更强大,同时也是出于给予中国永久最惠国待遇更符合美国的利益,国会批准了这个议案。由此可见,宏观环境决定了行业竞争环境,同时,在某些情况下,行业或大企业(有的大企业可能就代表了一个行业,如柯达几乎就可以代表美国的影像行业)可以反过来影响宏观环境因素。

即使是同一个宏观环境因素对不同的行业,其影响也是不同的。正如上文中已经提及的,一国政府制定严格的环境保护法律,可能使得某些行业面临成本上升,甚至是整个行业的消失,但也能促使环境保护设备生产及研究行业的兴起。

行业微观环境是企业参与竞争直接相关的部分,直接决定了行业竞争性质和企业的盈利性。由于这个原因,作为一个企业,必须每时每刻关注所在行业环境中的各种竞争力量。行业中采取类似战略的企业组成了战略集团,战略集团内企业之间的竞争远比分居不同战略集团企业之间的竞争激烈。行业微观环境决定了企业可能的盈利能力,但并不是说一个盈利性大的行业内的企业盈利能力就一定强。

企业内部环境由企业内部各种因素构成。如果从对于资源的观点看,企业内部环境应是由各种资源构成,这种资源不仅指物质形态的资源,而且包括技术、不可言传的知识等非物质形态的资源。如果企业内部拥有稀缺的、有价值、不可模仿的、不可替代的资源,企业就会在竞争中有优势,否则就会处于劣势。

综上所述,外部宏观环境对于所有行业和企业都是一样的,一般来说,行业和企业服从宏观环境为主,但是一些特别有势力的行业和企业是有可能影响宏观环境的。行业微观环境是企业参与竞争直接相关的环境,对于行业的竞争性质和盈利性有着决定作用。企业的盈利水平如何取决于宏观环境、企业所在行业以及企业内部拥有的资源状况。

第二节　环境的信息及环境研究的程序

一、环境的信息

（一）环境信息的类型

从企业环境层次看,毫无疑问环境信息可以分为宏观环境信息、行业微观环境信息和企业内部信息。由于企业中不同用户在企业中所处的地位、工作性质、职责、涉及的决策问题等不同,他们的信息需求也不同,我们可以根据需求者不同,对环境信息进行分类。

1. 最高决策者需要的信息　最高决策者包括:董事长、总经理、总工程师、总会计师等。在企业的经营管理过程中,他们需要确定企业未来发展与战略目标。因此,他们对信息的需求以全局性、分析性为主,具体可以分为以下四个方面。

（1）政策法规。包括党的路线、方针、政策;国家机关颁布的有关法令、规定、指示;国家制定的社会经济发展战略;长、中、短期的经济与社会发展计划等;上级主管部门发出的政策性指令、行业规划;主管部门的各种通报、简报、经济预测等。

（2）企业内部信息。各种反映本企业职能部门、分厂、车间、班组等生产活动的信息。

（3）市场情报。内容主要是产品动向、消费需求、消费心理、购买力、资金投向以及自然环境、社会环境等方面的信息。

（4）行业动态信息主要包括行业竞争环境、主要竞争对手、企业竞争战略与策略、技术发展动态、同行业新产品开发和市场占有率等信息。

2. 职能部门决策者需要的信息　各职能部门决策者的需求依据部门的不同各有特点。

（1）销售部门需要的信息。销售部门决策者需要的信息主要有以下两个方面的信息:① 具体的销售数据。② 市场调查分析报告。

销售主管需要的信息除了常规的新产品市场定位、市场调查、产品的生命周期预测等专题报告之外,还有针对企业网站获取的用户访问信息、客户反馈信息的分析报告。销售主管可以根据这些信息制定挖掘企业潜在客户的决策,制定针对客户开展宣传推广活动的决策。

（2）生产部门需要的信息。生产部门决策者需要了解企业的生产经营状况、发展趋势、市场情况等，具体包括以下四个方面的信息：① 常规的生产数据。② 最终产品的规格、质量与成本耗费等。③ 工艺技术、新方法的跟踪信息。④ 新技术应用效果评估的信息。

（3）供应（采购）部门需要的信息。① 常规的原材料或外购件价格、供应保证状况、生产设备的技术水平以及维修状况。② 新材料、新技术设备方面的动态信息。③ 原材料、新设备采购计划。

（4）研发部门需要的信息。研发部门决策者主要是负责企业的专业技术工作，他们需要考虑产品设计、新产品开发；技术设备的保养、维修和更新改造；新技术的引进、消化、吸收和本企业的技术发展等方面的问题。他们一方面要了解本企业的生产经营状况、发展趋势、市场动向等信息，而另一方面更着重于科技信息，他们需要的信息重点有：① 国内外有关专业技术的发展动向，特别是一些新产品的性能、结构和发展前景等的信息。② 本企业内部目前的技术力量、技术水平、生产工艺以及技术设备的运转状况；本企业产品的质量、成本、市场竞争能力、新工艺研制的可行性分析、新产品研制周期、高新技术产品的附加值、研发部门投入与回收预测等信息。

（5）财务部门需要的信息。财务部门决策者需要的主要是以下两个方面的信息：① 企业资产的历史及现状，如各种财务比率。② 竞争对手的财政年度报告。

（6）人力资源部门需要的信息。人力资源部门决策者需要的主要是以下四个方面的信息：① 员工基本情况。② 人员调动、招聘方案。③ 竞争对手的人力资源结构分析。④ 员工业绩评估方案。

以上各个职能部门需要的信息之间具有一定的重要性及相互关联性。如销售部门需要生产部门关于产品质量、成本等方面的信息，而生产部门与供应部门又是紧密联系的。

3. 企业其他员工需要的信息　销售、研发等部门人员需要的信息可以通过信息主管或各职能部门主管赋予一定的资源访问权限而得到满足。如销售主管可以允许销售人员获得与其相同的信息资源访问权限。

（二）环境信息的来源

根据来源不同，环境信息可以分为三个部分，即企业内部信息、企业外部信息以及内外交叉信息。

1. 企业内部信息　这部分信息主要指企业各职能部门（包括销售部门、生产部门、供应采购部门、研发部门、财务部门、人力资源部门等）管理系统中的信息，主要由各部门协调开展信息收集、分析、加工工作。

2. 企业外部信息　企业可以从公开的出版物和非公开出版物中获得大量的战略信息。公开出版的战略信息来源包括报纸、期刊、专业杂志、报告、国家及行业政策法规、政府文件、摘要、书籍、企业名录及手册等。非公开出版的信息来源包括：用户调查、市场研究、专业和股东会议上的讲话、电视节目、采访、与利益相关者的对话。现在，利用计算机网络可以使得企业更容易地收集、消化和评价信息。企业外部的主要信息源包括：① 报纸和专业杂志。② 行业协会出版物。③ 产业研究报告。④ 政府各管理机构对外公开的档案（如工商企业注册资料、上市公司业绩报告等）。⑤ 政府出版物（如统计资料、政府工作报告、各类白皮书等）。⑥ 数据库（商业联机数据库、网络数据库等）。⑦ 工商企业名录。⑧ 产品样本、手册。⑨ 信用调查报告。⑩ 企业招聘广告。

3. 内外交叉信息　主要指企业在与外部发生的各种活动中产生的信息，包括企业与行业协会、上级部门、竞争对手、供应商、客户等之间发生的各种活动中产生的信息。这部分信息的收集一方面要依赖于企业员工的竞争意识与企业的凝聚力，及时向企业管理信息系统部门提供企业与外部发生的各种活动中产生的信息；另一方面，由管理信息系统部门根据各级决策层对信息的需要去收集特定的企业内外部信息，如企业网站上用户的访谈录，客户和反馈信息等。

二、环境研究的程序

环境研究首先是收集各种环境信息，其次是评价信息，最后是运用一系列管理工具，分析研究环境信息、辨认环境的性质，为企业制定战略决策做准备。

（一）环境信息的收集

1. 通过企业内部各部门收集信息　企业内部各部门在收集本部门信息的同时，必须收集行业及竞争对手的相关信息。如营销部门收集市场销售方面的信息，应包括本企业、行业、整个市场和竞争对手市场销售的信息。研究开发部门在收集信息时，要对竞争对手的技术有非常清晰的了解，并善于通过各种展销会、学术研讨会、竞争对手的产品发布会、互联网等渠道获取技术方面的信息。

2. 通过企业内部图书资料部门收集信息　企业内部图书资料部门一般能提供三个方面的资料：公开出版物、非公开出版物和企业内部文档。公开出版物，如报纸和专业杂志、行业协会出版物、产业研究报告、政府出版物、工商企业名录、产品样本、产品名册等。非公开出版物，如专业会议的会议记录、展览会上获得的有关资料等。企业内部文档，如企业组织、规章制度、产品标准、上下发文等。

3. 通过企业网站收集信息　通过企业网站，不仅可及时获取用户反馈信息并改进售后服务，而且利用网站，可以快捷地开展各种网上调查。

4. 通过 Internet 收集信息　在企业信息收集活动上，Internet 的作用越来越重要。利用 Internet 获取信息的优势在于：① 克服竞争信息数据的研究、合作与传播上的地理限制。② 利用 Internet 是企业商业战略之一。③ 了解企业与其他竞争对手相比较所处的位置。④ 获取以前无法获得的信息。⑤ 更快、更方便地收集竞争信息。⑥ 优化收集、传播与使用的内部信息。⑦ 提高竞争信息的质量。⑧ 节省商业信息服务费用。⑨ 具有像商业数据库提供的那样准确的信息。⑩ 调整与利益相关者的关系。

在 Internet 上，一般通过网络搜索引擎和网络数据库收集信息。通过 Internet 可以收集到行业相关信息。

据调查研究，近 60% 的企业通过企业的网站发布关于企业产品与服务的信息，因此 Internet 也是收集竞争对手信息的重要途径。通过 Internet 常可以收集到竞争对手的新产品与服务、价格信息、广告策略、商务流程等信息,如果是上市公司,则还可以收集到竞争对手的财务信息。

由于现在普遍流行政务电子化,因此通过 Internet 还可以收集到与竞争环境相关的信息,如新的政策、地区优惠政策等信息。

5. 通过联机数据库收集信息 联机数据库是由专门的数据服务公司提供的一种有偿服务,由于这些公司的专业化能力,企业有可能通过它们以较少的费用找到所需信息。

6. 通过人际网络收集信息 人际网络(见图 4-2)是重要的公开信息来源,是企业获取竞争信息非常重要的途径和工具。

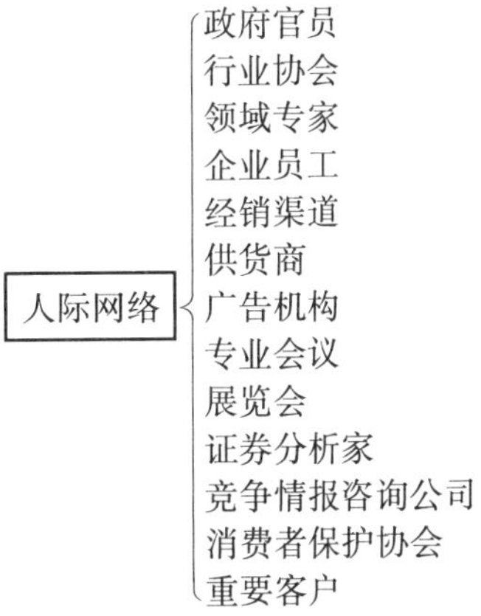

非公开信息来源虽然是最有价值的信息,但其准确性值得推敲,因此必要时,企业必须对收集的公开信息进行连续跟踪,对重要的信息源进行验证。

在收集环境信息过程中,可以采用一种或多种方式进行信息收集工作。据调查研究,国内企业在收集信息过程中,最常用的是行业杂志,其次是专利及科技文献,再次为通过行业专家收集信息。见表 4-2。

```
人际网络 ← 政府官员
           行业协会
           领域专家
           企业员工
           经销渠道
           供货商
           广告机构
           专业会议
           展览会
           证券分析家
           竞争情报咨询公司
           消费者保护协会
           重要客户
```

图 4-2 人际网络

表 4-2 前十种信息收集方法列表

收集方法	使用程度	使用该方法的程序≥4 的企业的百分比
行业杂志	5.73	91.67%
专利及科技文献	5.24	79.86%
行业专家	5.01	81.94%
外部出版物	4.99	82.64%
行业协会	4.68	75.00%
关系(个人关系网络)	4.52	71.53%
互联网	4.49	66.67%
外部联网数据库	4.36	65.28%
内部网	4.24	64.58%
个人访谈(面对面)	4.21	63.89%

注:将各种信息收集方法的使用程度分为七个等级,分别以数字1、2、3、4、5、6、7 由低到高表示。

(二)环境信息的评价

收集来的信息量非常大,且其中可能会存在鱼目混珠,因此要从收集的大量信息中获取真正所需的信息,必须对发现、挖掘和整理出来的原始信息进行价值评价,去伪存真。根据待评价信息的原本特征或特点分别置于相应的评价体系中,进行适度评价和筛选,以利于信息的针对性使用。

对信息的评价应依据准确性、完备性和重要性原则。

1. 准确性　指信息的可信程度,主要包括下面两个方面:

(1)可信性。指信息的权威性,作者或发布机构的可信程度,信息表达方式的可靠程度,其他信息源是否支持这条信息,信息可否验证等。

(2)一致性。指信息自身是否自相矛盾,是否与过去或信息源中的信息认识一致。

2. 完备性　指相对于原有信息的完备程度,主要包括以下三个方面:

(1)新颖性。指信息是从未出现过的。

(2)互补性。指信息弥补原有信息的不足。

(3)周期性。指信息为有规律的更新信息量。

3. 重要性　指信息的重要程度是否及时,包括以下四个方面:

(1)及时性。

(2)适用性。

(3)先导性。指信息是否具有长期或长远的应用或潜在应用价值。

(4)带动性。指信息是否对科技发展或决策制定产生重要影响。

企业在制定战略时,就需要按照以上原则对收集的信息进行评价。根据目标不同,对以上各个原则可以有不同的侧重点。如企业要发现潜在的竞争对手,则信息的及时性、可信性、新颖性、互补性这四个属性要求尤为重要。

(三)环境信息的分析

环境信息分析的目的是为企业制定战略决策服务,因此对环境信息的分析主要是从竞争角度进行,按照信息的主要领域和核心内容,可以把环境信息分析分成三类(见图4-3)。

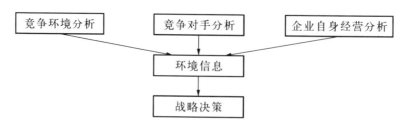

图4-3　环境信息分析的主要领域与核心内容

1. 针对竞争环境的分析方法

(1)政治及国家风险分析(Political and Country Risk Analysis)。该方法用于评估企业在国外运作的风险类型与程度。

(2)产业情景预测(Industry Scenarios)。该方法可以用来对未来各种可能出现的产业结构进行内在连续的详细描述。

（3）波特的"五力"模型（Porter's Five-forces Model）。该方法用于分析驱动产业竞争的五种基本力量：① 供应商讨价还价的能力。② 购买者讨价还价的能力。③ 替代品的威胁。④ 新进入者的威胁。⑤ 现有竞争者之间的竞争。

（4）BCG 产业矩阵（BCG Industry Matrix）。基于企业取得竞争优势的潜在资源的数量以及一个领先企业优势的大小来鉴定一个产业的吸引力。

（5）SWOT 分析（Strengths、Weaknesses、Opportunities and Threats Analysis）。用于帮助企业识别其相对环境、竞争对手的优势、劣势、机会和威胁，找出影响成功的关键因素，提供可选择的战略，这是一种常用的综合分析方法。

（6）事件分析（Events Analysis）。用于帮助企业找出必须面对的某些关键的机会和问题，从而保持或增强其竞争地位。

（7）战略集团分析（Strategic Groups Analysis）。识别产业内可划分的不同企业集团，每一战略集团内的企业采用相似战略，有相似的管理系统；它们倾向于被相同的竞争行动和外部事件所影响以及对这些竞争行动和外部事件做出相近的反应。

2. 针对竞争对手的分析方法

（1）定标尺（Benching）。将任何本企业业务活动（如售后服务）与从事该项活动最佳者进行比较，从而提出行动方案以弥补自身的不足。

（2）关键成功因素分析（Key Success Factors Analysis）。分析一个企业为了获取成功必须充分关注的几个因素。

（3）优势及劣势分析（Strengths and Weaknesses Analysis）。用于分析一个企业相对于其竞争者而言在资源、技术和潜能方面的优势和不足。

（4）财务报表分析（Financial Statement Analysis）。对公司的短期健康运营和长期资金来源进行评估。

（5）竞争者产品组合分析（Product Portfolio Analysis）。对竞争者相关市场的分析。

（6）核心竞争力分析（Core Competence Analysis）。用于确定能够成为 个本企业独具特色的某项价值链活动，它既能够创造价值，又是可持续竞争优势的源泉。

（7）专利情报分析（Patent Analysis）。指对来自专利说明书、专利公报中大量的、零碎的专利信息进行加工及组合，并利用统计方法和技术使这些信息成为具有总揽全局及预测的功能。

3. 针对企业自身的分析方法

（1）价值链分析（Value-chain Analysis）。用于分析一个企业的基本活动（指企业内外的后勤、运作、销售和服务）以及支持性活动（包括公司基础设施、人力资源管理、技术开发和采购）。

（2）利益相关者分析（Stakeholder Analysis）。受企业目标影响的任何个人或团体的目标。

（3）顾客满意度调配（Customer Satisfaction）。用以评估企业满足顾客需求的程度及怎样才能改进企业的产品及服务。

由于企业面对的是一个比以前更加易变的环境,因此企业只有不断地扫描环境,不断地收集环境信息,评价分析信息,并监控环境中出现的任何新的变化,才能抓住环境中的机会、躲避威胁,充分发挥企业的强势、克服劣势,在竞争中立于不败之地。

第五章　出版企业外部环境研究

入世以后,随着中国文化市场的逐渐放开,国外文化产业的经营触角开始向中国延伸,对本土文化产业构成一定的威胁。面对在资金、技术、管理、人才等方面都有明显优势的海外文化资本,中国出版业究竟该如何应对这场史无前例的挑战,振兴中华民族的出版经济是当前面临的、必须要解决的问题,它需要一个正确的发展理论给予指引。

党的十六大以后,中国加快了改革步伐,党中央做出加快文化体制改革和文化产业发展的决定,也给新闻出版业体制机制的改革带来机会。2003 年,党中央、国务院决定启动文化体制改革试点,在所确定的 35 个文化体制改革试点单位中,新闻出版单位就有 21 家,占了近 2/3。2006 年 7 月国家新闻出版总署出台《关于深化出版发行体制改革工作实施方案》,鼓励出版集团公司和发行集团公司相互持股,进行跨地区、跨部门、跨行业并购、重组,建立必要的经营性分支机构;推动有条件的出版、发行集团公司上市融资;大力发展连锁经营、物流配送、电子商务、信息管理等现代流通技术和手段;鼓励非公有资本以多种形式进入政策许可的领域等等。

这些对于中国出版企业来说,是一个非常有利的消息,中国出版企业的竞争力将得到大幅度提高,既是一种挑战,也是一种发展机会。企业环境中的任何变化到底是有利于企业,还是对企业不利,应该是在经过仔细、周密的分析之后才能得出的。

第一节　出版企业环境性质分析

任何一个企业都不能孤立存在,总是要与周围环境进行物质的、能量的和信息的交流与转换。没有了与外部环境的交流与转换的企业,就像鱼离开了水,将无法生存,更谈不上发展了。换句话说,企业的生存和发展受到其所处环境的影响和制约。在企业与外部环境的相互关系中,一般来说,环境力量总是不以企业的意志为转移,总是处在不断发展变化之中,特别是当今的信息时代。

只有适应环境出版企业才可能在竞争中取胜。在制定企业战略时,很重要的一点是分析企业环境因素。

一、出版行业宏观环境分析

对出版行业宏观环境的分析,可以用 PEST 分析方法,也即从政治与法律、经济、社会和技术因素四个方面进行分析。

（一）政治与法律因素

改革开放以后,中国针对经济领域制定了许多法律,如《工业企业法》、《中外合资经营企业法》、《中华人民共和国涉外经济合同法》、《专利法》、《商标法》、《公司法》、《票据法》等。这些法律对于规范在中国经营的企业的活动起了重要作用,这些法律法规同样也适用于出版生产企业。

中国目前政局稳定,改革发展力度大,物质文明和精神文明取得极大进步,处于历史最佳发展时期。对于出版业,相对完善、适合中国社会主义初级阶段国情的出版管理体制已在中国建立。1997 年 1 月,国务院发布《出版管理条例》。这是新中国成立以来第一个比较全面系统的出版管理行政法规。1997 年 6 月,颁布《图书质量保障体系》。1998 年 12 月,新闻出版署批准组建广东出版集团、上海世纪出版集团、四川新华书店集团、江苏发行集团,作为全国试点单位。在管理手段上,中国的出版管理综合了法律、行政、行业、经济等多种手段,实现直接管理和间接管理相结合,目前已初步形成总署省地市县四级管理体制。

（二）经济因素

20 世纪 80 年代以来,中国经济取得了巨大发展,生产力水平有了很大提高,现代出版所有的装备条件如处理文字输入的电脑,先进的电脑排版系统和设计软件,先进的印刷机和联动装订系统等等,就图书出版的硬件来说,中国和发达国家的水平已相差无几。

2007 年中国经济实现又快又好发展,据国家统计局的数据表明,2007 年中国国内生产总值为 246 619 亿元,增幅为 0.4%,比上年增长 0.3 个百分点。居民消费价格指数上涨 4.8%,比上年提高 3.3 个百分点。专家分析,个人可任意支配收入和家庭收入高低对图书消费的增减具有明显的加速效应,因此图书市场未来会有开拓增长的空间。

出版领域是横跨文化产品的生产、流通、传播和消费的重要领域,许多国外出版集团巨头看到了中国强大的经济发展潜力,都纷纷以传媒为主要投资对象的资本运作,通过各种渠道染指中国传媒业。有国际经济观察家们断言,媒体和出版事业是"中国最后一块待掘的金矿"。

中国加入世界贸易组织之后,随着分销领域的完全放开,国外发行公司渠道和网点的建立和完善,我们的出版领域必然存在上游对下游、出版对渠道的依赖,或者受制于渠道。另外,社会主义市场经济体制客观上要求市场在出版资源的配置方面发挥基础性作用:出版资源、资金、技术和人才等生产要素,按照市场的需求配置和流动,形成国有、民营、集体、个人、合资、合作等多元化的格局,行业外资金和民营资本进入到了新闻出版的零售、分销、批发、广告、印刷制作等经营领域,并占据了相当的市场份额,促进了出版物的生产和流通,解放了出版生产力。但与此同时,由于出版物商品作为精神产物,有很强的外部性,存在着"市场失灵"的情况,因此必须强调政府的宏观调控作用,政府要运用法律、经济和行政手段,从过去以行政的、直接的管理为主的方式转变为以法律为主、间接管理为主的方式。

（三）社会文化因素

中国是个人口众多的多民族国家,目前已进入一个新的人口生育高峰期,在 2016 年之前将保持在每年 1 600 万到 2 000 万的水平,将出现一个庞大的需求群体,与前几个高峰期不同的是,这个生育高峰期的主要群体是改革开放初期出生的第一代独生子女,在经济社会不断开放的环境中成长,他们的思维方式、受教育程度、生活观念以及消费观念和父辈差异很大,可以预见在未来的 10 至 15 年将迎来中国文化市场的繁荣发展期。

近十年来,中国社会文化需求发生了巨大变化:需求的主导力量由政府转变为市场;需求方式发生重大变化,个性化、阶层化、多元取向、理性选择,成为当今中国社会消费需求的主要特征;报刊、影视、网络等大众传媒及其他文化、休闲方式的极大丰富,在很大程度上分散、转换乃至消解了人们对书籍的消费需求,传统书业的生存空间明显受到挤压;就业压力的增大和岗位竞争的加剧,刺激了对教育和职业培训的巨大需求,教材、教辅和职业培训类图书成为书业的新增长点;信息的海量化,刺激了人们对信息整理、筛选、提取的巨大需求。

出版产业目前的盈利市场主要集中在教材教辅,出版物的品种结构失衡,一般出版和专业出版力量偏弱,适应应试教育成分较多,例如,1996 年中国共销售图书 72.6 亿册,其中课本、大中专教材约占 55.6%,真正意义上的一般图书只有 30 亿册左右。面向城镇居民的图书出版得多而适合农村读者的读物出版得少。

（四）技术因素

由于 Internet 技术的迅速发展,以及网络自身的跨国界、超时空特性,网络已经成为全球化的技术基础。因此,电子书（Ebook）、网上书店等都将超越国家的界限,成为全球化的一部分。尤其是近年来宽带技术的发展,更使网络的交互性、安全性、稳定性等得到更大的提高,将更加推动出版全球化的发展。因此,传统的、封闭的中国出版,将直接面对网络技术的挑战。届时,现有的编辑出版流程、图书发行流程将会因网络而改变。据有关资料显示,2005 年,美国的网上书店占到 40% 以上的份额,超过独立书店 5%、连锁书店 20%、图书俱乐部（Internet）10% 的份额而位居首位;美国的出版业务中有 1/4 来自在线服务。另一方面,电子书将直接冲击传统出版。2000 年初美国一家杂志的调查显示:72% 的电子书内容通过 PC 机下载后阅读,28% 的电子书的内容通过每日书（Everybook）、火箭书（Rocketbook）、软件书（Softbook）等电子书阅读器下载阅读。但该杂志同时指出,伴随着电子书阅读器分辨率的提高、价格的降低、阅读屏幕的增大,加上其独有的便携功能,电子书阅读器将成为阅读电子文本的首选工具。在网络时代,网络将直接介入图书的出版、发行等方面,对中国出版产生影响。

二、出版企业环境性质界定过程

（一）找出影响企业战略成败的主要外部环境因素

影响出版企业外部环境的因素具有数量多、复杂程度高、相互关联、变化快、企业经营影响大的特点。辨别企业相关环境因素的工作比较复杂,通常运用社会学、心理学、组织学等知识,利用专家的经验、学识等对环境因素进行综合判断,并在此基础上进行定量描述。

辨别主要经营环境因素的实用方法有环境扫描法。由熟悉外部环境的出版方面专家或管理人员组成环境扫描小组,在企业高层领导的主持下召开会议。这一方法是找出和分析环境中的机会和威胁的第一步,即在战略管理过程的初级阶段,将所有可能与将来战略成效有关的事件、趋势、利害关系都列举出来,最后把比较一致的意见作为环境扫描的结果。环境扫描通常须经以下几个步骤:

(1)把环境分析问题用公正的、无个人偏见的词汇提交给小组分析讨论,主持人不对任何环境因素进行暗示。

(2)采用一定的方法,使所有相关环境因素都得以列举出来。例如应用能产生最大创造力的头脑风暴法、名义群体法(nominal group technique),避免一边倒的德尔菲法等。在这个过程中,每个成员的分析可以从 PEST 角度进行,以充分考虑可能的影响因素。

(3)如实记录小组成员提出的环境因素。记录者须遵循小组成员都平等的原则,不以小组成员的职务高低,去评判他们提出来的因素的重要程度。

(4)讨论已提出的因素的依据。小组成员由于职位、所在职能部门、观察问题的角度不同,在讨论中很可能偏向自己提出的因素,主持人应不断强调讨论的目的,使偏向降低到最低程度。

(5)做出结论。在这一阶段,必须对所提出的因素达到某种程度的一致,以作为环境扫描的结果。为此,可以通过分开讨论或无记名投票,来决定哪些是影响企业战略成效的主要因素。

(二)确定环境因素的重要程度

这是环境分析的第二步。前一步是运用环境扫描法揭示出影响出版企业生产经营成果、战略成效的主要环境因素。这一步是对提出的主要环境因素确定其重要程度,其方法有以下两种:

第一种方法是再次利用环境扫描法的五个步骤,将环境因素做重要性分析,即根据这些因素对企业影响的重要程度排出次序。

第二种方法是环境的风险和机会描绘法,又称 ETOP 法。这个方法是由环境扫描小组成员根据自己的经验及掌握的外部环境情况,分析诸环境因素对企业战略成效的影响及其重要程度并对每个环境因素进行打分;主持人将各人的打分值进行平均,算出每个环境因素的最终分数。具体做法如下:

(1)环境因素对企业战略成效影响的分数,从 -5—$+5$,-5 表示对企业有极强的负影响(例如,企业需要得到生产某种新产品的许可证,但这几乎是不可能的,那么这个因素的影响可能是 -5 分);0 表示没有影响;$+5$ 表示有极强的正影响。

(2)环境因素的重要性打分值范围是从 0—5,0 表示不重要;3 表示重要;5 表示非常重要。

将重要性分数和影响分数相乘就得到一个综合分数,这个分数表示环境因素的重要性程度。例如,综合分数一25(重要性为5,影响为一5),表明需要管理者立即做出反应的一种严峻形势。根据每个环境因素的综合分数绝对值的大小排列,即得到环境因素重要程度的排列。表5-1是ETOP运用的一个例子。

表5-1　环境风险和机会的指标(ETOP)

因　　素	因素的影响	因素的重要性	潜在的机会(＋)或风险(一)
经　　济	一2	4	一8
政　　治	一1	2	一2
社　　会	一1	3	一3
技　　术	＋2	2	＋4
竞　　争	一1	2	一2
地　　理	0	1	0

表中综合分数为正值,代表外部环境给企业经营提供机会。所谓机会,就是企业在环境中能享有差别利益的活动范围。综合分数为负值,代表外部环境给企业带来威胁,所谓威胁是指环境因素中的不利趋势和干扰。若企业不采取有效的措施对待,将导致企业的失败并危及生存。

出版企业经营者应根据以上的分析,认识所面临的机会和威胁,并按照威胁程度和机会程度发生的可能性对企业所处的环境进行分类。如图5-1所示。

图5-1　企业的经营类型

这四种环境类型的基本特点是:① 风险型:机会多,威胁大,企业应敢冒风险,争取成功。② 理想型:面临良机,稳操胜券。③ 成熟型:风平浪静,企业应等待时机。④ 困难型:风雨飘摇,危在旦夕。企业经营者应根据企业面临的机会和威胁,评价企业在外部环境中所处的地位,并采取不同的对策,以利用机会,避开风险。

(三)中国出版企业面临的机遇及威胁

(1)全球出版需求稳中有升。书籍是工作和学习的必需品,需求相对稳定;中高档出版物需求量也随收入提高而增加,价格需求弹性较大,有较大发展空间。从20世纪90年代以来,全球经济虽然也曾出现回落,但总体仍呈增长趋势,这势必有利于出版消费。

(2)中国出版生产成本可能进一步下降。国际市场纸浆价格处于较低水平,并低于国内纸张生产价格。2001年中国加入WTO后,进口关税降低,有利于中国出版生产企业进口低成本出版纸张及低成本出版印刷机械设备,从而降低出版生产成本,有利于提高中国出版业国际竞争力。

(3)自2006年后,国内众多教育音像出版社面对风云变幻的市场,残酷的市场竞争使得其发展面临严峻的瓶颈。体制改革使得较多出版社困难重重。我国教育音像社进入了新的历史转型时期。因此面对产品形式和传播手段的创新,如何科学地创新地运用成本管理方式,减少教育音像制品的成本,扩大产品的市场销售,利用新型媒体,把握市场机遇是目前我们教育音像出版社亟待开展的工作。

近五年,随着网络技术、新媒体、新载体等传播方式的不断发展和推动,给我国教育音像行业带来了许多新的理念和模式。随着国际互联网技术和 3G 手机网络技术的不断成熟,教育音像出版物的载体形式不再局限于光盘,数据的传送也出现在 MP3、MP4、手机等新型媒介中。一方面,具有较强互动性、流通速度快等特点的网络出版方兴未艾;而与此同时,3G 时代的到来也使手机作为远程教育终端、出版产品的终端成为可能。在新兴网络媒体迅猛发展的大背景下,电子商务、网络出版成为了时尚潮流。虽然我国众多教育音像出版社都在网上成立了自己的网络站点,但其网站的内容往往极其简单,只有一两页,基本都是单位宣传、领导介绍、工作会议安排、品牌介绍、新的音像出版物推介上,而没有利用网络的优势进行电子商务和网络出版的工作,没有与终端客户形成一个互动的平台。而电子出版物在新技术、新媒体的应用几乎颠覆了传统的成本管理理念,因此如何对电子商务、网络出版进行有效的成本管理,联合新媒体的相关部门,利用现代的数字技术、网络技术来发展新型的电子出版物,减少传统的出版物份额,迎接数字化时代的到来也是我国教育音像出版行业的一个重要课题。

第二节 出版企业行业结构分析

企业战略环境的范围很广,既有社会的因素,又有经济的因素,但是,企业所面临的一个直接环境因素是企业所在行业。行业的结构极大地影响了竞争原则和企业可能采取的战略,因此,行业结构分析是企业战略环境分析的一个重要方面。

根据哈佛大学迈克尔·波特(Michael E. Porter)教授的观点,一个行业的激烈竞争不是一种巧合,而是源于其行业内在的经济结构。

一个行业中的竞争,远不止在原有竞争对手中进行,而是存在着五种基本的竞争力量,即潜在的进入者、替代品的威胁、购买者的讨价还价能力、供应商的讨价还价能力以及现有竞争者间的抗衡。如图 5－2 所示。

这五种基本竞争力量的状况及其综合强度,决定了行业的竞争激烈程度以及该行业获得利润的最终潜力。之所以如此,是因为这五种基本的竞争力量影响着该行业内的产品价格、成本和所需的投资,即影响着盈利率的诸多要素。例如,购买者力量、替代品和现有竞争对手的竞争强度决定了企业能索取的价格;购买者和供应商影响了企业的成本和投资;潜在进入者会争夺市场、提高成本、影响收入,并造成防御方面的投资。不同的行业,由这五种基本竞争力量决定的行业竞争程度不同,而且会随着行业的发展而变化。因此,不同的行业、行业的不同发展阶段,盈利潜力不同。

另外,行业中不断进行竞争,会导致投资收益率下降,甚至接近于竞争的最低收益

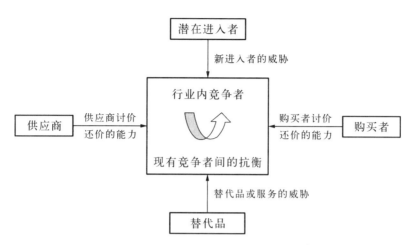

图 5 - 2　波特的"五力"模型(决定产业盈利能力的五种竞争力量)

率。如果投资者的收益率长期低于这个收益率,他们将会转移投资到其他行业。如果相反,则会刺激资本流入该行业。资本的流入方式有新进入和现有竞争者追加投资。值得注意的是,行业中竞争力量的综合强度决定了资本流入的程度,驱使收益趋向竞争最低收益水平,并最终决定企业保持高收益的能力。

　　根据以上分析,一个企业的竞争战略目标应是在行业中找到一个位置,在这个位置上,该企业能较好地防御这五种竞争力量,或该企业能对这些竞争力量施加影响,使它们有利于本企业。因此,企业在制定经营战略时,应透过现象抓本质,分析每个竞争力量的来源。对竞争力量基本来源进行分析有助于弄清企业生存的优势和劣势,有助于寻求企业在本行业中的有利地位,有助于弄清那些当战略发生变化时会产生巨额开支的领域以及对机会或威胁可能具有重大意义的行业动向方面的问题。因此,行业结构分析是制定经营战略的基础。

　　行业结构分析的核心是确定某个行业中决定和影响这五种竞争力量的基本因素。下面逐项分析这五种竞争力量的来源因素。

一、潜在进入者分析

　　潜在进入者是重要的竞争力量。由于潜在进入者的进入,会带来生产能力的扩大,必然与市场原有企业进行激烈的竞争,夺取市场份额,从而降低产品价格。另一方面,潜在进入者必须获得资源进行生产,从而可能使行业生产成本提高,这两方面都会导致行业的获利能力下降。

　　潜在进入者是否进入该行业取决于行业的进入障碍以及原有企业的反击强度。如果进入障碍高,原有企业激烈反击,潜在进入者就难以进入本行业,对行业原有企业构成的威胁就小。

　　决定进入障碍大小的主要因素有以下几个方面:

　　1. 规模经济及范围经济　规模经济指生产单位产品的成本随生产规模的增加而

降低。规模经济迫使新进入者以大的生产规模进入,并冒着原有企业强烈反击的风险,或者以小的规模进入,但要长期忍受产品成本高的劣势。这两种情况都会使潜在的进入者望而却步。很多行业都存在规模经济,如计算机生产、移动电话、电讯服务业等,这就成了行业进入障碍。

范围经济指生产单位产品的成本随产品的多样化而降低。范围经济的存在,意味着只有同时推出多种产品才可能达到较低成本,获取竞争优势,而这要求企业拥有充足的资源和生产及技术研发能力,有可能形成企业进入行业的巨大障碍。

规模经济及范围经济形成的进入障碍表现在许多方面:① 表现在企业的某项职能或某几项职能上,如在影像行业(Image Industry),生产、研发职能上的规模经济,形成了进入的主要障碍。② 表现为某种或某几种经营业务活动,如在钢铁行业,高炉炼铁和炼钢生产中存在较大的规模经济。③ 表现为联合成本,即企业在生产主导产品的同时能生产副产品,使主导产品的成本降低,这就迫使潜在进入者也必须能同时生产副产品,不然就会处于不利地位。如钢铁联合生产中,烧焦产生的煤气,高炉产生的高炉煤气和炉渣都可以利用。④ 表现为多种经营,如生产民用胶片的企业,同时生产 X 光片、电影胶片,这就会使得潜在进入者也不得不从事多种经营,否则就会成本过高。⑤ 表现为纵向联合经营,如国际石油化工企业,从原油开采、提炼到销售,这迫使潜在进入者也必须联合进入,否则在价格上就没有优势。

2. 产品差异优势　产品差异优势指原有企业所具有的商誉和用户忠诚等。这是由于原有企业在过去所做的广告、用户服务、产品差异形成的,也可能是因为企业悠久的历史造成的这种差异。产品差异优势形成的进入障碍使得潜在进入者必须花很大努力来树立自己的信誉和克服现有用户对原有产品的忠诚。但是,这种投资未必能有收获,因此这种投资具有特殊的风险。

3. 资金需求　资金需求所形成的进入障碍,是指在这种行业经营的企业,不仅需要大量投资,而且风险大,潜在进入者要在握有大量资金、冒很大风险的情况下才敢进入。形成需要大量资金的原因是多方面的,如购买生产设备、提供用户信贷存货资金占用等。

4. 转换成本　转换成本指购买者从一个供应商的产品转换到另一个供应者的产品所支付的一次性成本。包括重新训练业务人员、增加新设备、调整检测工具等引起的成本以及确认新供应商的产品质量需要的努力也会成为转换成本。当购买者不能凭自己的能力确定产品质量时,转换成本将会增加。如在胶片消费中,由于消费者不能在拿到最终产品照片之前确定胶片的质量,导致胶片消费的转换成本更高。

5. 销售渠道　一个行业的正常销售渠道已经为原有企业服务,潜在进入者要进入该行业,必须通过让利、广告合作、广告津贴等来说服这些销售渠道接受自己的产品,这样就会减少新进入者的利润。与原有企业建立了正式或非正式特约经营关系的销售渠道的进入障碍更高,新进入者很难利用这种销售渠道。如由于日本市场销售渠道之间的紧密关系,柯达公司在进入日本市场时,曾经面临巨大的进入障碍。

　　6. 其他因素　除了上述五方面外,原有企业还占有一些优势,这些优势也能成为潜在进入者的进入障碍。比如,专利权的持有、稀缺资源的占有、市场有利位置的占有、政府的补贴、学习曲线效应以及政府的限制性保护政策等。

　　中国出版企业由于实行严格的审批制,产业政策壁垒较高,但在未来发展中,出版集团面临新进入者的威胁主要来自国内社会资本进入和国际大出版传媒集团的侵入。出版业曾被认为是中国九大暴利行业之一,盈利水平超过社会平均利润率,行业吸引力引来大批业外资本的涌入。

　　首先是国内资本,特别是民营资本在发行环节合法地位予以承认,部分图书工作室和文化公司通过合作、协作等方式,已或明或暗地直接进入出版核心领域。

　　其次是国外资本的强势地位威胁。中国入世虽然没有承诺开放出版业,但外国出版企业通过打入图书和音像制品的零售与批发市场、网上出版和电子图书,可以成功渗透、影响中国出版业,另外由于中国允许中外合资合作从事互联网内容供应业务,中国的网上出版实际已经放开了。随着图书市场由卖方市场向买方市场转变,书店普遍实行寄销制,书店对出版上游的影响力越来越大,国际出版巨头凭借资金、技术、人才、管理和品牌方面的优势,同时具有先进的理念和成熟的市场运作机制,控制住图书发行、销售,一定程度上也就控制了出版企业和中国图书市场。另外,通过合作办刊、合作出版、图书进口、版权引进、资本注入、图书俱乐部等方式,国际大型出版企业的中国市场战略顺利得以实施,如引人注目的培生集团、贝塔斯曼集团等。

　　最后是传媒业内的竞争。业外资本和国外资本由于政策限制,目前尚无法直接进入出版核心领域,但其他媒体却有近水楼台先得月的优势。按照国家政策规定,广电集团如有能力可以经营出版企业,而出版集团却不可以经营电视台,在资金和大众影响力方面占有先天优势的广播电视媒体,凭借丰富的内容资源和名人效应可以轻易制造出市场热点,引领出版时尚,因电视攻势而火的图书和名人图书的市场火爆,已是最佳证明。

　　二、替代品威胁分析

　　所谓替代品,是指满足相同需要,但属于不同性质的产品。例如,塑料代替了钢材、铝制品成为某些产品的替代材料、空调代替电扇、数码相机代替传统的胶片照相机等等。随着科学技术的发展,替代品的出现不断增多。一个行业中的所有企业都将和生产替代品的其他行业的企业进行竞争。

　　一般来说,替代品的价格比较低,这使得本行业产品也只能以较低的价格进行销售,从而使得本行业的平均收益下降。替代品的价格越低,本行业企业能获得的收益越低,对本行业构成的压力越大。因此,本行业企业在拟定战略时,必须识别替代品的威胁及其程度。波特说:"识别替代品就要研究分析那些与本部门的产品具有同样功能的其他产品。有时,这样的研究是一项难以捉摸的任务,它会使人感到企业中的研究人员的分析从表面上看似乎远离本行业。"企业在拟定战略时,尤其应该注意的是以下替代品:适应时代潮流,采用最新科技、最新材料生产的产品,或者由实力雄厚、能获高额利润的行业部门生产的替代品。这些替代品,由于所采用的技术先进,导致替代品可能很快在市场上崭露头角,因此这种情况下,企业可能更应考虑的是采取引进战略。

与高新技术、信息技术相关形成的多介质、多媒体出版物和网络服务是出版业主要替代威胁。CD-ROM、E-BOOK 等多媒体出版物,以直观、生动、存储量大、易于携带等优势向纸质图书发起挑战,虽受阅读习惯、支持系统、成本等因素影响,短时间内对传统出版业不会有实质性威胁,但它是一种方向,一种潮流,否则不会吸引微软、贝塔斯曼、时代华纳这些世界巨擘投入巨资进行研发。网络书店成本低、品种多、无地域限制、方便快捷,省去中间环节,点对点进行服务,彻底改变了图书的发行流程,亚马逊网上书店的规模和成功令任何一家传统书店无法望其项背。1998 年才在美国出现的按需印刷,影响的不仅仅是印刷业,由于减少传统图书制作流程,实现无库存、无退货、无绝版,令整个出版业看到了新的希望。

另外,人们教育和文化休闲也不仅局限于图书,电视、报纸、杂志、广播、网络、DVD、VCD 各种媒介以不同方式争夺着公众有限的闲暇时间,信息选择的多样性和海量化直接影响了图书的生命周期。2003 年 10 月,中国科协公布的"2001 年中国公众科学素养调查"结果显示,除了正规教育外,公众获取科学技术信息的主要渠道是:83% 的人通过电视,52% 的人通过报纸和杂志,11% 的人通过广播,5% 的人通过图书,2% 的人通过互联网。可见,除了正规教育和严肃的阅读外,在提供信息方面,图书已没有什么优势可言,而随着其他媒体的迅速发展,图书在传播信息功能方面还将进一步弱化。

三、竞争对手分析

市场上现有竞争对手可以采取的竞争手段有:推出新产品,增加品牌,价格战,广告战,加强售后服务及其他战术。竞争来源于竞争双方对利润的追逐。如果一个企业的竞争行动对其竞争对手的利润、市场地位有显著影响,就会招致报复或抵制。如果竞争行动和反击行动逐步升级,则行业中所有企业都可能遭受重大损失。在下面的情况下,现有企业之间的竞争会变得更激烈。

(1)有众多的或势均力敌的竞争者。当一个行业的企业为数众多时,必然会有一定数量的企业为了占有更大的市场份额、取得更高的利润,而突破本行业规定的一致行动的限制,独立行动,采取打击、排斥其他企业的竞争行动。这势必导致现有企业之间的激烈竞争。进入 20 世纪 90 年代,中国彩电、空调、微波炉等行业发生的价格大战愈演愈烈,已经证实了这一点。即使行业中企业数量不多,但是如果各企业实力相当,由于它们都有支持竞争和进行强烈反击的资源,也会使现有企业间竞争加剧。

(2)行业增长缓慢。在行业快速增长的情况下,行业内各企业可以充分发挥自己拥有的资源,各企业都可以得到充分发展,因此发生竞争冲突的可能性较小。当行业发展缓慢时,由于整个行业的发展空间有限,为了寻求企业进一步的发展,各企业就会把力量放在争夺现有市场的占有率上,从而使现有企业的竞争激烈化。

(3)具有高固定成本和库存成本的行业。如果是一个固定成本非常高的行业,则为了降低产品单位成本,企业必须以大规模生产,从而导致产品供应量非常大,以致整个行业生产能力过剩,导致竞争加剧,价格迅速下跌。与固定成本高有关的一种情况是产品库存成本问题。如果行业生产的产品难以保存或库存费用极高,这种情况下,企业就倾向于尽快销售而竞相降价,导致激烈的竞争。如近几年,国内某些地方柑橘生产,就出现了这种情况。

（4）行业内差异性小或转换成本低。当一个行业中各企业生产的产品缺乏差异性时,购买者根据价格和服务选择产品,就会使得生产企业在价格和服务上展开激烈竞争。同样,转换成本低时,购买者拥有很大的选择自由,也会产生相同的作用。

（5）有规模经济的要求。在规模经济的要求下,行业的生产能力不断增加,必然会打破行业的供需平衡,使行业供大于求,迫使企业不断降价销售,强化了现有企业之间的竞争。

（6）存在不同性质的竞争者。任何企业都会根据自己拥有的资源条件制定战略及目标,并设法在竞争中获胜,所以,竞争企业的性质不同,使得它们采取的竞争方式和手段也不同。企业如果把市场当作解决生产能力过剩的出路,它就会采取倾销过剩产品的办法。多种经营的企业若把在某行业经营的产品视为厚利产品,它就会采取巩固或扩大销售量的策略,尽力促使该行业的稳定。小型企业为了保持经营的独立性,可能情愿取得低于正常水平的利润来尽力扩大自己的销售量,所有这些都会引起竞争的激化。

（7）行业退出障碍高。退出障碍指企业若想退出行业时遇到的困难。退出障碍的主要来源有:① 高度专门化的资产,其清算价值低或转换成本高。② 退出的费用高,如劳动合同费、安置费、设备备件费等很高。③ 战略协同关系。如果企业退出某一行业,会影响到其他业务领域的产品形象、市场营销能力等。④ 感情上的障碍。如果企业退出某一行业,影响员工对企业的忠诚、引起员工对前途的畏惧等。⑤ 政府和社会的限制,由于可能引起大量失业以及地区经济受到重大影响,政府会反对或劝阻企业退出。当退出障碍很高时,企业即使经营不好,也不得不继续经营下去,使得竞争者之间的竞争加剧。

（8）进入障碍和退出障碍的组合状况影响企业的获利。每个行业的进入和退出障碍的高低是不同的,形成了不同的组合,如表5-2所示。

表5-2　行业获利情况与进入障碍、退出障碍的关系

进入障碍＼退出障碍（获利状况）	高	低
高	利润丰厚、风险大	利润丰厚、风险小
低	利润少、风险大	利润低、风险小

从获利的情况看,最好组合是进入障碍高而退出障碍低的组合。因为新进入者受

到阻碍,经营不成功的企业较易退出。若两者都高,虽新进入者被阻,但不成功的企业也很难退出,这使本行业利润高而风险大。两者都低时,行业经营状况好时,会有大量企业进入,但不好时也会很容易退出,故利润很低,风险也较低。最不好的情况是进入障碍低而退出障碍高,这种情况下,新进入者很容易进入,暂时的利润上升可能吸引大量新进入者的加入。然而,当条件恶化,经营不善的企业不得不留在行业内参加竞争,使得本行业不仅利润低而且风险大。

四、购买者讨价还价能力分析

购买者可能要求降低购买价格,要求高质量的产品和更多的优质服务,其结果是导致行业内竞争者们互相竞争,使得行业利润下降。导致购买者讨价还价能力较强的因素有:

(1)购买者相对集中,且为大宗购买。如果购买者集中度较高,由几个大购买者控制,这就会提高购买者的重要地位,使销售企业不得不以购买者的条件成交。

(2)交易量较大。若购买的产品占购买商全部费用或全部购买量中很大比重,购买者愿意花更多成本讨价还价。反之,只占购买者全部费用中一小部分,则购买者对价格不很敏感,讨价还价的能力就比较弱。

(3)产品差异化程度较低。如果是标准化产品,购买者确信可以找到更有利的供应商,因此会在讨价还价中持强硬的态度。如果是差异性产品,则不得不接受供应商的价格。

(4)购买商的转换成本较低。低转换成本,使得购买者的讨价还价能力较强。

(5)购买者的后向一体化较强。若购买者实现了后向一体化,它们就会宁愿选择自己生产。只有当供应商提供的各方面条件远优于自己生产,且自己生产能力不足时,才会选择部分外购。

(6)销售者的产品对购买商的产品或服务的重要程度影响不大。如果销售者的产品对购买商的产品质量影响很大时,购买商一般在价格上不太敏感。

(7)掌握充分的信息。购买者掌握供应商的充分信息,购买者便会在交易中享有主动权。

由于中国出版市场处于买方市场,出版企业往往会通过降价或折让进行竞争。购买者砍价力量最大的是团体购买者和图书馆等团体购买者,他们往往要求一定的折让和价格让渡。一般读者除希望提供折扣外,还希望有良好的购书环境,这都会增加图书的营销成本,间接降低出版企业获利能力,提高图书的价格。忽略出版业内编、印、发、供各环节的购销关系,图书的最终购买者是读者。信息时代,传播渠道多样化,受众的选择范围不断扩大,选择传播媒介有了更多自由度,由于内容资源短缺,信息同质化现象严重(如跟风出版、不同电视频道重复播映同一题材),导致受众消费行为随意性增强。读者的选择可以是出版物和其他媒介之间,可以是同类出版物不同出版企业之间的选择,读者希望以最经济的成本获得最满意的出版物,其选择行为对出版业竞争起着决定作用。

五、供应商讨价还价能力分析

供应商的威胁手段一是提高价格,二是降低产品或服务质量,从而增加利润。在下列情况下,供应商有较强的讨价还价能力:

(1) 产品或服务供应由几家公司控制,其集中程度高于购买者行业的集中程度。这样,供应商能够在价格、质量等条件上对购买商施加相当大的影响。

(2) 不存在替代产品。如果存在替代产品的竞争,供应商的讨价还价能力将大受影响。

(3) 供应的产品对购买商相对比较重要。如果这种产品对于购买商的制造过程或产品质量有重要的影响,供应商的讨价还价能力就会得到增强。

(4) 供应商们的产品是有差别的,是使购买者建立起很高的转换成本,这使得供应商可以在交易过程中占有有利地位。

(5) 供应商的前向一体化。如果供应商对购买者行业构成前向一体化威胁,供应商在销售条件上就可以占有有利地位。如铁矿开采企业想要自己炼铁,则对钢铁生产企业来说构成很大威胁。

从出版产业链看,出版业的供应商包括作者、出版经纪公司、提供纸张和印刷器材等原材料的厂商,不过作者并不是独立物质生产部门,一般意义上作为出版资源更加适当。中国出版上游的造纸、印刷机械等行业开放程度较高,国际、国内市场供应充分,一般情况下不会出现大量的短缺,因而其对出版业讨价还价能力不高,形成的竞争压力不大。中国加入 WTO 后,关税降低,纸张等印刷物资价格下降,对出版业降低成本,提高质量将产生积极作用。但要防止供应商以过低的价格进入市场,易造成顾客对价格的敏感性,引发价格大战。

六、行业结构分析模式的限制因素分析

美国哈佛大学教授迈克尔·波特在他提出的行业竞争分析模型的基础上,制定了"行业竞争结构分析模型",从而使企业最高层管理者可以从定性和定量两个方面的分析达到以下两个目的:① 在行业五种竞争力量中确定哪·个是影响企业成败的关键力量。② 确定了关键力量后,企业高层管理者必须从与这一力量相关的各个因素中找出需要立即处理的问题及解决问题的办法。

这个模型包括了一系列的陈述或项目,要求运用该模型的企业高层管理者在同意或不同意之间做出选择。这些陈述或项目和波特的行业竞争理论直接对应。表 5-3 就是波特的"行业竞争结构分析模型"。表中的左边列出了五种竞争力量及其反映各自所包含内容的若干陈述。管理人员可以根据他们对这些陈述的态度做出选择:如果非常同意,就选择 1,同意就选择 2,既不同意也不反对(中立),就选择 3,如果不同意,则选择 4,如果坚决反对就选择 5。

表中每一类最后的得分是每一种力量的分数,这个得分的多少说明这个力量对企业成功的重要性大小。某一陈述或项目得分越高,就说明这个问题应尽快解决或认真对付。这个模型可为高层管理者个人和集体使用。

波特的"五力"模型通常被许多企业用于环境分析的早期阶段,但是它受到了某些批评。

表 5-3   边克尔·波特的"行业竞争结构分析模型"

各 种 竞 争 力 量	非常同意	同意	中立	不同意	坚决反对
Ⅰ. 潜伏进入者					
(1) 进入这个行业的成本很高	1	2	3	4	5
(2) 我们的产品有很大的差异性	1	2	3	4	5
(3) 需要大量资金才能进入这个行业	1	2	3	4	5
(4) 顾客更换供应商的成本高	1	2	3	4	5
(5) 取得销售渠道十分困难	1	2	3	4	5
(6) 很难得到政府批准经营与我们同样的产品	1	2	3	4	5
(7) 进入这个行业对本企业构成威胁不大	1	2	3	4	5
得分=(各项得分之和÷所回答的项数)×第 7 项的得分					
Ⅱ. 行业中的竞争者					
(1) 本行业中有许多竞争者	1	2	3	4	5
(2) 本行业中所有竞争者几乎一样	1	2	3	4	5
(3) 产品市场增长缓慢	1	2	3	4	5
(4) 本行业的固定成本很高	1	2	3	4	5
(5) 我们的顾客转换供应商十分容易	1	2	3	4	5
(6) 在现有生产能力上增加一点生产能力十分困难	1	2	3	4	5
(7) 本行业没有两个企业是一样的	1	2	3	4	5
(8) 本行业中大部分企业要么成功,要么破产	1	2	3	4	5
(9) 本行业大多数企业准备继续留在本行业	1	2	3	4	5
(10) 其他企业干什么对本企业并无多大影响	1	2	3	4	5
得分=(各项得分之和÷所回答的项数)×第 10 项的得分					
Ⅲ. 替代产品					
(1) 与我们产品用途相近的产品很多	1	2	3	4	5
(2) 其他产品有和我们产品相同的功能和较低的成本	1	2	3	4	5
(3) 生产和我们产品功能相同产品的企业在其他市场有很大的利润率	1	2	3	4	5
(4) 我们非常关心与我们产品功能相同的其他种类产品	1	2	3	4	5
得分=(各项得分之和÷所回答的项数)×第 4 项的得分					

各　种　竞　争　力　量	非常同意	同意	中立	不同意	坚决反对
Ⅳ. 购买者					
(1) 少量顾客购买本企业的大部分产品	1	2	3	4	5
(2) 我们的产品占了顾客采购量的大部分	1	2	3	4	5
(3) 本行业大部分企业提供标准化类似的产品	1	2	3	4	5
(4) 顾客转换供应商十分容易	1	2	3	4	5
(5) 顾客产品的利润率很低	1	2	3	4	5
(6) 我们的一些大顾客可买下本企业	1	2	3	4	5
(7) 本企业产品对顾客产品质量贡献很小	1	2	3	4	5
(8) 我们的顾客了解我们的企业以及可以盈利多少	1	2	3	4	5
(9) 老实说,顾客对本企业的影响很小	1	2	3	4	5
得分＝(各项得分之和÷所回答的项数)×第 9 项的得分					
Ⅴ. 供应商					
(1) 本企业需要的重要原材料有许多可供选择的供应商	1	2	3	4	5
(2) 本企业需要的重要原材料有许多替代品	1	2	3	4	5
(3) 在我们需要最多的原材料方面,我们公司是供应商的主要客户	1	2	3	4	5
(4) 没有一个供应商对本企业是关键性的	1	2	3	4	5
(5) 我们可以很容易地变化大多数原材料的供应商	1	2	3	4	5
(6) 相对于我们公司来说,没有一家供应商是很大的	1	2	3	4	5
(7) 供应商是我们经营中的重要部分	1	2	3	4	5
得分＝(各项得分之和÷所回答的项数)×第 7 项的得分					

（1）这个模型分析的基础实际上是一个静态的环境,而外界的竞争环境在不断变化。竞争力处于不断变化之中,无论如何都比模型所表示的变化要快。

（2）"五力"模型假定组织首先要获得自身的利益,对于一些慈善团体和政府机构来说,显然这个假设是不正确的。

（3）"五力"模型假定顾客不比微观环境的其他方面更加重要,一些学者在这个问题上观点完全不同。他们认为,顾客比战略发展中的其他方面都要更加重要,而不能被看作是与其他方面同等重要的。

（4）通常把环境对组织来说形成了威胁作为出发点开始分析——导致进一步考虑供应商和购买者方面出现了组织需要着手解决的问题。就像上面提到的一些公司可能发现与供应商建立紧密的联系是有利的;但如果他们仅仅把供应商看做是威胁,那么他们就不会采取这样的战略。

（5）波特的战略分析模型基本上忽视了战略中人力资源方面的问题:对于微观环

境中可能出现的本组织与员工或其他组织与员工之间的问题只做了有限的尝试,根本没有去解决或研究它们。例如,这个模型没有考虑某个国家的文化,也没有涉及公司战略管理技术方面的问题。

（6）波特的分析建立在这样一个基础之上,即一旦组织进行了这样的分析,它就可以得到解决所面临困难的公司战略:常规战略和自发性战略。

（7）从根本上来看,波特的"五力"分析是从产品的角度分析企业应该采取什么样战略,才能获得竞争优势。但是,正如 Wemerfelt 在他 1984 年的文章中所说的,产品和资源对于一个企业来说,就像是一枚硬币的两面,因此在分析企业的竞争优势时绝无疑问,必须要分析资源的重要性,但是波特没有涉及,这也是近年来他的理论受到批评最多的一个方面。

第三节　出版企业竞争位置分析

一个企业的盈利能力很大程度上由其所在的行业决定,但企业的盈利能力还取决于其在同行业中的竞争位置和能力以及企业之间竞争的激烈程度。因此,在既定的行业环境中要想提高企业的盈利能力就得设法增强企业在同行中的竞争位置和能力。首先必须了解行业内各个企业的竞争位置,在此基础上,确定相对本企业来说,哪些是最强的竞争对手,哪些是最弱的竞争对手,哪些是最直接的竞争对手,然后再针对竞争对手的情况,制定相应对策,提高企业的竞争位置和能力。

企业的竞争位置分析包括行业内部的战略集团分析和企业在市场上的表现分析,企业在市场上的表现可以从企业的市场占有率体现出来。

一、行业内部的战略集团分析

（一）行业内战略集团的概念

行业内战略集团,指某一产业中沿用某一战略方向上相同或相似战略的各企业组成的集团。同一战略集团中的各个企业可能在以下几个方面相似:产品线的宽度相似;垂直一体化程度相似;提供给购买者的服务和技术相似;用来吸引类似购买者的产品属性相似;强调相同的分销渠道,依赖相同的技术方式以及产品的价格或质量处于同一个区间。如果产业中所有的企业基本上采用相同的战略,则该产业中就只有一个战略集团。相反,从另一个极端来说,如果行业中每个竞争企业追求的竞争策略各不相同,各自在市场上的竞争地位也有很大的差别,则每一个企业就成为一个战略集团,那么行业中有多少竞争厂商,就有多少战略集团。一般来说,在一个产业中仅有几个集团,它们采用性质根本不同的战略。处于同一战略集团中的企业,在生产规模和市场占有率等方面可能有所不同,但它们的性质相同,处于相同的竞争位置,因而对环境的变化反应是相同的。而不同战略集团中的企业对同环境变化就可能采取完全不同的态度和行为。

（二）如何辨别和分析战略集团

如何辨别战略集团？很难对此问题做出清晰的解答,尽管企业在许多方面会

有差异,但并非所有差异都有利于区别战略集团,可用于识别战略集团的战略包括:

(1)组织变量:专业化程度、规模和范围、纵向一体化、多样化、与母公司的关系、与母国及东道国政府的关系。

(2)营销与产品特征:价格、质量、品牌形象、分销渠道、技术领先程度、销售服务。

(3)财务变量成本结构、财务杠杆。

为了识别战略集团,必须选择这些维度中的两至三项,并且将该行业的每个公司在图上标出来。在选择这些维度时,应该避免选择那些所有公司都相同的维度。例如,很少有饭店被看做研发的领先者,也很少有航空公司会涉及其他商品和服务的多样化。同时,许多战略是相互关联的,因此衡量公司在某一维度上的表现与在另一维度上的表现是相关的。使用两个维度并不比使用一个维度提供的信息更多。例如,作为研发领先者的制药公司传统上通过医生推销产品(通过向他们介绍新产品的特点),而“模仿”公司则更倾向于在价格上竞争。运用“研发”和“市场营销战略”的分析并不比用其中任何一种维度的分析能提供更多的信息

(三)绘制中国出版行业的战略图

绘制中国出版行业的战略图,可以方便地看出每个企业在市场中的战略位置。绘制战略图过程如下:

第一,从上面列举的战略中,选择最能区分中国出版企业的两个相互独立的战略:营销地区和品牌形象。

第二,按上述不同的战略维度,在每个轴上设置一个维度,将各个厂商列于一张双变量图上。

第三,把大致落在相同战略空间内的厂商归为同一个战略集团。

第四,给每一个战略集团画一个圆,使其半径与各个战略集团所占整个行业销售收入的份额成正比。这样就得到了一个双变量的战略集团图。

如图5-3,图中只是选了个别企业为代表。以人教出版社和高等教育出版社为代表的企业在国内教材市场都已经具有一定的声誉,并且占有一定的市场份额;以外研社和上外出版社为代表的专业出版企业主要市场在国内,其在国内已经有一定的品牌知名度;另外还有一些出版企业主要市场在当地,而其品牌知名度也仅局限于该地区,这类出版企业在中国出版企业中占有很大比重,这些企业的处境普遍不太好。

绘制战略图时必须遵循一些原则:

第一,正如上面已经提到的,有些战略维度是相关的,因此被选定作为战略图坐标轴的两个战略维度,不能具有强相关性。否则,战略图上表示各个战略集团的圆就会沿着一条斜线分布,战略制定者从这个图上所获得的关于竞争对手相对地位的信息就和依照一个维度所获得的信息没有多大区别。

第二,被选定作为战略图坐标轴的维度应该最能体现各个竞争厂商之间所定位的竞争目的之间的差异。

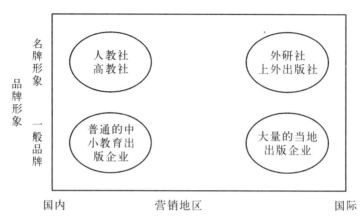

图 5 - 3　中国出版行业战略集团分布图

第三,作为坐标轴的维度可以是数量性变量或是连续性变量,也可以是离散变量,或是按类别界定的。

第四,战略图上各个圆圈的半径必须与该战略集团中各个公司的联合销售额成正比,以便反映每一个战略集团的相对规模。

第五,如果有两个以上适用于战略图坐标轴的竞争维度,则可以绘制多幅战略图,以便从不同的角度反映行业中的竞争地位和相互关系,从而能较完整地说明竞争厂商的市场地位。

一般来说,在战略图上相距越近的战略集团,其成员之间的竞争越激烈。同战略集团内的厂商是最直接的竞争对手,其次是相距最近的两集团中的成员厂家。战略图上两个相距甚远的战略集团内的厂家之间几乎没有竞争。例如,上图中大量以教材为主的高教出版社,这类以国内教材市场为主的企业和外研社之间就基本上不存在竞争,而外研社和上外出版社之间就会存在一定的竞争。

（四）战略集团与移动障碍

在同一战略集团内,虽然采用相同的战略,但各企业在实施战略的能力上会有差别,即在管理能力、生产技术、研究开发能力与销售能力等方面存在差别,能力强的企业就会在竞争中处于优势地位。

而在战略集团之间,受到与行业一样的竞争力量的约束。由于表现不太好的企业希望能模仿成功的战略集团中的公司的战略,一个战略集团只有在阻止其他战略集团的企业进入时,才能在行业中居优势地位。阻止其他战略集团中公司模仿进入的因素称为移动障碍(mobility barrier)。如果缺乏移动障碍,一个战略集团就不能长期获得特别高的收益。

移动障碍来自何处?从某种程度上说,移动障碍与进入障碍可以由相同的因素造成。一般来说,移动障碍的高低决定了行业内战略集团间的竞争激烈程度。以下四个因素决定了战略集团间的竞争程度:① 战略集团间的市场相互依赖程度或者目标顾客的相互重叠程度。② 战略集团所建立的产品差异性。③ 行业内战略集团的数目及其相对规模。④ 各战略集团间的差异度或离散度。

二、市场要素分析

企业的竞争地位除了通过战略图进行定性分析以外,还可以通过企业在市场上的表现,具体指通过市场占有率和市场覆盖率等进行定量分析。

（一）市场占有率及与之相关的因素分析

1. 市场占有率与市场覆盖率分析　很多情况下,市场竞争表现为市场份额之争,而且具有最高市场份额的企业往往也获利最多。如麦当劳在快餐业、可口可乐在软饮料行业都享有最高的市场份额,其获得的利润也相当可观。

市场占有率的计算似乎非常简单,指的是某企业、某种产品的销售额占全行业或该种产品市场总销售额的百分比。其计算公式为:

$$市场占有率 = \frac{本企业产品销售额}{市场上同类产品销售额} \times 100\%$$

事实上,市场占有率的计算并不如此简单。因为确定某一企业的市场份额完全取决于如何定义该企业的市场。例如,假设某出版生产商发行年轻女性期刊,那么,在测算市场占有率时,市场上同类产品销售额是仅包括市场上面向年轻女性期刊的销售额,还是应包括所有面向年轻女性出版发行企业的销售额,这其中就可能有一部分企业不仅面向年轻女性的发行,也面向老年妇女的发行。如果该企业仅在华北销售期刊,那么,它的市场是仅指华北,还是指整个中国同类期刊市场?

上述问题似乎是不重要的技术问题,但它能够深远地影响对某个企业的分析以及对其市场地位的判断。例如,如果上海外语出版社把其市场定义为整个中国教材出版市场,那么,它占有的市场份额相信不到 5%。但是如果将其市场仅限为外语音像制品市场,那么,它就占据了重要的市场份额。很显然,上外音像出版社在两类市场上的相对地位是不同的,因而其战略着眼点也会不同。

市场覆盖率指本企业产品投放的地区占全行业或该种产品销售地区数的百分比。其计算公式为:

$$市场覆盖率 = \frac{本企业产品投放地区数}{全市场应销售地区数} \times 100\%$$

公式中的地区可以是省、市或县,但在进行对比时,销售地区是市或县,概念要统一。市场占有率与市场覆盖率都能表明企业产品在市场上的支配力,通过市场占有率还能得知企业的产量。

2. 产品成长性分析　产品成长性指企业销售某种产品的增长趋势。一般是把企业最近 3—5 年的销售量或销售额,按时间顺序画成曲线观察其增长趋势,一般用销售增长率表示,其计算公式为:

$$市场增长率 = \frac{本年度销售量}{上年度销售量} \times 100\%$$

也可用市场扩大率来计算产品成长性,其计算公式为:

$$市场扩大率 = \frac{本年度市场占有率}{上年度市场占有率} \times 100\%$$

3. 产品竞争力分析　产品竞争力指企业产品对于竞争对手的产品在技术性能、质量、外观、包装、商标、成本、价格、售前售后服务、销售渠道、促销策略等指标所具有的优越性。产品竞争力分析的主要方法是对比评分法,其步骤如下:

(1)选择几个竞争产品,确定产品竞争力的评比项目。

(2)规定各个项目的评分标准绘制评比表格。

(3)确定参加评比的人员,应尽可能吸收企业各部门有关人员和中间商代表参加以期能客观地评定。

(4)进行评比,把企业的产品与竞争产品的各评比项目的评分填入表格并计算总分,根据评分结果研究本企业产品的优劣势。

(二)以市场为导向和以顾客为导向市场战略的选择分析

1. 以市场为导向的战略　由于企业能否实现利润,很重要的一点是能否把企业生产的产品或服务在市场上销售给顾客。企业产品在市场上占有份额的多少表明了企业的竞争实力。因此企业非常重视提高市场占有率,从而有了市场导向的战略。

以市场为导向的战略,即以市场需求为导向的战略产生于20世纪50年代,当时由于科技的发展,社会产品的供应大大增加,许多产品供过于求。这种情况下,许多企业开始改变以卖主为中心的思维方式,转而认真研究消费需求,正确选择为之服务的目标市场,满足目标顾客的需要及其变动,不断调整自己的营销策略。具体来说,这种战略指的是企业在研究市场和细分市场的基础上,结合自身的资源与优势,选择其中最有吸引力和最能有效地为之提供产品和服务的细分市场作为目标市场,设计与目标市场需求特点相互匹配的营销组合等。

实行市场导向战略要求企业营销管理贯彻"顾客至上"的原则,将管理重心放在善于发现和了解目标顾客的需要上,并千方百计去满足他,使顾客满意,从而实现企业目标。即提高本企业产品在整个类似产品市场上的份额。虽然市场导向战略也考虑顾客满意,但是因为这种战略的根本目标在于提高企业市场份额,使顾客满意只是一种手段,企业并没有努力与顾客建立长期关系,也没有只针对给企业带来大部分利润的顾客建立关系。

市场导向战略具体可以包括三个方面的子战略:①市场细分战略。②市场选择战略。③市场定位战略。

按照地理环境因素、人口因素以及心理及行为因素对顾客进行市场细分,有利于企业发现市场机会、掌握目标市场的特点、制定市场营销组合策略、提高企业的竞争力。进行市场细分时,应遵循可衡量性、可实现性、可盈利性和可区分性的原则。

进行了市场细分后,企业结合自身的优势和资源,就可以选择目标市场了。在制定市场选择战略时,企业可以选择集中化,即只为某个细分市场服务;可选择专业化,即选取若干具有良好盈利潜力和结构吸引力,且符合企业的目标和资源的细分市场作为目标市场；可选择产品专业化，即集中生产一种产品，并向各类顾客销售这种产品；可选择市场专业化，即专门经营满足某一顾客群体需要的各种产品；可选择市场全面化，即生产多种产品去满足各种顾客群体的需要。

如果企业把整个市场看做一个大的目标市场，则企业实行的是无差异性营销战略；如果企业把整体市场划分为若干需求与愿望大致相同的细分市场，然后根据企业的资源及营销实力选择部分细分市场作为目标市场，并为各目标市场制定不同的市场营销组合策略，这种战略被称为差异性市场营销战略。也有些企业在细分市场的基础上，只选择某一特定市场作为目标市场，则这种战略被称为集中性市场战略。

经过细分市场、选择目标市场后，企业还必须决定自己在市场的定位。在估计了产品的竞争力以及预测了可能引起的竞争态势后，企业可以采取避强定位、对抗性定位以及重新定位的方式进行市场定位。同时在定位时可以采取产品差别化战略、服务差别化战略、人员差别化战略和形象差异化战略。

2. 以顾客为导向的战略　顾客购买企业生产的产品或接受企业提供服务，从而使得企业在经营活动中实现增值，因此顾客是企业战略发展的一个重要组成部分，战略应该关注发展和留住客户。同时只要顾客有选择的余地，企业在制定战略时就应该考虑竞争对手的选择。为了获得顾客的忠诚，提高顾客的满意度，就有必要设计顾客导向战略。

顾客导向战略的目的不是提高产品市场占有率，而是提高顾客拥有率。换句话说，其目标不是获得整个产品需求量的 10%，而是获得市场上 10% 的顾客 100% 的忠诚。实施顾客导向战略的企业并不把目光投向市场上所有的顾客，而是只对准那些能为企业带来高利润的顾客，建立一对一的关系，为这些顾客提供非常周到的服务从而建立长期（甚至是终身）的买卖关系。

在发展顾客导向战略时，首先要定义顾客。Warwick 大学的彼得·多伊尔教授认为定义顾客时必须遵循以下三个原则：

（1）顾客细分：企业战略应服务的细分市场的数量。

（2）顾客需求：应当满足需求的范围。

（3）技术：在追求顾客时应当掌握什么技术。

根据这三个原则，能比较有效地定义企业的顾客。

顾客导向战略具有三个特点：

（1）了解顾客。通过多层次与顾客直接发生联系、对关键顾客进行集中研究、顾客细分，了解顾客为何会选择公司的产品或服务。

（2）对顾客的需要要积极反应。相比竞争者来说，要经常做一些顾客满意度方面的调查，对顾客抱怨和建议做出积极反应，要更加了解关键顾客对公司的印象。

（3）为顾客提供真正有价值的产品。如监督市场上产品的质量、对竞争性的价格和服务做比较性调查、公司内部奖励要以与顾客保持良好的关系为准。

顾客导向战略的本质超过了组织传统上与顾客存在的直接联系的范围——营销和销售。这个概念认为所有的人，包括财务和生产都必须以顾客为核心，可以称之为组织全员营销的观念。

顾客导向战略认为只有通过吸引和留住顾客才能获得长期的利润,关心满足组织当前顾客以及潜在顾客的需要,这也成了组织的目标。其原因在于,盈利能力不能简单地用财务衡量来确保公司的增长以及生存,它们必须与顾客满意和顾客忠诚联系起来。这个观点得到了许多经验证据的证实:① 忠诚的顾客更加有利可图:他们往往占了多数公司销售额的一大部分,忠诚意味着他们对于价格不太敏感,而是还能为公司介绍一些新的顾客。一般认为,20%的顾客往往能为企业带来80%的利润。② 吸引新顾客的成本大概是留住老顾客成本的3—5倍。③ 保留现有的顾客可以大幅度提高利润:每年大约有10%的顾客离开转向其他公司。然而,一项研究发现,多留住5%的顾客将为企业增加85%的利润。因此,可以期望利用顾客导向战略增加企业的盈利能力并增加顾客满意度,在提供公共服务的组织,后者可能更为重要,因此成为了战略的一个重要组成部分。

向顾客致力于提供长期完美服务成就了一些世界上最成功的公司。例如,丰田、麦当劳以及宝马。此外,顾客导向战略可以对持续竞争战略的某些方面有十分特殊的贡献。例如,成功的日本家用电器公司诸如索尼和松下在可靠性和其他性能方面,就得益于认识到顾客对产品的真正需要——性能,必须非常可靠。

(三)产品生命周期与营销战略组合思考

产品生命周期指的是产品都有一个有限的生命,产品销售要经过不同的阶段,在每一个阶段都对销售者提出了不同的挑战。在产品生命周期不同的阶段,产品利润有高有低,需要不同的营销、财务、制造、购买和人事战略。

产品生命周期一般分为四个阶段:产品引入阶段、市场成长阶段、市场成熟阶段和市场衰退阶段,产品引入阶段(也称介绍期)指在市场上推出新产品,产品销售呈缓慢上升的阶段。成长阶段指该产品在市场上迅速为顾客所接受、销售量迅速上升的阶段。成熟阶段指大多数购买者已经接受该项产品,市场销售额缓慢增长或下降的阶段。衰退阶段指销售额急剧下降、利润渐趋于零的阶段。其典型曲线见图5-4。

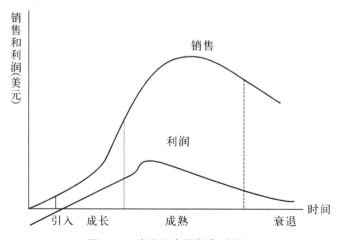

图5-4 产品生命周期典型曲线

1. 产品引入期的市场特点与营销策略　当新产品首次进行销售时,引入阶段开始了。建立经销渠道以及把产品放在几个市场中销售需要花费大量的时间,因此销售成长趋于缓慢增长。这个阶段的市场营销特点是:① 顾客对该产品不了解,大部分顾客不愿放弃或改变自己的消费行为,新产品销售量小,相应地单位产品成本很高。② 尚未建立理想的营销渠道和高效率的分销模式。③ 难以确定适当的价格,高价可能限制购买,而低价可能难以收回成本。④ 广告费用和其他营销费用开支较大。⑤ 产品技术、性能还不够完善。⑥ 利润较少,甚至出现经营亏损,企业承担的市场风险最大。但在这个阶段,竞争者较少,企业能建立有效的营销系统,即可迅速促销新产品,进入市场发展阶段。

一般来说,产品引入阶段有四种可供选择的战略(见图5-5)。

促销水平

		高	低
价	高	快速撇脂战略	缓慢撇脂战略
格	低	快速渗透战略	缓慢渗透战略

图 5-5　产品引入期可选择的市场战略

在推出一种新产品时后销售管理部门可为各个营销变量,如价格、促销、分销和产品质量分别设立高或低两种水平。当只考虑价格和促销时,管理部门能在图5-5显示的四种战略中选择一种战略。

(1) 快速撇脂战略。即以高价格和高促销水平的方式推出新产品。实行高价格是为了在每单位销售中尽可能地获取更多的利润,高促销费用是为了向市场说明虽然该产品定价水平高,但物有所值,同时,能加快市场渗透率。成功地实施这一战略,可以赚取较大的利润,尽快收回新产品开发的投资。采用这一战略的假设前提是:潜在市场的人部分人还没有意识到该产品;知道它的人渴望得到该产品并有能力付高价购买;公司面临着潜在的竞争并尝试建立品牌偏好。

(2) 缓慢撇脂战略。即以高价格低促销费用推出新产品。推行高价格是为了尽可能多地回收每单位销售中的利润;而推行低促销费用是为了降低营销费用,两者结合可望从市场上获取大量利润。采取这一战略的市场条件是:市场规模相对较小;大多数用户已知晓这种产品,购买者愿出高价;潜在竞争威胁不大。

(3) 快速渗透战略。即以低价格和高促销费用推出新产品。目的在于先发制人,以最快的速度打入市场,该策略可以给企业带来最快速的市场渗透和最高的市场份额。采用这一战略的假设条件是市场规模很大,但消费者不知晓该产品,且对价格不敏感,潜在竞争很激烈,产品的单位成本随着生产规模的扩大和制造经验的积累迅速下降。

(4) 缓慢渗透战略。即以低价格和低促销水平推出新产品。低价格将促进市场迅速接受该产品,同时,公司降低促销费用可以实现更多的利润。公司坚信市场需要价格弹性很高,而促销弹性很小。采用这一战略的假设条件是:市场容量大,消费者易于或已经了解该产品且对价格十分敏感,有一些潜在的竞争者。

计划推出一种新书籍的公司必须做出市场进入次序的决策。首先进入市场可以有高报酬,但也有风险且成本较高。对后来者来说,它也意味着能给公司带来先进的技术、质量和品牌优势。

2. 市场成长期的市场特点与营销策略

(1)市场成长期的特点。成长阶段的标志是销售迅速增长。早期消费者喜欢该产品,其他消费者开始购买。由于有大规模的生产和利润机会,吸引大批新竞争者进入市场,它们通过大规模生产来提高吸引力和利润。它们引进新的产品特点和扩大分销渠道,竞争加剧。

在需求迅速增长的同时,产品价格维持不变或趋于下降。企业维持同等的促销费用水平或略有提高,以满足竞争和继续培育市场。由于销售的快速增加,促销费用占销售额的比重不断下降。

在这一阶段利润增加,原因在于:① 促销成本被大量的销售额所分担。② 随着生产经验的增加,产品单位生产成本比价格下降得更快。

(2)市场成长期的营销战略。在成长阶段,企业为了尽可能长地维持市场成长可采取以下营销战略:① 根据用户需求和其他市场信息,不断提高产品质量,努力发展产品的新样式,开发产品的新用途。② 转移促销环节,树立强有力的产品形象。促销的重心应从产品知名度的建立转移到说服消费者接受和购买产品上。③ 重新评估销售渠道,巩固原有渠道,开拓新渠道,进入新市场。④ 选择适当的时机降低价格,以吸引要求低价供应的另一层次价格敏感的购买者。

企业采用上述部分或全部市场扩张战略,将加强产品的竞争力,但也会相应地加大营销成本。因此,在成长阶段,面临着"高市场占有率"或"高利润率"的选择。一般来说,实施市场扩张战略会减少目前利润,但加强了企业的市场地位和竞争能力,有利于维持和扩大企业的市场占有率,从长期看,更有利于企业发展。

3. 产品成熟期的市场特点与营销策略   一个产品的销售成长率在到达某点后将放慢步伐,并进入相对的成熟阶段。这个阶段的持续期一般长于前两个阶段,并给营销管理部门带来最难对付的挑战。

(1)市场成熟的阶段划分及其特点。成熟阶段可分为三个时期:① 成长成熟期。在此时期,各销售渠道基本呈饱和状态,销售增长率开始逐渐下降,虽然一些后续购买者继续进入市场,但已没有新的销售渠道可开辟了。② 稳定成熟期。由于市场已经饱和,销售量与人口增长呈同一水平。大多数消费者已试用过该产品,而未来的销售正受到人口成长和替换购买的抑制。③ 衰退成熟期。销售水平显著下降,顾客开始向其他产品和替代品转移。全行业生产过剩,竞争加剧,一些缺乏竞争能力的企业将开始退出。最后,往往剩几个市场份额大的巨型公司,围绕这些占据支配地位公司的是大批市场补缺公司。竞争者之间各有自己的目标顾客,市场份额变动不大,突破比较困难。

　　(2) 市场成熟期的营销战略。鉴于上述情况,可采用三种基本战略：① 市场改良战略,也称市场多元化战略。即开发新市场,寻求新用户。可以采取的策略有：转变非使用人、进入新的细分市场、争取竞争对手的顾客、增加使用次数(如洗发水生产公司在广告中宣传每次洗头发洗两遍能把头发洗得更加干净,鼓励多用洗发水)、增加每个场合的使用量(著名的把牙膏管口开得大一点就是这种情况)、开发新的和更多种类的用途。② 产品改良策略,也称为产品再推出。指改进产品的品质或服务后再把其投放市场。③ 营销组合改良策略,是指通过改变定价、销售渠道及促销方式来延长产品成熟期。可以采取的策略有：增加广告、销售促进、人员推销和改进服务。

　　4. 市场衰退期的市场特点与营销策略

　　(1) 衰退期的市场特点。大多数产品或品牌销售最终会衰退。衰退的原因很多,可能是技术进步、消费者品味的变化、国内外竞争的加剧。这个阶段的市场特点是：① 产品销售量由缓慢下降变为迅速下降,消费者的兴趣已完全转移。② 价格已下降到最低水平。③ 多数企业无利可图,被迫退出市场。④ 留在市场上的企业逐渐减少产品附带服务,削减促销预算等,以维持最低水平的经营。

　　(2) 衰退期的营销战略。① 集中战略。即把资源集中使用在有利的细分市场,是有效的销售渠道和最易销售的品种、款式上。简言之,缩短战线,以最有利的市场赢得尽可能多的利润。② 维持战略。即保持原有细分市场和营销组合策略,把销售维持在一个低水平上。待到适当时机,便停止该产品的经营,退出市场。③ 榨取策略。即大大降低销售费用,如广告费用削减为零,大幅度精简报销人员等,虽然销售是有可能迅速下降,但是可以增加当前利润。

　　如果企业决定停止经营衰退期产品,应在立即停产还是逐步停产问题上慎重决策,并应处理好善后事宜,使企业有秩序地转向新产品经营。

　　若干年前,中国市场上有厂家推出学习复读机,每个复读机的价格达到几百元,一时间全国竟然有上千家企业生产复读机,加入市场竞争,市场呈现出一片火热的场面。消费者由刚开始的观望,到后来周围有人购买后,觉得效果不错,纷纷购买。但是随着大多数消费者购买了学习点读机后,销售量逐渐下降,并且由于生产厂家非常多,生产量远超过需求量,复读机的价格开始下降,到现在有的品牌甚至降到了几十元。一些匆匆上马的企业,由于生产规模不大,成本较高,产品出售价低于成本,处于亏损的状态,最后只能退出复读机市场。目前,中国复读机市场上只剩下几十个竞争者。这个案例实际上就充分体现了产品生命周期在不同阶段,市场的竞争态势。

第四节　外部环境之机会与威胁的分析与总结

　　对企业所在宏观环境中的政治与法律、经济、社会文化和技术影响因素进行分析,进而分析企业所在的行业结构,辨别出哪些因素对于企业来说是一个机会,哪些因素是威胁,充分利用机会,尽量避免威胁,企业才能在竞争中顺应环境的要求,才能顺水而行。

企业管理者可以采用矩阵分析法,利用图 5-1 确认企业外部环境属于哪一种类型。外部环境的类型有：理想型外部环境、风险型外部环境、困难型外部环境、成熟型外部环境。

(1) 理想企业。即高机会低威胁企业。经营者对企业所面临的市场经营机会,必须慎重地评价其质量。美国著名市场学者西奥多·季维特曾警告企业家们,要小心地评价市场营销机会。他说,"这里可能是一种需要,但是没有市场或者这里可能是一个市场,但是没有顾客或者这里可能是一个顾客,但是没有推销员。例如,这里对大规模控制污染有很大需要,但目前实在不是一个市场。又如,这里对新技术培训是个市场,但是没有那么多的顾客购买这种产品。于是不懂得这种道理的市场预测者对于某些业务领域(如闲暇产品、住房建筑等)表面上的机会曾做出惊人的错误估计。"商业企业营销人员必须选择对自己有利的机会,充分利用这种营销机会,积极开展经营活动,最大限度地去占领市场,取得理想的营销成果。企业战略制定者同样需要慎重地对待环境中出现的机会及威胁,才能使企业获得竞争优势。

(2) 风险企业。即高机会高威胁企业。经营者想充分利用经营机会时,要慎重地分析经营威胁。针对企业面临的主要威胁,可做出如下的反应和对策：反抗,即试图限制或扭转不利形势的发展；减轻,即通过调动市场经营组合来改变环境,以减轻环境威胁的严重性。

(3) 困难企业。即低机会高威胁企业。经营者面临的环境中机会少而威胁多,可以采取如下对策：① 挖潜。即把原来的目标市场重新进行细分,挖掘新的市场机会,采取差异性经营策略,进行针对性的服务,努力使企业摆脱困境。② 转移,即把目标市场转移到其他经营机会多的市场,积极开展与其相适应的经营组合,占领新的市场。

(4) 成熟企业,即低机会低威胁的企业。成熟的企业是暂时的相对的平稳,随着市场形势的瞬息变化,市场竞争的日益激烈,它将会出现新机会和新的威胁。一个成熟的企业,如果环境带来新的机会,它将会成为高机会低威胁的理想企业。因此,企业经营者要善于洞察经营环境的变化,积极搜集市场信息,主动寻找新的经营机会,使企业成为一个理想的企业。

在当今信息时代,可以说企业的外部环境瞬息万变,对外部环境进行仔细分析,充分抓住外部环境中一切有利机会,避免威胁固然非常重要,但是由于环境永远是在不断变化的,所以对于一个企业,注意培养内部核心竞争力,建立具有稀缺性、不可替代的、不可模仿的、有价值的资源,同样非常重要。

第六章　出版企业内部环境分析

进行出版企业环境分析的目的就是要根据环境的变化,分析、判断出本企业的发展机会以及企业所面临或将要面临的威胁,由此进行企业的战略与管理决策。从战略角度看,外部环境分析所要达到的目的是"企业可能会选择做什么";而通过内部环境的分析后所要确定的是:"企业能做什么",即明确出版企业所拥有的优势及存在的劣势。所以,出版企业除了进行外部环境的分析以外,还必须对自身的内部环境状况展开分析。总之,把握市场机会,消除各种威胁的真正保证在企业内部,即出版企业内在强有力的竞争优势是出版企业实现战略目标的根本保证。

第一节　企业内部资源识别模型

一、企业的资源模式

出版企业内部环境分析的基本要素包括:资源、能力和核心竞争力。而出版企业所拥有的资源是发挥战略能力、增强核心竞争力、获取竞争优势的根本源泉。出版企业战略的制定、实施及管理的目的在于获取超额利润。所以,出版企业拥有什么样的资源、其战略价值如何、是否得到了充分有效的利用就显得至关重要。

资源是指企业在生产过程中的投入部分,包括资本、设备、员工技能、专利技术、有才干的管理人员等等,可归纳为人力资源、实物资源和组织资源三大类。而从形态来看,又可将它们分为有形资源和无形资源。所以,企业资源模式可以通过图6-1得到反映:

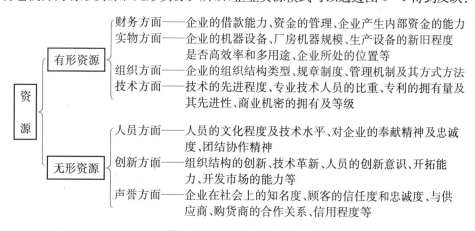

图6-1　出版企业资源模式

二、有形资源与无形资源的特点

资源是企业能力的来源,能力是企业核心竞争力的来源,而核心竞争力又是企业竞争的基础,所以为保证获取竞争优势的企业资源必须具有这些特征:有价值性、稀有性、难以模仿性、不可替代性。具体而言,有形资源看得见,摸得着,如出版社的厂房、印刷设备及其规模、企业的借款能力、组织结构及其规章制度等显而易见,它们是出版企业获取竞争优势的基础条件。但是,有形资源的战略价值有多大、对出版企业竞争优势的产生起多大的作用,还有赖于出版企业对它的合理利用以及与各种资源的有效配合。因为有形资源有其自身的特点,即在此时此地利用有形资源时,就难以在此时彼地同时利用该资源。如这些工人在此地做印刷,就不能同时在彼地做包装工作。所以,有形资源发挥的潜力相对有限。随着经济全球化与资源自由流动的相对程度的提高,从战略的角度来看,有形资源所产生的竞争优势在逐渐弱化,因为有形资源更容易被竞争对手模仿与掌握,如出版的书籍包装、音像内容,高性能的印刷设备都可以在较短的时间内被竞争对手模仿和掌握,从而无法使本企业获得更多、更长久的竞争优势。与此形成对比的则是无形资源,它在获取竞争优势方面就具有更大的潜力,因为无形资源更具有稀有性、难以模仿性和不可替代性的特点。

无形资源看不见,摸不着,根植于企业内部,随时随地能发挥出效用。具体而言:无形资源具有易变性。它不容易被竞争对手模仿,如管理方法的创新、加工设计的改进、营销手段的改变等,这种由无形资源所产生的思维、手段可随时发生变化,当竞争对手跟风时,新产品、新方法、新手段又会出现。无形资源具有共享性。如知识可传播给各个职工,但不会使任何一个人的知识减少,反而是由于更多的人接受了新知识而创造出新智慧,从而产生更大的效用,能获取更大的竞争优势。无形资源具有竞争优势的持久性。由于无形资源给企业带来更多的难以被竞争对于模仿的能力,从而使企业的竞争优势保持得更长久,使企业获得更多的超额利润。

无论是有形资源还是无形资源,都需要进行有效地整合、合理地利用、充分地激发才能使其产生竞争能力,并转化为竞争优势。

第二节 人力资源战略管理分析

在出版企业的资源中,最为重要的是人力资源。我们知道,人是生产经营各要素中最为积极、最为能动的要素。许多物化资源效能必须是通过人力资源进行的,如在音像出版社对于一台精密、高效率的数字编录设备,若没有高水平的技术人员去正确使用它,就无法制作质量合格的母板。也就是说,没有管理其他各种资源的人力资源,就无法使资源发挥出应有的、潜在的效能,人力资源对取得竞争优势的作用可见一斑。

人力资源的分析要素主要包括人的知识、技能。

作为能给出版企业带来优势的资源,必须是能够被利用的。就员工而言,无论是在编辑岗位还是在管理岗位,都需要有能使岗位职能发挥出效用的知识水平和技能。所以,对出版企业人力资源的知识、技能的分析是出版企业生存和发展的必然要求。

1. 人力资源知识要素的分析　现代出版社,根据工种、岗位的职能需要,对普通员工、管理者均有一定程度的知识水平要求。这既包括基础知识,也包括专业知识。人力资源知识要素的分析,主要是分析员工的知识是否与企业各岗位对知识的需要相吻合,这可以通过以下一些指标来反映:员工的年龄结构、专业知识结构、职称结构等,由此反映出企业人力资源的知识状况。

同时,随着出版企业的发展及为获取更多竞争优势的需要,提升人力资源的知识水平是企业应主抓的内容。该内容的分析指标有:各学历人员的变动率、专业知识结构变动率、参与技术改造与革新的人员比例等。当然,员工知识水平的提高并不就意味着其能力得到了同等的提高,所以,还应反映其实际效果的高低。提升员工知识水平的途径主要有:① 岗位培训。通过岗位培训以增强专业知识的理解和掌握。由于岗位培训与实践直接相连,所以专业知识更易被学习者理解和掌握。如编辑部新招员工有关采编设备使用知识的培训。② 脱产或半脱产学习。可在专业的相关学院或企业自办的出版培训部门进行,内容主要包括文化知识、有关采编设备、出版发行渠道等专业知识的学习。③ 有目的的自学。学习者根据岗位的要求利用业余时间进行有目的的自学。知识一旦被人掌握,并且能真正地被员工灵活运用,则就能在工作中发挥出极大的效用。主要表现为:编辑人员操作采编设备技能的提高;学习、钻研新技能的信心更强;技术创新、不断开发新课题的意识更强;管理制度、组织结构更合理,管理水平更高等。

2. 人力资源技能要素的分析　技能是人将自己的知识通过工作转化为生产力、效率的一种本领。出版企业人力资源的技能主要包括:出版企业的经营管理技能,新课题、新包装、时尚性出版物研究开发和设计技能,出版市场营销技能,与材料供货商及出版经销商的谈判技能等等。

人力资源的技能在出版企业中发挥出的作用可通过以下指标得到体现:工人劳动生产率的提高程度、出版物质量的稳定及数量提高幅度、新出版产品数量的增加、出版销售收入的提高;员工对企业生产经营环境满意度的提高、员工凝聚力的增强等。

具体来说,出版企业的人力资源技能分析主要包括:

(1) 编写技能。它是指从事采编的员工,在具备与岗位相适应的文化知识与专业知识的基础上,能迅速编写切合市场的出版物。编写人员只有具备了一定程度的生产技能,才能保证出版企业出版物的质量水平,保证生产效率的提高。

(2) 经营管理技能。它主要是指生产经营中的管理者具备的指挥、组织、协调、决策等的能力。出版企业的生产经营活动多而杂,如何使生产经营有条不紊地进行,如何处理各种突发事件,如何从各种被选方案中做出正确的决策等,都需要管理者有高超的经营管理技能。当然,这是建立在管理者丰富的学识和管理经验、良好的心理素质、处理复杂关系的技巧、果敢的胆略、敏锐的判断能力基础上的。如美国通用电气公司提出的"A级人才标准",对企业领导人要求具有4E品质:充沛的精力(Energy),激发别人的能力(Energizer),敢于提出强硬要求——要有棱角(Edge),执行的能力(Execute)——不断将远见变为实绩的能力。又如:群力出版社2000年引进信息管理系统,使各管理环节模块化,并量化各实施环节,使出版公司能及时掌握出版物的编辑人员、发行率、发行时间等信息,从而有针对性地进行控制和管理。由于管理者其管理水平的高低、经营决策的正确与否将直接影响生产、销售、经营秩序、与客户和供货商的关系等,所以,经营管理技能也是企业获取竞争优势的重要能力之一。

(3)研究开发技能、产品设计技能。这主要是指员工具有的研究开发创新课题、设计出满足市场需要的出版物的能力。这些技能越高,在市场需求调查的基础上,越能显示出出版社领先同行,更快、更大占领市场的竞争优势。

(4)营销技能。它是指员工具有的正确确定产品价格、保证销售渠道的畅通、营销手段恰当而又多样、产品服务优质等方面的能力。如出版企业可进行各种季节的时装表演,以引导市场需求;积极参加国内外有影响的图书发行活动;通过在相关媒体上做广告,正确树立自身的品牌或产品形象,从而达到扩大影响,吸引消费者购买本企业出版物品的目的。总之,营销技能的高低,是在市场调查分析及明确企业未来发展方向的基础上,将企业的产品从内部转向外部,并最终实现销售及销售好坏的关键。所以,高超的营销技能同样能形成企业的竞争优势。

(5)与供货商、客户的谈判技能。这是实现成本竞争优势、获取高额回报的重要保证。与供货商保持良好的协作关系,如在保证出版产品等质量的前提下,做到使材料成本降下来,以获取成本优势。与客户保持良好的协作关系,靠出版的独特性以及对市场行情的深入了解,对出版销售区域、目标顾客群的了解和良好的谈判技巧来提高企业出版产品的价格,以获取更高的利润。

企业员工的技能得到有效的引导、开发和利用,必将成为出版企业有力的竞争能力,这是企业在激烈的竞争中站稳脚跟、扩大竞争优势的强有力保障。

总之,在21世纪的高科技发展时代,出版企业人力资源的知识与技能是在竞争中保持、获取竞争优势的主要来源。

第三节 财务分析

资金是企业进行生产经营活动必不可少的基本要素之一,是必要的物质基础,企业的财务状况反映了企业现实的经营能力,所以在进行企业内部条件分析时,必须进行企业的财务分析。由于企业财务报表及相关资源涉及企业生产经营的各个方面,所以,通过财务分析,可以评价企业一定时期的财务状况、经营成果;与其他企业对比,可以评价本企业财务能力的强弱;与企业的以往的财务状况对比,可以反映企业财务发展变化趋势。为此,必须计算一系列指标,并进行动态的、纵向及横向的对比,才能对企业的财务能力做出客观、公正的评价,从而得出企业在财务上的竞争优势或劣势。企业的财务分析主要有以下四个方面的指标：流动性指标、收益性指标、成长性指标和生产性指标。

一、流动性指标

流动性指标可以衡量一个企业在一定时期内资金流动速度的快慢，反映企业资金运用效率的高低。流动性指标主要有：

（1）资产周转率——可以衡量企业全部资产被有效用来促成销售的程度。

$$总资产周转率 = 销售收入净额 ÷ 资产平均总额$$

总资产周转率越高，说明企业在一定时期内全部资产的运用效果越好，企业的获利能力就越强。

（2）固定资产周转率——可以衡量企业在创造收入方面所运用固定资产的效率。

$$固定资产周转率 = 销售收入净额 ÷ 固定资产平均净值$$

固定资产周转率越高，表明固定资产利用得越好，企业的管理水平越高。

（3）流动资产周转率——可以反映企业流动资产的利用效率。

$$流动资产周转率 = 销售收入净额 ÷ 流动资产平均余额$$

该指标值越高，表明企业流动资产的利用效果越好，即占用同样多的流动资产，创造出了更多的销售收入。

（4）应收账款周转率——可以反映企业在一定时期内应收账款的变现速度和管理效率。

$$应收账款周转率 = 销售收入净额 ÷ 应收账款平均余额$$

应收账款周转率越高，说明企业催款的速度越快，发生坏账的可能性越小，则企业的偿债能力就越强。

（5）存货周转率——也称存货利用率。它可以衡量企业存货的变现速度、企业的销售能力以及存货是否过量。

$$存货周转率 = 销售成本 ÷ 平均存货$$

存货周转率越高，表明企业的存货周转得越快，企业的销售能力越强，存货资金得到了有效的利用。但是，如果存货周转率过高，则可能是存货太低或存货中断，由此企业可能会丧失某些销售机会。当然，如果企业实施了准时生产系统（Just in time），则该指标值高是正常的。

二、偿债能力指标

偿债能力指标可以反映企业偿付全部到期债务的能力，从而显示企业生产经营的安全程度。

（1）流动比例——可以反映偿付短期债务能力及信用状况。

$$流动比例 = 流动资产 ÷ 流动负债$$

该指标值大,表明对债权人的保障程度越高。当然,如果该指标值过高,也表明企业对资金没有有效地利用,出现不产生效益的闲置资产过多的可能。一般认为,流动比例 2：1 较为合适,但应视行业特点、资产构成而定。

（2）速动比例——反映企业能在更短的时期内偿付到期债务的能力。

速动比例 ＝ 速动资产 ÷ 流动负债 ＝（流动资产 － 存货）÷ 流动负债

由于存货的变现能力相对较弱,所以,流动资产扣除存货后的余额（主要包括现金、短期有价证券、应收票据、应收账款等）称为速动资产,即快速变现偿付债务的流动资产。一般认为,速动比例 1：1 较为合适,即一元的流动负债有一元的快速变现资产作保障。

（3）债务比例——反映企业资产总额中有多少资产是通过负债得来的,它反映了企业偿还债务的综合能力,也可衡量企业在清算时保护债权人利益的程度。

债务比例 ＝ 负债总额 ÷ 资产总额

该指标值高,说明企业偿还债务的能力差,企业的财务风险就加大。如果债务比例超过 1,就有资不抵债、濒临倒闭的危险。一般认为,债务比例低一些为好。当然,如果债务比例过低,在一定程度上说明企业较为保守,不善于利用债权人的资本进行生产经营。各企业的债务比例应视企业的发展状况、企业的内外环境、收益与风险权衡后确定。

（4）股东权益比例——反映企业资产中有多少是所有者投入的。

股东权益比例 ＝ 股东权益总额 ÷ 资产总额

可以看出,股东权益比例与债务比例之和为 1,说明这两个指标从不同的侧面反映企业长期的财务状况。如果股东权益比例高些,则债务比例就小些,企业的财务风险也就减小,则偿还长期债务的能力就越强。

（5）利息保障倍数——也称利息所得倍数。它反映了企业的经营所得支付债务利息的能力。

利息保障倍数 ＝（税前利润 ＋ 利息费用）÷ 利息费用

该指标值高,说明企业能用经营所得来按时按量地支付债务利息。一般而言,企业的利息保障倍数应大于 1,否则将难以偿还债务及利息。至于利息保障倍数多少为合适,应视企业历年的经验、行业的特点而定。

三、盈利性指标

盈利性指标可用来衡量企业赚取利润的能力。

（1）资产报酬率——也称资产收益率、资产利润率或投资报酬率。它用来衡量企业利用资产获取利润的能力。

资产报酬率 ＝ 税前收益 ÷ 资产平均总额

资产报酬率越高,说明企业获取利润的能力越强,也说明企业资产利用效率越高。

(2)销售利润率——反映企业每一元销售收入可获得利润的能力。

$$销售利润率 = 净利润 \div 销售收入净额$$

该指标值越高,企业通过扩大销售获取利润的能力越强。销售利润率的高低,也将直接影响到企业资产报酬率的高低。

(3)毛利率——反映了企业的销售毛利与销售收入净额的比例关系,显示通过销售获取利润的能力。

$$毛利率 = 销售毛利 \div 销售收入净额$$

销售毛利是指销售收入净额扣除销售成本后的余额,而销售收入净额是销售收入扣除销售退回、销售折让及折扣之后的余额。毛利率越高,说明企业生产成本相对较低,通过销售获取利润的能力越强,盈利水平越高。

(4)成本费用利润率——反映企业为获取收益而付出的代价的大小,由此可进一步反映企业的获利能力以及企业对成本费用控制能力、经营管理水平的高低。

$$成本费用利润率 = 息税前利润 \div 成本费用总额$$

该指标值越高,说明企业为获取收益而付出的代价相对小,则企业的获利能力强,由此也说明企业的成本费用控制得好,经营管理水平高。

(5)股东权益报酬率——也称净资产收益率或所有者权益报酬率。该指标能反映企业股东获取投资报酬的高低。

$$股东权益报酬率 = 税后净利润 \div 股东权益平均余额$$

股东权益报酬率是评价企业获利能力的一个重要指标。该指标值越高,说明企业的获利能力越强。

(6)普通股每股收益——用来测定股份制企业的盈利能力及评价股票的投资价值。

$$普通股每股收益 = (净利润 - 优先股股利) \div 发行在外的普通股股数$$

每股利润越高,说明股份公司获利能力越强。但投资者应结合股东权益报酬率来综合分析企业的获利能力。

(7)股利发放率——反映了股份公司的净收益中有多少用于普通股股利的发放。

$$股利发放率 = 每股股利 \div 每股利润$$

该指标基本没有衡量的标准。股利发放率的高低主要取决于股份公司的股利政策。一般地如果企业现金充足,又没有更好的投资项目,则会多发股利;反之,则少发股利。

(8)市盈率——反映了股份公司的获利能力。它是普通股每股市价与每股利润的比率。

$$市盈率 = 普通股每股市价 \div 普通股每股利润$$

市盈率越高，说明投资者对公司的前景看好，愿意出更高的价格购买此股票。当然，如果市盈率过高，则投资该股票的风险就加大。

四、成长性指标

成长性指标可用来反映企业在一定时期内生产经营的发展变化趋势，即可进行企业的经营能力的动态分析。只有成长性好的企业，才能不断提升企业未来的盈利能力，企业才更具有投资价值。

成长性指标主要从投入与产出两方面来反映。

（1）销售收入增长率——反映企业产品市场销售增长的快慢程度。

$$销售收入增长率 = （本期销售收入 \div 前期销售收入） - 1（或 100\%）$$

销售收入增长率越高，表明企业产品销售状况越好，即通过各种手段扩大了产品的销售，它是企业增强盈利能力的重要前提。

（2）税前利润增长率——反映企业税前利润发展变化的快慢程度。

$$税前利润增长率 = （本期税前利润 \div 前期税前利润） - 1（或 100\%）$$

税前利润增幅大，则表明企业盈利水平高。

（3）固定资产增长率——反映企业固定资产增长的趋势。

$$固定资产增长率 = （本期固定资产原值 \div 前期固定资产原值） - 1（或 100\%）$$

固定资产主要是指厂房、设备等物质资源，对它们的改造和更新，将会对企业生产经营环境、劳动生产效率产生重大影响。

（4）产品成本降低率——反映企业产品成本降低的幅度。

$$产品成本降低率 = 1（或 100\%） - （本期产品成本 \div 前期产品成本）$$

产品成本包含了投入的料、工、费。产品成本的降低是获取成本优势——竞争优势的主要途径之一，所以企业必须在价值链分析的基础上，找出成本驱动因素，采取措施，达到真正意义上的成本降低。

（5）人员增长率——反映企业人力资源数量的变化趋势。

$$人员增长率 = （本期员工人数 \div 前期员工人数） - 1（或 100\%）$$

人是企业最重要的资源之一，所以，既要反映企业人力资源总量的变化，又要根据企业的战略目标，调整人力资源的结构，使高素质、创新意识强的员工数量更大幅度地增加。

通过以上四大类财务指标的计算、分析，可清楚地反映出企业财务状况与经营状况的优势与劣势，也为制定正确的财务战略决策及其他相关决策提供准确、明了的财务信息。

第四节　企业核心能力分析

核心能力是指居于企业核心地位并能产生竞争优势的资源和能力。企业拥有了核心能力,就能拥有核心竞争力,就能超越竞争对手。

一、企业核心能力的内涵

根据普拉哈得和哈麦有关公司核心能力的观点,认为核心能力是指企业整体性的能力,而非企业内某个业务部门或某个行业的能力;核心能力是各项资源和能力有机整合后产生的,而非某项资源、某项技能所能单独显示的;核心能力是在生产经营过程中利用各项资源、能力后累积而产生的,而不是通过购买得到的;核心能力的存在形态是结构性的、隐性的。

同时,还应明确核心能力既不是单独的某项资产或资源,也不是固定不变的,它是通过有效整合而以整体的形式显示出来的。当核心能力被竞争者掌握或失去其应有效用时,它也就转为了企业的一般能力。

二、企业核心能力的特点

核心能力能产生与众不同的独特的竞争优势,构成了企业的战略能力,它有以下一些特征:独特性、难以模仿性、增值性、难以替代性等。

1. 重视用户价值　创造的核心能力必须以实现用户价值为标准。企业生产经营的目的就是企业的产品或服务最终被用户接受。那么,这能力是被用户看重的,并且是在创造用户价值中处于关键地位的,难以通过交易、替换等形式而获得的能力就构成了企业的核心能力。在明确"重视用户价值"的前提下,集中配合、协调企业有限的资源,并充分合理地利用企业外部条件,企业总能创建出被用户看重的核心能力。就出版企业而言,企业就是要构建让消费者欣赏和接受的、且难以被竞争对手模仿的能力。

2. 独特性　与竞争者相比,该能力一定是企业独具的,或比竞争者更胜一筹的能力。核心能力的独特性主要体现在难以模仿性、稀有性和难以替代性等方面。

(1) 难以模仿性。我们知道,企业的核心能力如果难以被竞争者"复制",则就能更长久地保持企业的竞争优势。如在企业发展过程中逐步形成的、独特的、被员工所推崇的企业文化、团队精神;上下级之间、同级之间顺畅的沟通与信任;有效的、以人为本的激励机制;与供应南、经销商之间良好的协作关系等均是竞争者难以学到手的。

企业竞争能力也并非会因为个别员工的离职而使该核心能力消失或被带走。如麦肯锡公司经过 10 年的发展,通过强化核心价值观与公司的独特文化,借助稳健的、注重长期关系的市场营销定位,牢牢占据了全球管理咨询业的霸主地位。

(2) 稀有性能表现为独特的核心能力。如果企业拥有竞争对手没有的或难以被竞争者掌握的能力,只要是被用户看重的,则这种能力就是稀有的核心能力。

(3) 难以替代性同样能构成企业的核心能力。虽然竞争者拥有与企业一样的资源,但却只能产生出比本企业低的价值,则说明本企业的资源在整合作用过程中产生了不可替代的能力。如河南出版集团公司上下级员工之间的充分信任,协调一致,员工的工作环境温馨而美好,这种环境、气氛能充分激发员工的工作积极性和创造性。由于信任的难以察觉性,所以,员工之间的相互信任就难以替代。

3.可变性　企业在生产经营过程中建立起来的核心能力,虽然是重视用户价值的、独特的,但随着时间的变化,核心能力也会随着环境的变化而发生变化。用动态的眼光来审视企业的核心能力,根据企业内外环境的发展变化,及时进行资源的战略配置,既能延长核心能力的优势,又能为重建新的更强的核心能力做好准备。

三、形成核心能力的资源、能力

由于核心能力是通过对企业在资源、能力上的有效整合、充分利用、发挥后逐渐形成的,所以能够形成企业核心能力的资源、能力主要包括:

(1)人力资源。员工的专业知识、基本技能、创新意识、团队精神、责任意识、对企业的忠诚度等均将对创建与维持,乃至加强企业核心能力起决定性作用。因为人是最为积极、能动的生产要素。

(2)财务资源。资金的管理能力、融资能力的强弱直接关系到企业各项战略项目能否顺利实施,所以,企业的财务资源是其竞争优势能否体现的资金保障。

(3)有形资源。企业的规模、设备的先进程度、所处的地理位置、原材料的质量等有形资源是创建、维持企业核心能力的物质基础。

(4)管理能力。具体反映在管理者在组织、计划、协调、领导、控制和创新能力上。管理应像调试一台机器一样能使企业正常、高效地运转,即如何管理好企业内部各种资源、并且有侧重地培养出与竞争者不同的、被用户看重的优势能力。

(5)无形能力。主要是指组成企业核心能力的各种看不见但能体察得到的能力。主要包括:出版物的设计选题能力、出版物的编辑能力、出版质量的提高能力、与供货商及客户讨价还价的能力以及与之建立和维持良好关系的能力、营销公关能力、洞察环境变化、抓住市场机会的能力等。

第五节　出版企业优势与劣势分析

通过出版企业内部环境的分析,出版企业可决定"它能做什么",出版企业的战略目的是得到战略竞争力,获取超额竞争回报,我们可以将出版企业内部的资源、能力、核心能力、战略竞争能力用图6-2来反映。

通过对出版企业内部资源、能力的分析,能明确出版企业的现状;通过与同行出版企业对比可显示出出版企业资源能力方面实现的优势和存在的劣势。归纳起来,出版企业的优势主要体现在:

(1)员工专业素质高,团结协作意识强,奉献精神强。

(2)管理者素质高、能力强、创新意识强。

(3)成本控制方法得当,成本费用相对较低。

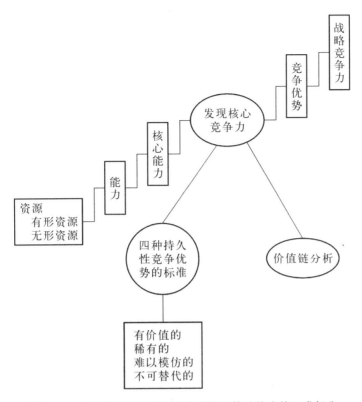

图 6–2 内部分析中能带来竞争优势和战略能力的组成部分

(4) 产品质量好,顾客投诉率低。

(5) 一切从维护客户利益出发,提供优质的服务,服务网络完善。

(6) 出版社选题开发能力强,出版科技含量高;出版更新速度快。

(7) 战略目标明确,执行有力。

(8) 有著名的品牌,出版企业知名度高,有良好的信誉。

(9) 出版企业财务状况良好。

(10) 良好的企业文化。

(11) 与上下游企业之间良好的协作关系。

出版企业的劣势主要体现在:

(1) 出版书籍内容陈旧,包装过于普通;出版物的创新速度慢。

(2) 编辑创作积极性不高,团结协作精神较差。

(3) 管理者的组织协调能力弱,决策水平较低。

(4) 缺乏将资源转化成核心竞争优势的意图和能力。

(5) 企业战略目标不明确。

(6) 产品质量不稳定。

(7) 把握市场行情、抓住机会的能力较弱。

（8）成本费用控制制度不健全、控制不力，相对成本较高。

（9）关键技术、关键材料被外部控制、原辅料进货价格过高。

（10）营销能力较低，广告宣传未起到应有的效用。

（11）设备老化、生产效率低下。

（12）财务状况不佳，资金拮据。

（13）目标市场不明确。

出版企业可以针对自身的状况，对比分析出企业存在的优势与劣势，在企业战略目标的基础上，集中优势，消除劣势，按战略要求，创造出企业所需的核心能力。

一、中国出版产业发展的优势

1. 丰富的传统文化资源优势

中华文化源远流长，丰富多彩，并且一脉相承。这些文化经过长期的积淀，形成了中华民族特有的文化和文明底蕴，不但使中华民族的传统文化屹立于世界文化之林，而且在今天为文化产业化发展提供了极大的价值资源。

首先，中华民族五千余年的文明史上，留下了大量的典籍及人物事迹，并可以作为当代出版产业发展的有效素材，中国是世界上著名的四大文明古国之一，在久远而辽阔的时空进程中，创造了极为丰富的文化财富。中国人凭着勤劳、坚韧、勇敢、顽强、聪明、智慧的优秀品质，在建立人类文明、推动社会进步、创新世界的过程中取得了丰富的成果。浩如烟海的典籍、举世惊叹的遗存、卓越非凡的发明构成了当代出版产业的最好素材之一，特别是中国传统思想和文学成就，当代出版产业的发展都是直接或间接建立在这些成就基础之上。

其次，中华民族是一个多民族国家，各个民族文化的交融，形成了传统文化特有的包容性与开放性，这为出版产业发展中吸引发达国家先进的经验和将本民族文化特色推向世界提供了便利的条件，一方面，由于中华民族文化的开放性，使民族文化对外来文化的拒斥变得越来越小，接受外来文化也非常容易，也使本民族的文化能够在很短的时间内自觉地融入到世界一体化当中，不断与其他文化相互交融。因而，文化的融合和创新也成为可能，而这正是出版产业发展的最重要的因素。另一方面，中华民族文化在包容与开放之间，始终保持着民族文化特色，使本民族的文化以民族特色立足于世界多元文化之中，也将成为中国出版产业发展立足于全球一体化市场竞争中的独特个性。

2. 资金优势

中国的出版产业经过几十年的积累，具有一定的资本剩余。出版方面，由于国家实行出版权专有，专有带来的高利润为出版企业的持续发展提供了良好的物质基础。发行方面，中国沿袭了几十年的中小学教材垄断发行体制尽管在近几年解冻，但目前中小学教材仍牢牢掌握在国有新华书店的手中，这部分的利润总量大，在新华书店的利润比重高达一半甚至90％以上。

3. 渠道优势

作为图书销售系统，新华书店的运行机制在世界上是独特的，真正具有中国特色。

作为垄断行业,它曾经有过辉煌的时候。半个多世纪的发展,使它具有得天独厚的优势。这个优势至今依然存在,具体表现在以下几个方面。其一,拥有覆盖全国的销售网络。新华书店层层建构,遍布全国,其系统性独一无二。其二,地段优越,经营面积大。放眼全国,新华书店所在都是黄金地段,位置优越,有着天然的商业优势。同时,其经营场地是历史形成的,大多面积宽广。这个不动产是一大笔财富。其三,中盘与终端兼营的优势与经验。新华书店的终端触角宽广而深入,无人能望其项背,在占领市场的潜力方面具有极大优势;而其中盘也是极为强劲的,至今依然有着相当的势头。几十年的经历,积累的经验是一笔宝贵的财富,也是可持续发展的坚实依托。

4. 人才优势

现代出版业需要的是既懂出版,又会管理,既可策划又可编辑的复合型出版人才。随着信息化技术的不断发展,编辑人员除精通编辑业务外,还要掌握最新的情报信息,洞悉有关学科中尚未解决或正在解决的课题。最重要的是要掌握现代化的编辑手段,用电脑审阅、加工、编排稿件,熟练地使用多媒体系统、网络及其相关技术。能自如地与作者、审稿人、读者、数据库和信息中心联系,获得自己所需要的选题等方面的信息。在市场经济条件下,不仅发行人员,更重要的是编辑人员也具备了强烈的市场意识,把图书的出版放到市场的大背景中,以求最佳的效益。

二、中国出版产业发展的制约因素

1. 目前中国出版市场竞争混乱

主要表现在:

(1) 中央出版企业和地方出版企业的竞争

中央出版企业与地方出版企业的竞争是中国所特有的现象。中央出版企业在竞争中处于明显优势地位,这些出版企业利用各种便利条件,牢牢掌握着涉及全国范围的文献资料的出版,例如:全国经济活动的统计、全国中小学的教材、各类全国考试用书、参考资料等。地方出版企业也效仿中央出版企业的做法,各省级出版管理部门、省级出版企业和省级新华书店组成利益共同体,千方百计地阻止其他省市的出版单位在本省的出版和销售活动。这就使得国内的出版市场出现了条块分割、地方保护主义盛行的局面。

(2) 外国出版集团与国内出版企业的竞争

随着中国改革开放的不断进行,一些国外的出版集团已经开始通过各种方式涉足中国的出版产业,它们通过合资、合作以及授权等方式参与中国出版市场的竞争,它们规模庞大、管理先进、拥有巨大的出版资源,对中国出版产业造成了严重的威胁。

(3) 盗版图书与正版图书的竞争

猖獗的盗版市场已经严重地阻碍了中国出版产业的正常发展,它们通过盗取正规出版企业的出版资源,在地下印刷厂排版印刷,通过地下渠道进入各级销售市场,牟取暴利,由于他们的图书价格低廉,往往不到正版图书的一半,吸引了大批的消费者。另外,盗版图书还是淫秽出版物的重要来源。可以说盗版图书搅乱了中国的图书出版业。

2. 区域市场分割尚未打破

在计划经济体制下,中国出版企业的分布呈现出明显的均一化特征,各省市出版企业的结构基本相同,大体上包括人民、文艺、科技、古籍、美术、教育、少儿和大学等类。除北京出版企业比较集中、规模较大外,其他地区的出版企业无论在数量还是在规模上都相差不大。随着出版体制改革的深化,这种格局有所打破,但进展不大。出版业作为计划色彩较浓的行业之一,长期以来形成的条块分割导致出版业同上级主管部门形成了密切关联的利益共同体。出版企业或出版集团的上级主管部门,包括中央的各部、委、办以及地方的出版局,都不遗余力地运用各种行政手段来或明或暗地保护已经形成的利益格局,区域市场分割事实上正是这种地区利益分割的必然反映。比如,这种区域分割在教材出版领域表现得最为鲜明,其根本原因也正在于教材出版是一块利润丰厚的大蛋糕。这种区域市场分割还表现在发行方面,传统体制下,各省市、各地区均有自己的新华书店,省级新华书店名正言顺地成为本省内的发行中盘,彼此之间互不染指,少有往来,特别是在利润丰厚的教材发行方面更是如此。这种体制也造就了中国缺少强有力的发行中盘的现状,全国性的图书批发系统和网络难以建立。

3. 规模小,集中度低,原始型组织结构特征明显

产业集中度是观察产业结构和特征,判断产业经济成熟度和竞争力的主要指标。应该说,中国出版业的集约化经营水平与许多行业相比,都是较低的。由于国家实行出版权专有,专有带来的高利润在很大程度上掩盖了出版业经营的低水平。粗放型经济存在的高投入、高消耗,低产出、低效益的问题,在整个出版业都不同程度地存在。比如,从 1978 年到 1996 年,中国图书出版企业的增长率为 437%(从 105 家增加到 564 家),而图书总印数的增长率仅为 89.67%(从 37 亿册增加到 71.58 亿册)。很明显,这一期间,图书出版业的生产要素的数量扩张远远大于生产效率的提高。

可供书目,即能够长年在书店货架上销售的书,是最能衡量一个国家出版业集约化水平的指标。日本出版业的可供书目约为 30 万种,而中国现在仅为 5 万种左右。1994年,美国多媒体出版物的销售额达 3.94 亿美元,而中国 200 多家音像电子出版单位制作的各类电子出版物的销售额仅为 1 000 万元人民币。

第七章　出版企业战略选择

公司战略、竞争战略和职能战略作为战略的三个层次,共同构成了企业的战略体系。公司战略所要解决的问题是确定经营范围和公司资源在不同经营单位之间的分配,以达到长期性的利润最大化。它由公司的最高管理层决定,并有较长时限。一般来说公司层级战略可以归纳为以下几类:稳定发展战略、增长战略、并购战略和防御战略。面对国内出版业竞争的白热化和步步紧逼的国际品牌,中国的出版企业纷纷主动出击,寻找适合自身的发展道路。本章主要介绍了各种类型的公司战略,阐述在不同的情况下可供选择的战略。最后分析了河南和长江两家国内出版企业的战略选择实例。

第一节　稳定发展战略

一、稳定发展战略

（一）稳定发展战略涵义

稳定发展战略是指企业遵循与过去相同的战略目标,保持一贯的成长速度,同时不改变基本的产品或经营范围,企业的资源分配和经营状况基本保持在目前状态和水平上的战略。按照稳定发展战略,企业目前所遵循的经营方向及其正在从事经营的产品和面向的市场领域,企业在其经营领域内所达到的产销规模和市场地位都大致保持不变或以较小的幅度增减。从企业经营风险的角度来说,稳定发展战略对产品、市场等方面采取以守为攻,以安全经营为宗旨,是风险相对较小的一种战略,对于那些曾经成功的处于上升趋势的行业和处于变化不大的环境中活动的企业会很有效。实行稳定发展战略的企业,在市场占有率、产销规模或总体利润水平上保持现状或略有增加,有利于企业现有竞争地位稳定和巩固。

一般来说,实行稳定发展战略的公司都集中于单一产品或服务。公司的增长和发展依赖于在稳定增长的市场上维持其一定的市场占有率,或依靠缓慢地提高市场占有率,或增加新的产品或服务,或扩大公司市场所覆盖的地理范围。

在公用事业、运输、银行和保险等行业,许多企业都采取稳定发展战略。目前出版企业多元化、多品牌蓬勃发展,产品创新多,并不集中于单一的产品和服务。

稳定发展战略从本质上追求的是在过去经营状况基础上的稳定,它具有以下特征:

（1）企业对以往的经营业绩表示满意,决定遵循既定的或与过去相似的经营目标。

如果企业过去的经营目标是在行业竞争中处于市场领先者的地位,稳定型战略意味着在今后的一段时期里依然以这一目标作为企业的经营目标。

(2)企业战略规划期内所追求的绩效按大体相同的比例递增。与增长战略不同,这里的增长是一种常规意义上的增长,而非大规模的和非常快速的发展。例如,稳定型增长可以指在市场占有率保持不变的情况下,随着总的市场容量的增长,企业的销售额的增长,而这种情况则并不能算典型的增长战略。

(3)企业继续以过去相同的或基本相同的产品或劳务服务于社会,企业在产品或服务的创新上较少。

(二)稳定发展战略类型

稳定发展战略从战略的具体实施来看,主要有以下类型:

1. 无变化战略 无变化战略就是基本没有什么变化的战略。采用该战略基于两个原因:一是企业过去的经营相当成功,并且企业内外环境没有发生重大变化;二是企业并不存在重大的经营问题或隐患,因而战略管理者没有必要进行战略调整,或者害怕战略调整会给企业带来分配和资源分配的困难。在这两种情况下,企业的管理者和职工可能不希望企业进行重大的战略调整,因为这种调整可能会在一定时期降低企业的利润总额。采用无变化战略的企业除了每年按通货膨胀率调整其目标外,其他暂时保持不变,企业保持经营方针的连续性。

2. 维持利润战略 维持利润战略是指为了维持目前的利润水平而牺牲企业未来发展的战略。这种战略注重短期效果而忽视长期利益,其根本意图是渡过暂时性的难关,因而往往在经济形势不太景气时被采用,以维持过去的经营状况和效益,实现稳定发展。但使用不当的话,维持利润战略就可能会使企业的元气受到伤害,影响长期发展。

3. 暂停战略 在经过一段时期的快速成长之后,企业可能变得缺乏效率,或者难以管理。通过购买或内部发展而新增的事业部或分公司能使管理人员过度紧张,造成各种资源过于分散。暂停战略就是在一段时期内降低企业目标水平和发展速度,使企业能够将各种资源合并在一起使用。暂停战略作为企业内部整顿的一种方法,一般都是暂时性的。暂停战略可以让企业积聚能量,为今后的发展做准备。

4. 谨慎前进战略 如果企业外部环境中的某一重要因素难以预测或变化趋势不明显,企业的某一战略决策就要有意识地降低实施进度,步步为营,这就是所谓的谨慎前进战略。比如,企业所需的原材料突然变得稀缺,有关规章制度的限制以及经济环境条件的恶化,都会使成长战略不那么可行了,从而有必要转向谨慎前进战略。

二、采用稳定发展战略的原因

稳定发展战略主要依据于前期战略。它坚持前期战略对产品和市场领域的选择,它以前期战略所达到的目标作为本期希望达到的目标。因而,实行稳定发展战略的前提条件是企业过去的战略是成功的。企业目前的经营状况良好,管理人员无法确定现行战略的实际运行情况,因此,自然就采取一种"维持现状"的稳定战略。对于大多数企业来说,稳定发展战略也许是最有效的战略。

如果企业所在的产业技术相对成熟,技术更新速度较慢的话,企业过去采用的技术和生产的产品无需经过较大的调整就能满足消费者的需求以及与竞争者的抗衡,这样使得产品系列及其需求保持稳定,从而可以使企业稳定地发展。

(1)风险相对较低。企业的管理者可能不希望承担由于大幅度改变所带来的战略上的风险,往往会采取稳定发展战略。而且非常多的管理者认为过去有效的战略在将来他会同样有成效。

(2)战略上的大幅度的改变需要内部资源配置的改变,这对非常稳定的企业来说是一个不小的困难,通常需要较长的时间。同时,由于企业在实力上的不足也导致企业管理者不会采取变动幅度较大的战略。

(3)操作简便,也不费力。有些保守型的经理往往愿意采用此战略。特别是有的大企业安于现状,不求进取,进而不肯轻易改变战略。

(4)发展太快可能导致公司的经营规模超出其管理资源,进而发生低效率的情况。企业经过一段快速成长之后,为了克服由于成长过快产生的效率变低、管理不善等问题,巩固已有成果,并获得喘息的机会,企业也愿意采用稳定型战略。

(5)如果企业所处的行业的进入壁垒非常高或企业所处的行业竞争格局相对稳定,竞争对手之间很难有较为悬殊的业绩改变,则企业采用稳定战略可以获得最大的收益,因为改变竞争战略所带来的业绩可能并未增加。过高的市场占有率,会导致竞争对手的进入和攻击。为了不引起对手的注意,或避免政府的干预,一些企业也在一定期间主动采取稳定型战略。

由此可见,企业采用稳定发展战略的原因既有积极方面的,也有消极方面的。上述前三点原因消极的成分较大,后两点积极的因素多一些。所以,我们认为,企业应多从积极的角度去考虑是否采用稳定发展战略,而不应从消极的角度去决策。因为,稳定型战略虽然有很多优点,但也有很多不足。

二、稳定发展战略的优缺点

稳定发展战略有其自身的优缺点。采用稳定发展战略的公司能够保持战略的连续性,不会由于战略的突然改变而引起公司在资源分配、组织机构、管理技能等方面的变动,保持公司的稳定发展。稳定发展战略的风险相对比较小,对于那些处于需求平稳上升的行业和稳定环境中的企业来说,不失为一种有效的战略。

(一)主要优点

(1)能避免开发新产品和新市场所必需的巨大资金投入、激烈的竞争抗衡和开发失败的巨大风险,企业基本维持原有的产品与市场领域,从而可以利用原有的生产经营领域渠道。

(2)能避免出现因改变战略而改变资源分配的困难。不需改革资源的分配模式,从而可以大大减少资源重新组合所必然造成的巨大浪费和时间上的损失。

(3)能避免因发展过快而导致的弊端。稳定发展的战略比较容易保持企业经营规模和经营资源、能力的平衡协调,有助于防止过快、过急而导致的重大损失。

(4)可以保持人员安排上的相对稳定,充分利用已有的各方面人才,发挥他们的积极性和潜力,减少人员调整、安置所造成的种种矛盾及招聘、重新培训的费用。

(5)可以保持战略的连续性,避免企业内部在资源配置与调整方面的重大变动。

稳定发展战略是一种风险相对较小的战略,特别是对于那些曾经成功地处于上升趋势行业和处于一个相对稳定环境中的企业来说往往会很有效。该战略可以使企业在完善自身内部管理上多下工夫,特别是当外部环境非常不利于企业发展时,采用该战略可以保存自身实力、积蓄力量。

(二)主要缺点

然而,稳定发展战略的风险虽然相对较小,但同时它也蕴涵着一定的风险。

(1)稳定发展战略以在战略期内外部环境不会发生大的动荡,市场需求、竞争格局基本稳定,企业基于现实状况就能利用机会、避免威胁、防御对手进攻的假设为前提条件。如果上述假设不成立,就会打破战略目标、外部环境、企业实力三者之间的平衡,使企业陷入困境。这种可能性是完全存在的。

(2)稳定发展战略往往容易使企业的风险意识减弱,甚至形成惧怕风险、回避风险的企业文化,这就会大大降低企业风险的敏感性、适应性和抗拒风险的勇气,从而也增大了以上所述风险的危害性、严重性。可能导致管理者墨守成规、因循守旧、不求变革的懒惰作风,从而导致企业的保守与不求发展。

(3)由于公司只求稳定的发展,可能会丧失外部环境提供的一些可以快速发展的机会。如果竞争对手利用这些机会能加速发展的话,则企业处于非常不利的竞争地位,丧失发展时机并导致企业处于不利的位置。这也许是稳定发展战略真正的最大风险所在。

(4)经营资源减少、竞争地位弱的企业,一般采取以局部特定细分市场为目标的稳定发展战略。它有两个突出特点:一是将企业的全部精力集中于几个少数市场;二是以本企业在这些市场上具有强大的差异优势为前提和成功的关键,这就具有更大的风险。如果对这部分特定市场需求把握不准,企业可能全军覆没。而各细分市场的需求往往也会受到宏观环境的影响。另外如果企业在细分市场上形成的差异优势由于竞争对手的模仿或行业条件变化而弱化或消失,又建立不起新的差异优势,就无力抵御强大的竞争者的进攻,从而会丧失市场,陷入困境或破产。

第二节　增　长　战　略

从本质上说只有增长战略才能不断地扩大企业规模,使企业从竞争力弱小的小企业发展成为实力雄厚的大企业。因此,从企业发展的角度来看,任何成功的企业都经历过增长战略的实施期。一个企业采取增长战略的一个重要原因取决于企业高层管理者所持有的价值观。企业的增长有时意味着企业高层管理者的富有成效,同时也常常使他们由于所拥有的资产净值的增长而直接受益。

与其他类型的战略相比,增长型战略具有以下特征:

(1) 实施增长战略的企业不一定比整个经济增长的速度快,但它们往往比其产品所在的市场增长得快。

(2) 实施增长战略的企业往往取得大大超过社会平均利润率的利润水平。由于发展速度较快,这些企业更容易获得较好的规模经济效益,从而降低生产成本,获得超额的利润率。

(3) 采用增长战略的企业倾向于采用非价格的手段向竞争对手抗衡。由于采用了增长战略的企业不仅仅在开发市场上下功夫,而且在新产品开发、管理模式上都力求具有竞争优势,因而其赖以作为竞争优势的并不会是损伤自己的价格战,而一般来说总是以相对更为创新的产品和劳务以及管理上的高效率作为竞争手段。

(4) 增长战略鼓励企业的发展立足于创新。这些企业常常开发新产品、新市场、新工艺和新用途,以把握更多的发展机会,谋求更大的风险回报。

(5) 与简单的适应外部条件不同,采用增长型战略的企业倾向于通过创造以前本身并不存在的某产品或对某产品的需求来改变外部环境并使之适合自身。

增长战略是一个整体概念,增长战略包括下列类型:单一产品或服务的战略、多元化战略、一体化战略。

一、单一产品或服务的战略

（一）原因

实施单一产品或服务的战略的原因在于:

(1) 产品系列缺口。在相关市场内缺乏一个完善的产品系列。

(2) 销售缺口。通往相关市场或在相关市场内的销售渠道体系不完善或不健全。

(3) 利用缺口。现有市场潜力没有得到充分利用。

(4) 销售缺口。竞争对手销售缺口。

集中单一产品或服务的战略风险较大,因为一旦企业的产品或服务的市场萎缩,企业就会面临困境。

（二）措施

为弥补上述缺口,企业可以采取下列措施:

(1) 充实现有生产线。

(2) 在现有产品线内开发新产品。

(3) 扩大销售范围,向新市场扩展。

(4) 随一个地域内扩充分配和销售网点。

(5) 促销,使原有用户加大购买量,或增加新的用户。

二、多元化战略

（一）多元化战略内涵

1. 横向多元化　横向多元化是以现有的产品市场为中心,向水平方向扩展事业领域,也称水平多元化或专业多元化。横向专业化有三种类型:

（1）市场开发型，即以现有产品为基础，开发新市场。

（2）产品开发型，即以现有市场为主要对象，开发与现有产品同类的产品。

（3）产品、市场开发型，即以新开拓的市场为主要对象，开发新产品。

这种战略由于是在原有的市场、产品基础上进行变革，因而产品内聚力强，开发、生产、销售技术关联度大，管理变化不大，比较适合原有产品信誉高、市场广且发展潜力大的大型企业。

2. 多向多元化　这是指虽然与现有的产品、市场领域有些关系，但是通过开发完全异质的产品、市场来使事业领域多元化。这种多向多元化包括三种类型：

（1）技术关系多元化。这是指以现有事业领域中的研究技术或生产技术为基础，以异质的市场为对象，开发异质产品。由于这种多元化利用了研究开发能力的相似性、原材料的共同性、设备的类似性，能够获得技术上的相乘效果，因而有利于大量生产，在产品质量、生产成本方面也有竞争力。而且，各种产品之间的用途越是不同，多元化的效果越是明显。但是，在技术多元化的情况下，一般来说销售渠道和促销方式是不同的。这对于市场营销的竞争是不利的。这种类型的多元化一般适合于技术密集度较高的行业中的大型企业。

（2）市场营销关系的多元化。这是以现有市场领域的营销活动为基础，打入不同的产品市场。市场营销多元化利用共同的销售渠道、共同的顾客、共同的促销方法、共同的企业形象和知名度，因而具有销售相乘的效果。但是，由于没有生产技术、设备和原材料等方面的相乘效果，不易适应企业的变化，也不易应付全体产品同时老化的风险。这种类型的多元化适合于技术密度不高，市场营销能力较强的企业。

（3）资源多元化。这是以现有事业所拥有的物质为基础，打入异质产品、市场领域，求得资源的充分利用。

3. 复合多元化　这是从与现有的事业领域没有明显关系的产品、市场中寻求成长机会的策略，即企业所开拓的新事业与原有的产品、市场毫无相关之处，所需要的技术、经营方法、销售渠道等必须重新取得。复合多元化可以划分为以下四种类型：

（1）资金关系多元化。这是指一般关系的资金往来单位随着融资或增资的发展，上升为协作单位。

（2）人才关系多元化。当发现企业内部具有专利或特殊人才时，就利用这种专利或技术向新的事业发展。

（3）信用关系多元化。这是指接受金融机关的委托，重建由于资本亏本，濒临破产的企业或其他经营不力的企业。

（4）联合多元化。这是指为了从现在的事业领域中撤退或者为了发展为大型的事业，采用资本联合的方式进行多元化经营。

采用多元化战略在出版行业内较为常见。河南出版集团实施的就是多元化战略。

（二）多元化战略分析的八个步骤

（1）清楚了解公司现在的战略。考察公司的重点是相关的还是不相关的多元化；

公司的经营地域是以国内为主还是逐渐多国化;对于增加新业务和在新行业中建立地位最近有什么行动。这一步骤为全面评估战略变动的必要性奠定了基础。

(2)评估公司所在的每一行业的长期吸引力。

(3)评估公司中每一业务单元的相对竞争地位和竞争力量。

(4)测算现存业务单元之间任何价值链的关系和战略匹配关系的竞争优势潜力。

(5)测算公司的资源力量是否与其现在业务组合的资源需求相匹配。

(6)按从最好到最差的顺序,对不同业务单元的过去业绩和将来的业绩前景分别进行排名。

(7)按资源配置优先权对业务单元进行排名。

(8)使用上面分析制定出提高公司整体业绩的一系列行动决策。典型的行动包括:① 进行购并,从内部开创新业务,剥离勉强维持的业务或者不再符合公司的长期发展方向的战略业务。② 修正某些决策能力以加强公司业务的长期竞争地位。③ 利用战略匹配和资源匹配的机会,并将之转化为长期的竞争优势。④ 将公司资源从缺少机会的领域转到有很多机会的领域。

(三)多元化战略的战略利益与战略版本

1. 多元化战略的战略利益

(1)产生协同效应。企业采用多元化战略后,如果新老产品、新旧业务、生产管理与市场营销的各个领域,具有内在联系,存在着资源共享性,互相就能起促进作用。企业的协同效果表现在以下几个方面:

第一,管理的协同效应。即生产的产品或经营的业务,在经营决策的基准上大致相同,对管理的方法或手段的安排比较一致。企业经营产品之间在管理上是否具有共享性是决定企业多元化战略成功与否的重要因素。

第二,市场营销上的协同效应。在不同的产品有共同的渠道和销售顾客时,往往会产生协同效应。老产品带动新产品的销售,新产品反过来又能为老产品开拓市场,从而增加销售总额。同时,由于面对共同的市场,因而企业不需要为新产品增加额外的销售费用,从而使企业单位营销成本降低。

第三,生产协同效应。如果老产品在生产技术、生产设备、原材料以及零部件的利用上具有类似性,那么,产品再生产上就会获取协同作用。

第四,技术上的协同效应。这里的技术主要指设计与开发技术。企业在实行多元化经营时,可以充分利用贯穿于这些产品之间的核心技术,可以大大减少新产品的研究开发费用,并提高新产品成功的概率。

(2)可以分散风险。企业经营的好坏不仅取决于企业管理者,还要受宏观经济的影响。因此,多元化经营的一个非常重要的战略利益就是通过减少企业利润流动来达到分散经营风险的目的。以此目的而实行的多元化战略,应确立使企业风险最小,收益最大的产品组合。一般来说,企业应选择在价格波动上是负相关的产品组合,最有利于分散风险,而高度相关的产品组合,不利于分散经营风险。这种高度相关包括:所有产品都属于产品生命周期的同一阶段;所有产品都是风险产品或滞销产品;所有产品都存在对某种资源的严重依赖等。

（3）可以增强市场力量。多元化的企业可以凭借其在规模及不同业务领域经营的优势,在单一业务领域实行低价竞争,从而取得竞争优势。企业可以将价格定在竞争对手的成本以下,而通过其他业务领域来支持这一定价行动的损失,从而在这一时期挤垮竞争对手或迫使其退出此行业,为企业在此行业的长期发展创造一个良好的环境。

（4）可以形成内部资本市场的收益。企业如果在外部资本市场上筹集资金是要花费较高成本的,同时,还涉及资格审定等问题,实行多元化战略的企业可以在其企业内部建立资本市场,通过资金在不同业务领域之间的流动来实现各业务领域的资金需求。在实施多元化战略的企业中,一个非常重要的进步就是建立内部银行,内部银行的建立为内部资本市场的形成起着决定性作用。

（5）有利于企业的继续成长。当企业面临一个已经成熟的甚至是衰退的行业,进一步在此产业中投入以获取增长是不明智的,为寻求企业的进一步成长,企业必须进入一个新产业。

2. 多元化战略的战略成本

（1）增加管理冲突。由于企业在不同的业务领域经营,因而企业的管理与协调工作就大大复杂化了,因为不同的企业在管理方式、经营文化上都有很大的差别,而在不同的领域内同时经营就又可能造成经营理念上的冲突,使管理效率大大降低。多元化经营企业内部管理的复杂化还表现在对不同业务单位的业绩评价、集权与分权的界定、不同业务单位间的协作等。

（2）新业务领域的进入壁垒,增加了成本和风险。多元化战略需要克服产业进入壁垒,这就必须付出成本,如额外的促销费用等。同时,在一个企业完全陌生的新的产业环境中经营,往往会有较大的风险。由于企业在刚刚进入一个产业时,不具备在此产业中的经营经验,缺乏必要的人才、技术等资源,因此很难在此产业中立足并取得竞争优势。

（3）造成企业资源分散。企业的资源是有限的,这些资源包括资金、人才、设备、土地等有形资源和商誉、品牌、专有技术、管理能力、销售渠道等无形资源。实行多元化经营必然要分散企业的资源,从而对企业原有业务产生不利影响。如果企业在原有业务领域并未真正获得竞争优势就迫不及待地进入新的业务领域,就很容易使企业在新旧产业内同时陷入困境,造成经营上的失败。

三、一体化战略

（一）一体化战略涵义

一体化战略包括垂直一体化与水平一体化。

1. 垂直一体化　　垂直一体化是指企业在两个完全不同的方向上扩展现有的经营业务,它包括向前一体化与向后一体化。

向前一体化是指企业对自己的产品做进一步的深加工并对资源进行综合利用以更

好地获取利润,如钢铁企业建立自己的销售组织来销售本企业的自有产品从而获得更多的利益。因此,在能够实现提高生产能力利用率或者加强品牌形象的情况下,企业可以投资建立自己的分销机构、特许经销商网络和零售连锁店等方式来获取更大的利益。当然,通过向前一体化以直接进入将产品销售给终端顾客的活动,可以明显地节约企业成本,降低产品销售价格。向前一体化对原材料生产商有利。

向后一体化是指企业自己加工自己所需要的全部或部分原材料或产品,以满足自己现有产品和服务的需要,如汽车企业自己加工各种零件来供应自身在汽车制造方面的需求。通过向后一体化可以排除依靠供应商来提供关键零件或支持服务所带来的不确定性,特别是排除了那些不失一切时机来抬高价格的强大供应商所带来的巨大压力。

如图7-1所示,垂直一体化战略的构思基础是考虑从原材料到顾客的价值链中选择某一个阶段的价值活动来从事竞争的。如果企业注重产品附加价值的提升,那么重点就在如何使产品到达顾客手中并提供相关的服务支持,即向下游垂直一体化;反之亦然。从图中可以看出,从原材料到顾客价值链上的每个阶段均提供附加价值,这种附加价值正是一体化战略所要索取的目标。选择向前一体化还是向后一体化取决于它能否降低成本或加强差异化,取决于它能否创造竞争优势。该战略的关键点在于,企业需要确定哪些活动和哪些能力应该在企业内部展开,哪些可以安全地让外部的供应商来处理,以达到获取巨大利益的目的。

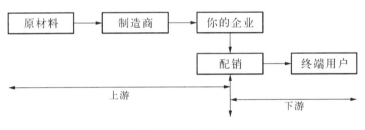

图7-1 一体化模型

垂直一体化战略的主要目的是加强企业的竞争地位,因为,企业通过垂直一体化所产生的成本节约往往是企业成功贯彻差异化战略的一个非常重要的基础。企业实施垂直一体化战略时往往非常希望强化其原来的或核心事业的竞争优势。因此,实施该战略的企业一般有如下四项主张:提高新竞争者的进入障碍、促进特定资产投资效率的提升、保证产品品质和改善过程的制定。当然,垂直一体化的最大劣势就是将一家企业深深地陷入一个行业之中,特别是当跨行业价值链体系的几个阶段的经营运作无法建立竞争优势的话,那么该战略就是一个非常有问题的战略。

2. 水平一体化 水平一体化是指企业对处于同一行业或同一经营领域、生产同类产品和工艺相近的企业或经营单位进行一体化的战略。水平一体化的实质是资本在同一产业和部门内的集中,目的是实现扩大规模、降低产品成本、巩固市场地位,如图7-2所示,出版厂A、B在具有相同工艺和技术、同类产品生产的基础上实行水平一体化,一体化以后会扩大资源,提高市场占有率。水平一体化战略可以通过契约式联合和合并同类企业两种形式实现。

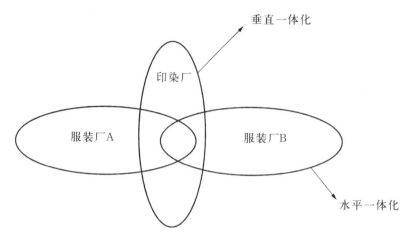

图 7 - 2　一体化战略的类型

水平一体化采取的战略往往是收购自己的竞争对手来使自己得到增长。该战略与多元化战略有某种相似之处。多元化战略所增加的产品和服务往往是通过组以内部开发与研究来实现的,而不是通过与别的企业直接竞争来实现的。而水平一体化所发展出来的新产品或服务则是通过收购现成的对手来直接获得的。

(二)使用一体化战略的动因

企业为了在规模和销售上获得增长,或者为了增加规模经济,或者为了分担风险,需要实行某种形式的一体化战略。企业采取该战略的目的是希望通过一体化,加强企业原有或核心事业的竞争优势。执行该战略的企业常常不是被动地去适应环境的变化,而是通过创新和创造来使外界适应自己,特别是当企业的高层管理者持有这样的价值观时。

1. 建立进入壁垒　企业实现一体化,特别是垂直一体化,可以控制关键的投入资源或销售渠道,从而对行业的新进入者建立进入壁垒,防止竞争对手进入企业的经营领域。这时,企业不仅保护了自己原有的经营范围,扩大了经营业务,而且可以限制企业所在行业的竞争程度,使企业可以在较高的价位上制定价格,并获得较大利润。例如,IBM 公司就是实现垂直一体化战略的典型。该公司自行生产微机的微处理器和记忆晶片,设计和组装微机,生产微机所需的软件,并直接销售最终产品给用户。IBM 公司采用该战略的理由是,该公司生产的许多微机零部件和软件都拥有专利,只在公司内部制造,竞争对手才不会拥有这些专利,从而形成进入壁垒。

在 20 世纪 80 年代后期,垂直一体化开始出现失败的案例。由于微机硬件和软件变成标准化以后,原来大规模进行垂直一体化的优势不再存在。如康柏公司等微机公司进行了反向处理,在自己的微机中成功地仿制了 IBM 的专利软件,有效地绕过了进入壁垒。

2. 促进对专有资产的投资　专用资产是用来进行企业特定生产经营活动的资产,

既可以是企业所需的专用设备,也可以是企业所具有的专门知识或技术。企业运用大量的专用资产可以降低制造成本,形成比竞争对手更好的差别化,提高产品价格。因此,专用化可以成为企业经营单位实现竞争优势的基础。

由于某些原因,企业在专用资产上很难与其他企业合作。如果独立的供应商按照企业的要求对专用资产进行投资的话,该供应商可能会考虑由于这种专用资产只有一个最终用户,所以这种投资会使自己过分依赖运用专用资产的企业,甚至有可能在某种程度上成为使用专用资产企业的一个经营单位。这样,投资的供应商便在这种专用资产的讨价还价上处于劣势地位。供应商有可能因此不愿意进行这种投资。反之,企业在考虑将专用资产委托给独立的供应商时,也会有顾虑,怕失掉自己的讨价还价的优势。结果,企业便要自己生产专业设备。这说明当专业化可以形成竞争优势时,企业为了防止上述风险,需要在价值链的邻近阶段进行垂直一体化。例如,微机公司进行向后一体化,制造硅晶片。

3. 保证产品或服务质量　企业为了保证自己主导产品或服务的质量,形成自己的差别化,常常进行垂直一体化。例如,云南玉溪烟厂为了保证生产出高质量的香烟,对周围各县的烟农进行扶持,使之专为该烟厂提供高质量的烟草。葡萄酒厂拥有自己的葡萄产地也是这种一体化的例证。同样,有些企业在销售自己技术复杂的产品时,也需要拥有自己的销售网点,以便提供标准的售后服务。当然,在其他零售商可以为本企业提供满意的售后服务时,企业便没有必要再进行垂直一体化。

4. 改变企业的投资组合　通过一体化,企业可以改变原有投资组合的内容,由单一经营变成多种经营,或由产品系列较窄的经营业务变成产品系列较宽的经营业务。

企业在进行一体化时,还需要对一体化的缺点加以分析研究,主要的缺点有两个方面:一是成本劣势,企业一体化虽然可以使企业在生产上形成成本优势,但当外部独立的供应商或零售商的成本降低时,企业必须从一体化内部进行购买或销售,此时就会处于成本劣势;二是技术改变后所形成的劣势,企业进行一体化后,外部技术发生了重大的变化,而企业一体化内部未能及时顺应改变,便会失去竞争力。

（三）一体化战略的战略利益与战略成本

1. 垂直一体化的战略利益与战略成本　垂直一体化的战略利益主要有以下方面:

（1）实现范围经济,降低经营成本。通过把技术上相区别的生产运作放在一起,企业有可能实现高效率。例如在制造业,这一做法能够减少生产过程的步骤,降低成本,减少运输费用。由于成品和零部件归并成一个系统,在生产、设计、营销等内部环节上,更易控制和协调,从而会提高企业的生产效率。生产与销售一体化有利于市场信息准确及时地反馈,使企业能迅速地了解市场供求和监控市场,而且实行一体化还能将搜集信息的总成本由各部分分摊,从而减少信息成本。通过垂直一体化战略,企业可以节约市场交易的销售、谈判和交易成本。

（2）稳定供求经济,规避价格波动。实行垂直一体化战略,可以使上游、下游企业之间不会随意终止供求关系,即使是在总需求大于总供给的时期,也能保证充足的货源供应,从而减少市场供求的不确定性。而且由于实现了垂直一体化,上游、下游企业之间的交易虽然也必须反映市场价格,但这种内部转移价格实际上只是一种为了便于业务管理、成本核算的影子价格,企业可以主动调节,从而可以避免产品价格的大起大落。

(3)提高差异能力,树立经营特色。由于企业规模扩大,成本降低和控制加强,进入壁垒提高了;由于强化了对关键零部件设计的控制,有可能更好地满足不同市场反面用户的特殊需求,从而增强对最终用户的控制,同时也有更多机会通过使用特殊原材料、零部件或技术等途径寻求区别于同行业竞争者的产品特色。

虽然垂直一体化有诸多的战略利益,但同时它也存在以下各方面的战略问题:

(1)弱化激励效应。垂直一体化意味着通过固定的关系来进行购买与销售,也就是说把原本的市场交易内部化到企业内部交易。上游企业的经营激励可能会因为是在内部销售而不是在市场上竞争而有所减弱,下游企业同样也会由于在从企业另一个单位购买产品,从而不会像从外部供应商购买时那样激烈地讨价还价。因此,垂直一体化可能减弱激励效应,从而降低企业运作的效率。我国企业界普遍存在的"大而全"的现象,效率往往低于"小而专"的原因就在于此。为了纠正垂直一体化的这种弊端,很多企业实施了"企业内部市场化"的做法,收到了较好的效果。

(2)加大管理难度。实行垂直一体化战略以后,两个或多个不同的企业合并或联合在一起,企业的管理层次与管理幅度都大大加大,企业管理所需的生产、营销、服务等各项职能都更加复杂,尤其是不同企业文化的融合更是非一朝一夕所能解决的,这些因素都对企业管理者的管理素质和管理技巧提出了更高的要求。显而易见,管理难度要比一体化之前大得多。

(3)加剧财务紧张。虽然企业实行垂直一体化战略以后,一些零部件和原材料由企业外购转变为企业自制,这些零部件和原材料的成本也比外购低,但自制所需的生产资金、储备资金和材料资金等都要比外购时多得多,如果企业的财务资源不够雄厚的话,就有可能加剧企业的财务紧张,严重导致整个一体化战略的失败。

(4)降低经营灵活性。企业选择垂直一体化会导致产品设计方面的局限性,对厂房和原材料来源的巨额投资,常常阻碍新的产品设计或材料品种的完善。如果企业不实行垂直一体化战略,企业可以根据外界环境变化而削减原材料的采购量,或转向其他供应企业,而采用了垂直一体化战略的企业就缺乏这种机动性,同时经营方向的调整也更加困难,因而也就增大了经营风险。

(5)难以平衡生产能力。垂直一体化企业内部的上游单位与下游单位的生产能力必须保持平衡,否则会出现问题。纵向链中任一有剩余生产能力的环节(或有剩余需求量的环节)必须在市场上销售一部分产品(或购买一部分投入),否则就可能牺牲市场地位。然而,在企业垂直战略条件下,这一步可能往往是困难的,因为垂直战略常常迫使企业从它的竞争者那里购买原料或向它的竞争者销售产品。由于担心失去竞争优势,或者为了避免加强竞争者的地位,它们可能不情愿地与该企业做生意。

2. 水平一体化的战略利益与战略成本 水平一体化的战略利益主要包括获取规

模经济、减少竞争对手、扩张生产能力。

（1）获取规模经济。水平一体化通过收购同类企业达到规模扩张，这在规模经济明显的产业中，可以使企业获取充分的规模经济效益，从而大大降低成本，取得竞争优势；同时，通过收购往往可以获取被收购企业的技术专利、品牌名称等无形资产。

（2）减少竞争对手。水平一体化是一种收购企业竞争对手的增长战略。通过实施水平一体化，可以减少竞争对手的数量，降低产业内企业间相互竞争的程度，为企业的进一步发展创造一个良好的产业环境。

（3）扩张生产能力。水平一体化是企业生产能力扩张的一种形式，通过合并或联合，可以迅速提高企业的生产能力与规模，与企业自身的内部扩张相比较，这种扩张形式相对较为简单与迅速。

但是，水平一体化战略也具有一定的战略成本，其中主要包括管理协调问题和政府法规限制两个方面：

（1）管理协调问题。收购一家企业往往涉及收购后母子公司管理上的协调问题。由于母子公司在历史背景、人员组成、业务风格、企业文化、管理体制等方面存在着较大的差异，因此母子公司的各方面协调工作非常困难。

（2）政府法规限制。水平一体化容易造成产业内垄断的结构，因此，各国法律法规都对此做出了限制。如美国司法部在确定一项企业合并是否合法时要考虑以下因素：这一合并是否导致过高的产业集中度；这一合并是否增强合并企业对其他企业的竞争优势；进入该产业的困难程度是否提高；产业内是否已经存在一种合并的倾向；被合并企业的经济实力；对该行业产品需求是否增长；这一合并是否有激化其他企业进行合并的危险。

第三节　并　购　战　略

我国国内已发生的出版企业并购行为多以兼并小企业或亏损企业为主，政府适当干预，通过优势联合，实行品牌扩张，使并购双方能利用彼此的优良资产，共同拓展市场以取得进一步发展。

一、并购战略

（一）并购的涵义

并购战略是兼并与收购的总称，指一个企业通过购买另一个企业全部或部分的资产或产权，从而控制、影响被并购的企业，以增强企业竞争优势、实现企业经营目标的行为。其中合并是指两个企业由于都希望获得协同利益而自愿地结合在一起，而收购则并不一定是在彼此都自愿的情况下才发生的，有时强制性收购的情况也会发生。并购战略从19世纪末开始在西方迅速被企业界采用，其对西方大跨国公司的形成、经济的迅速发展起到了不可估量的推动作用。在我国，由于长期受计划经济的影响，这种发展方式并没有被很好采用。近年来，随着我国经济体制改革和现代企业制度的推行，这一方式越来越受到我国企业界的重视,并购战略的实施会大大提高我国企业的竞争能力,促进企业的发展。

(二)并购的类型

并购可以从双方所处行业、并购方式、并购动机、并购支付方式等不同角度进行分类。

1. 按所处行业分类 根据并购双方所处的行业情况,企业并购可以分为横向并购、纵向并购和混合并购。

(1)横向并购。横向并购是指处于相同行业,生产同类产品或生产工艺相近的企业之间的并购。这种并购实质上是资本在同一产业和部门内集中,迅速扩大生产规模,提高市场份额,增强企业的竞争能力和盈利能力。

(2)纵向并购。纵向并购是指生产或经营过程相互衔接、紧密联系的企业之间的并购。其实质是通过处于生产同一产品不同阶段企业之间的并购,从而实现纵向一体化。纵向并购除了可以扩大生产规模,节约共同费用外,还可以促进生产过程各个环节的密切配合,加速生产流程,缩短生产周期、节省运输、仓储资源。

(3)混合并购。混合并购是指处于不同产业部门、不同市场,且这些产业部门之间没有特别的生产技术联系的企业之间的并购。包括三种形态:产品扩张型并购,即生产相关产品企业间的并购;市场扩张型并购,即一个企业为了扩大竞争地盘而对其他地区生产同类产品的企业进行并购;纯粹的并购,即生产和经营彼此间毫无联系的产品或服务的若干企业之间的并购。

混合并购可以降低一个企业长期处于一个行业所带来的风险,另外通过这种方式可以使企业的技术、原材料等各种资源得到充分的利用。

2. 按并购方式分类 根据并购是否通过中介机构进行,企业并购可以分为直接收购和间接收购。

(1)直接收购。直接收购是指收购公司直接向目标公司提出并购要求,双方经过磋商,达成协议,从而完成收购活动。如果收购公司对目标公司的部分所有权提出要求,目标公司可能会允许收购公司取得目标公司新发行的股票;如果是全部产权要求,双方可以通过协商,确定所有权的转移方式。由于在直接收购条件下,双方可以密切配合,因此相对成本较低,成功的可能性较大。

(2)间接收购。间接收购是指收购公司直接在证券市场上收购目标公司的股票,从而控制目标公司。由于间接收购方式很容易引起股价的剧烈上涨,同时可能会引起目标公司的激烈反应,因此会提高收购的成本,增加收购的难度。

3. 按并购动机分类 根据收购公司的动机,企业并购可以分为善意并购和恶意并购。

(1)善意并购。收购公司提出收购条件后,如果目标公司接受收购条件,这种并购被称为善意并购。在善意并购下,收购条件、价格、方式等可以由双方高层管理者协商进行并经董事会批准。由于双方都有合并的愿望,因此这种方式成功率较高。

（2）恶意并购。如果收购公司提出收购要求和条件后，目标公司不同意，收购公司只有在证券市场上强行收购，这种方式就称为恶意收购。在恶意收购下，目标公司通常会采用各种措施对收购行为进行抵制，证券市场也会迅速对此做出反应，股价迅速提高，因此，恶意收购中，除非收购公司有雄厚的实力，否则很难成功。

4. 按并购支付方式分类　根据并购过程支付方式的不同，企业并购可以分为现金收购、股票收购、综合证券收购。

（1）现金收购。现金收购是指收购公司通过向目标公司的股东支付一定数量的现金而获得目标公司的所有权。现金收购在西方国家存在资本所得税的问题，这可能会增加收购公司的成本，因此在采用这一方式时，必须考虑这项收购是否免税。另外现金收购会对收购公司的资产流动性、资产结构、负债等产生影响，所以应该进行综合权衡。

（2）股票收购。股票收购是指收购公司通过增发股票的方式获取目标公司的所有权。这种方式，公司不需要对外支付现金，因此不至于对财务状况产生很大影响，但是增发股票，会影响公司的股权结构，原有股东的控制权会受到冲击。

（3）综合证券收购。综合证券收购是指在收购过程中，收购公司支付的不仅仅有现金，还有股票权证、可转换债券等多种形式的混合。这种方式兼具现金收购和股票收购的优点，收购公司既可以避免支付过多的现金，保持良好的财务状况，又可以防止控制权的转移。

二、采用并购战略的动因

当企业缺乏竞争新事业领域所需要的资源时往往采取并购战略以进入新领域。由于所被并购的企业往往具有在新领域所发展的资源与能力，因此并购战略是公司层级战略的重要选择之一，同时成功的并购可以极大限度地减少业内对手的反击。实施该战略能够使企业快速进入新市场，并形成在新市场的竞争能力，特别是在产品与市场变化速度都非常快的情况下，该战略就成为成功进入市场的一个非常有效的战略选择。并购解决了企业进入新市场的时间问题。

采用并购战略的动因主要有以下几个方面：

（一）可以推动企业的发展

在激烈的市场竞争环境中，企业只有不断地发展才能生存下去。通常情况下，企业既可以通过内部投资获得发展，也可以通过并购获得发展。两者相比，并购方式效率更高，这主要表现在以下几个方面：

（1）并购可以缩短企业扩张时间。如果企业采用内部投资的方式，将会受到项目的建设周期、资源的获取及配置等方面的限制，制约企业的发展速度。而通过并购的方式，企业则可以在极短的时间内，迅速将规模做大，提高竞争能力。

（2）并购可以降低市场进入壁垒。企业进入一个新的产业会遇到各种各样的壁垒，包括：资金、技术、渠道、顾客、经验等，这些壁垒不但增加了企业进入这一行业的难度，而且提高了进入的成本和风险。如果企业采用并购的方式，先控制该行业原有的一个企业，则可以绕开这一系列的壁垒，使企业以较低的成本和风险迅速进入这一产业。

（3）并购可以促进企业的跨国发展。目前,企业全球化的格局已基本形成,跨国发展成为企业经营的一个新趋势。企业进入国外的新市场,面临着比进入国内新市场更多的困难。比如管理方式、经营环境、政府法规等都与国内市场有着很大的不同。采用并购当地已有企业的方式进入,不仅可以加快进入速度,而且可以利用原有企业的运作系统、经营条件、管理资源等,使企业在今后阶段顺利发展。另外,由于被并购企业与进入国的经济紧密融为一体,不会对该国经济产生太大的冲击,因此,政府的限制相对较少。这些都有助于跨国发展的成功。

（二）实现协同效应

当一个新行业进入障碍很高时,比如有较高的产品差异化、较高的规模效益以及巨大的资本要求,并购战略能够较为轻松地进入新行业并可以极大限度地化解业内对手的反击。并购战略可以充分利用被并购者在行业中所建立起来的市场经验和市场知识。并购后的企业可以根据双方的实际情况在生产、经营、财务和人力资源方面发挥协同作用,以建立持久的竞争优势。

在并购后,两个企业的协同效应主要体现在：生产协同、经营协同、财务协同、人才技术协同。

1. 生产协同　生产协同主要通过规模经济效益取得。并购后,企业可以对原企业之间的资产及规模进行调整,使其实现最佳的规模,降低生产成本;原有企业间相同的产品可以由专门的生产部门进行生产,从而提高生产和设备的专业化,提高生产效率;原来企业间相互衔接的生产过程或工序,在并购后可加强生产的协作,使生产得以流畅进行,还可以降低中间环节的运输、储存成本。

2. 经营协同　经营协同通过企业的规模经济来实现。企业并购后,管理机构和人员可以进行精简,使管理费用由更多的产品进行分担,从而节省管理费用;原来企业的营销网络、营销活动可进行合并,节约营销费用;研究与开发费用可以由更多的产品进行分担,从而可以迅速采用新技术,推出新产品。并购后,由于企业规模的扩大,还可以增强企业抵御风险的能力。

3. 财务协同　财务协同即在并购后,企业可以对资金统一调度,增强企业资金的利用效果,由于规模和实力的扩大,企业筹资能力可以大大增强,满足发展过程中对资金的需求。另外,在并购后,企业由于在会计上的统一处理,可以在企业中互相弥补产生的亏损,从而达到避税的效果。

4. 人才、技术协同　人才、技术协同即在并购后,原有企业的人才、技术可以共享,充分发挥人才、技术的作用,增强企业的竞争能力,尤其是一些专有技术,企业通过其他方法很难获得,通过并购,因为获取对该企业的控制而获得该项技术或专利,促进企业的发展。

（三）加强对市场的控制能力

在横向并购中,通过并购可以获取竞争对手的市场份额,迅速扩大企业的市场占有率,增强企业在市场上的竞争能力。另外,由于减少了一个竞争对手,尤其是在市场上竞争者不多的情况下,可增加企业的垄断能力,增强对供应商和顾客讨价还价的能力,因此,企业可以以更低的价格获取原材料,以更高的价格向市场出售产品、从而扩大企业的盈利水平。

（四）获取价值被低估的公司

在证券市场中,从理论上讲公司股票市价的总额应该等同公司的实际价值,但是由于环境的影响,信息不对称和未来不确定性等方面的影响,上市公司的价值经常被低估。如果一个企业认为自己能够比原来的经营者做得更好,那么该企业可能收购这家公司,通过对其经营获取更多的收益,该企业也可能将目标公司收购,然后包装重新出售,从而在短期内获取巨额收益。

（五）有利于避税

各国公司法中一般都有规定,一个企业的亏损可以用今后年度的利润进行抵补,抵补后再缴纳所得税。因此,如果一个企业历史上存在着未抵补完的正额亏损,而收购企业每年产生大量的利润,则收购企业可以低价获取这一公司的控制权,利用其亏损进行避税。

三、并购战略应注意的问题

企业的经营与发展常常处于一个动态的平衡之中,在自身发展的同时,对手也在发展,因此,把握时机在对手之前获取有利的地位就显得非常重要。如何抢占先机就必然要涉及一个关键的问题,那就是时间。而并购的一个明显特点就是节省时间。企业可以通过并购的方式在最短的时间里迅速将规模做大,以提高竞争力。特别是在进入一个新的行业时,谁抢先一步,谁就可以建立起别人很难比拟的竞争优势。如果并购可以弥补企业自身在许多方面的不足,这种不足可以是技术上的、市场经验上的、人力资源上的等等,这些不足都可以通过并购得以实现。因此,企业实施并购战略时,成功地选择并购对象尤为重要。

并购战略对企业发展具有重大意义,但是并非所有的并购战略都能得到令人满意的结果。在美国完成的并购案中,有 30%—50% 是失败的,在欧洲发生的并购案中也有近一半是败笔。为保证并购的成功,应注意以下几个问题:

（一）企业战略指导下选择目标公司

在并购一个企业之前,必须明确本企业的发展战略,在此基础之上对目标企业所从事的业务、资源情况进行审查,如果对其收购后,其能够很好地与本企业的战略相配合,从而通过对目标企业的收购,增强本企业的实力,提高整个系统的运作效率,最终增强竞争优势,这样才可以考虑对目标企业进行收购。反之,如果目标企业与本企业的发展战略不能很好吻合,即使目标企业十分便宜,也应慎重行事,因为对其收购后,不但不会通过企业之间的协作、资源的共享获得竞争优势,反而会分散收购方的力量,降低其竞争能力,最终导致并购失败。

（二）在并购前对目标企业进行详细审查

许多并购的失败是由于事先没有能够很好地对目标企业进行详细审查造成的。在并购过程中,由于信息不对称,买方很难像卖方一样对目标企业有着充分的了解,但是许多收购方在事前都自认为已经十分了解目标企业,并通过对目标企业良好地运营发挥出更大价值。但是,许多企业在收购程序结束后,才发现事实并不像当初想象中的那样。目标企业中可能会存在着没有注意到的重大问题,以前所设想的机会根本不存在,或者双方的企业文化、管理制度、管理风格很难融合,因此很难将目标公司融合到整个企业运作体系中,从而导致并购的失败。

（三）合理估计自身的实力

在并购过程中,并购方的实力对于并购能否成功有着很大影响,因为在并购中收购方通常有必要向外支付大量现金,这必须以企业的实力和良好的现金流量作为支撑,否则企业便要大规模举债,造成本身财务状况的恶化,企业很容易因为沉重的利息负担或者到期不能归还本金而导致破产,这种情况在并购中经常出现。

有利的收购会使公司的市场价值超过原来的市场价值。有时被收购企业的市场价值非常离谱,这就意味着收购企业不得不支付更多的成本。由于收购过程中的不确定因素非常多,收购企业的市场价值很难准确预测。在收购中,收购企业不得不对被收购企业进行评估,作为评估的出发点,企业有必要积累和分析关键的财务数据;考察被收购企业过去的财务报表和预测的财务报表,并要对评估的假设阐述清楚。

（四）在并购后对目标企业进行迅速有效的一体化

企业购并的目的是通过对目标企业的运营来谋求目标企业的发展,实现企业的经营目标,因此,通过一系列程序取得了目标企业的控制权,只是完成了购并目标的一半。在收购完成后,必须对目标企业进行一体化,使其与企业的整体战略、经营协调相一致、互相配合,具体包括:战略一体化、业务一体化、制度一体化、组织人事一体化和企业文化一体化。

1. 战略一体化　如果被并购的企业战略不能与收购企业的战略相配合、相互融合,那么两者之间很难发挥出战略的协同效应。只有在购并后对目标企业的战略进行一体化,使其符合整个企业的发展战略,这样才能使收购方与目标企业相互配合,使目标企业发挥出比以前更大的效应,促进整个企业的发展。因此,在购并以后,必须针对整个企业的战略,规划目标企业在整个战略实现过程中的地位与作用,然后对目标企业的战略进行调整,使整个企业中的各个业务单位之间形成一个相互关联、互相配合的战略体系。

2. 业务一体化　在对目标公司进行战略一体化的基础上继续对其业务进行一体化,根据其在整个体系中的作用及其与其他部分的关系,重新设置其经营业务,将一些与本业务单位战略不符的业务剥离给其他业务单位或者合并掉,将整个企业其他业务单位中的某些业务规划到本单位之中,通过整个运作体系的分工配合以提高协作、发挥规模效应和协作优势。相应的,对其资产也应该重新进行配置,以适应业务一体化后生产经营的需要。

3. 制度一体化　管理制度对企业的经营与发展有着重要的影响,因此购并后必须重视对目标公司的制度进行一体化。如果目标企业原有的管理制度良好,收购方则不必加以修改,可以直接利用目标企业原有的管理制度,甚至可以将目标企业的管理制度引进到收购企业中,对收购企业的制度进行改进。假如目标企业的管理制度与收购方的要求不相符,则收购方可以将自身的一些优良制度引进到目标公司之中。在对目标企业引入新制度时,必须详细调查目标企业的实际情况,对各种影响因素做出细致的分析之后,再制定出周密可行的策略和计划,为制度一体化的成功奠定基础。

4. 组织人事一体化　在收购后,目标公司的组织和人事应该根据对其战略、业务和制度的重新设置进行一体化。根据并购以对目标企业职能的要求,设置相应的部门,安排适当的人员。一般在收购后,目标企业和买方在财务、法律、研发等专业的部门和人员可以合并,从而发挥规模优势,降低这方面的费用。如果双方的营销网络可以共享,则营销部门及其人员也应该相应地合并。总之,通过组织和人事一体化,可以使目标企业高效运作,发挥协同优势,使整个企业的运作系统互相配合,实现资源共享,发挥规模优势、降低成本费用,提高企业的效益。

5. 文化一体化　企业文化是企业经营中最基本、最核心的部分。企业文化影响着企业运作的一切方面,购并以后,只有买方与目标企业在文化上达到一体化,才意味着双方真正的融合,因此对目标企业文化的一体化,对于购并以及整个企业能否真正协调运作有关键的影响。在对目标企业的文化一体化过程中,应深入分析目标企业文化形成的历史背景,判断其优缺点,分析其与买方文化融合的可能性,在此基础上,吸收双方文化的优点,摈弃其缺点,从而形成一种优秀的,有利于企业战略实现的文化,并很好地在目标企业中推行,使双方实现真正的融合。

第四节　防御战略

一、防御战略

(一)防御战略的涵义

防御战略是指企业在某项特定领域内减少投资以减少费用支出来改善企业的资金流动情况,从而将通过该战略获得的资金投入到企业更需要资金的新的或更具发展的领域中。如果企业仅仅因为财务状况出现一些不利的情况,如出现财务状况的大规模滑坡,企业可以通过对自身内部的诸多方面如:运营效率的提高、控制资本支出、减少各项开支、卖出部分资产、加强成本控制等必要手段进行战略调整以应对不利的局面。如果企业的情况更加恶化,企业可以通过出售内部的一个主要部门的方式来努力改变局面。

与稳定发展战略和增长战略相比,防御战略是一种消极的发展战略。实行该战略有时只是短期性,其目的是使企业熬过最艰难的时期后转向其他的战略选择。

(二)防御战略的特点

(1)对企业现有的产品和市场领域进行收缩、调整和放弃。

（2）严格控制企业内部资源的运用，尽可能地减少支出。

（3）目的是为了实现过渡、节约开支，停止发展只是短期行为。

二、采取防御战略的动因

防御战略的适用条件：

（1）一般说来，防御战略在经济不景气、资源紧缩、产品滞销、出现重大的内部矛盾、财务状况恶化以及原来的经营领域处于不利地位时经常采用的战略。

（2）在经营中出现了更加有利的机会，企业为了抓住和利用这机会，去实现长远的经营目标时，也常常采取防御战略。

（3）当企业面对挑战者或攻击者的进攻时，往往采取防御战略。

以下三种具体的防御战术构成了面对进攻者进行防御的战略基础：

（1）提高结构性障碍。结构性障碍的存在减少了挑战者获利的效果。例如，通用食品公司的麦氏咖啡商标享有市场营销的规模经济，从而迫使挑战者在达到相近的市场份额之前承受比通用食品公司更高的市场营销成本比例。提高结构性障碍的防御战术是封锁挑战者进攻路线的具体战术手段。某些最重要的战术如：填补产品或定位的空缺，封锁销售渠道入口，提高顾客的转换成本，提高进行试验的成本，防御性地增加规模经济，防御性地增加资本需求，排除可选择技术，投资于保护专有技术诀窍，加强与供应商的关系，提高竞争者的投入成本，鼓励提高障碍的政府政策与结盟，或接受挑战者加盟等等。企业在实施提高结构性障碍的战术过程中，可以具体实施上述具体手段。

（2）增加预期报复。预期企业会采取的报复行动将降低挑战者的收入或增加其成本，从而损害挑战者的预期利润率。增加一个企业预期报复威胁的主要手段包括：显示防御的决心，显示初始障碍，建立封锁地位，提高退出或失去份额的代价，积累报复资源，鼓励好的竞争者与之建立防御联盟等。

（3）减少进攻的诱因。例如，如果企业降低价格或在相关经营单位内而非在行业中获取利润，挑战者将会认为即使进攻成功，它也不能得到多少利润。

通过与进攻战略相结合来提高企业的竞争优势，明确的防御战略就能提高企业所拥有的任何竞争优势的持久性。理想的防御战略通常是威慑，即阻止挑战者首先发动进攻或使其造成的威胁变小，另一种类型的防御战略是"反应"，即当挑战已经出现后企业才对其做出反应。反应旨在降低挑战者对已开始的行动的期望，或使挑战者完全退出行业。

第五节　战略组合与战略选择

一、战略组合

由于企业环境的复杂性，实现企业战略目标途径的多样性以及企业内部组织结构的不同，企业可以选择前几节所述的一种战略单独使用，也可以将几种战略组合起来使用。在实际的战略选择中企业多侧重于运用战略组合来实现自己的战略目标。所谓战

略组合,就是将相关的战略配合起来使用,使几种战略形成一个有机的整体。一般的战略组合方式有下列两种形式:

（一）顺序组合

顺序组合即按照战略方案实施的先后顺序,顺次运用各种相关战略。

如在一定时期内采取发展战略,然后在一定时期内实施稳定发展战略;或者先使用调整战略,待企业条件有了改善之后再采取发展战略等。另一种顺序组合的典型范例是依据产品的市场寿命周期来采取不同的战略。

（二）同时组合

即在同一战略时期内同时运用几种相关战略,以实现企业整体的战略目标。在企业具有多种不同经营业务或多个事业部的情况下,通常采用同时组合的战略组合方式。如在增设其他战略经营单位、产品线或事业部的同时,放弃某个战略经营单位、产品线或事业部;在其他领域奉行发展战略的同时,紧缩某些领域等。由于同时组合是在同一时期内,同时采用几种不同的战略,因此在运用这种战略组合时,应注意以下几点:

（1）可供给的企业资源。由于同时组合可能造成企业现有资源的分散使用,因此企业必须充分估计自己资源的可供给程度,以确保各种战略能同时得以实施而不会造成对企业资源枯竭。

（2）各种战略方案的组合优势。各种方案的组合是为了发挥各个方案的优势,扬长避短。因此,企业战略的同时组合必须是具有互容性的战略组合;从而使企业的整体战略达到最优。

（3）明确主从战略的关系。在一定时期内,企业为实现关键性的总体战略目标而确立的战略是企业的主体战略,而其他战略则处于相对从属的战略位置。

在战略组合实施的过程中,必须明确主从战略的关系,合理而有效用地分配企业的资源。总之,对大多数企业来说,可采用的战略方案是多种多样的。管理者既可以采用一种战略方案,也可以同时采用多种战略方案,形成一套战略组合。但鉴别出可用的战略方案,则是企业选择最适宜战略的前提条件和基础。

二、实践中的战略选择

（一）战略选择

在实际中企业最经常采用什么样的战略？霍福尔（c. Hofer）曾对《幸福》杂志1960—1972年间所刊登的一些企业的战略决策案例进行过研究。这项研究的结论是:

（1）不同类型的挑战会导致不同类型的战略。

（2）当企业面临巨大的外部环境机会,或其资源在充分满足现有的产品市场领域后还有富余时,它们通常会努力扩大现有的经营范围。

（3）如果出现与上述两个条件相反的状况时,企业就会缩减现有经营范围并改变其职能性战略（即市场营销、财务或生产战略等）,或者选择多元化战略。

（4）最常采用的战略是为现有的市场开发新产品和增加现有产品对现有市场的渗透。

（5）最不常采用的战略是前向一体化。

（6）企业只有在下述两种情况下才改变其整体经营目标：企业状况欠佳，不得不采取这种最终手段；企业境况良好，目标改动可确保公司经营状况得到重大改善。

格鲁克对《幸福》杂志登载的 358 家公司在 45 年中所做战略选择进行过研究，发现各公司采用的各种战略的频率如下：

发展战略：54.4%

组合战略：28.7%

稳定发展战略：9.2%

防御战略：7.5%

其他战略：0.2%

格鲁克还对不同经济周期(复苏、繁荣、衰退、萧条阶段)，企业所采用的上述几种战略进行了分析，发现：

（1）防御战略是最不受欢迎的战略。在萧条时期，被采用的次数与发展战略大致相当；在繁荣时期是发展战略的 1/4；在衰退和复苏时期，分别是发展战略的 1/2 和 1/3。

（2）稳定发展战略是第二不受欢迎的战略。在萧条和繁荣时期，采用它的企业只是采用发展战略的一半；在复苏时期，是发展战略的 2/3；在萧条时期是不愿采用的战略(占 1/3)。

（3）组合战略在繁荣时期是最受欢迎的战略，占增长战略的 1/3，而在其他时期不常采用。

（4）增长战略在繁荣时期也是最常采用的战略，占总数的一半以上，复苏期，采用的频率相当，而在萧条时期，只占总数的 1/3。

（二）战略选择案例

1. 河南出版集团多元化之路案例

（1）成为中原文化产业的领军者

河南是传统文化大省，中华民族 5 000 年的灿烂文明发源于此，但文化产业的发展却一直缓慢。为了实现这一转变，河南省委、省政府提出了由"经济大省"向"经济强省"跨越、由"文化资源大省"向"文化强省"跨越的两大战略目标。2004 年 3 月 28 日，肩负传承中原文明、大力发展河南文化产业重任的河南出版集团挂牌成立。由 158 家成员单位、两万余人组成的河南出版集团，是以图书、报纸、期刊、音像、电子出版物的出版、印刷、制作、发行、版权贸易为主业，编印发一条龙、产供销一体化的大型综合性文化产业集团，是河南省目前最大的文化产业集团。

集团成立三年多来，共实现经济总量 270 亿元，完成销售净收入 197 亿元，上缴国家税金几亿元。截至目前，集团资产总额达到 61 亿元，所有者权益 26 亿元。经中国企业联合会和中国企业家协会评定，集团综合实力位列 2006 年中国服务企业 500 强第 150 名和全省百强企业第 17 名，也是河南省入围全国服务业 500 强的 6 家企业中和全省百强企业中唯一的文化类企业。

谈起未来的发展愿景,集团管委会主任邓本章向记者透露,在集团战略发展的棋局上,他们将通过创新出版体制、完善产业体系、调整出版结构、转变增长方式、拓展发展领域、培育核心竞争力,形成主业突出、特色鲜明、多元互动、良性发展的出版产业新格局,推动出版产业的"又好又快"发展,确保到"十一五"末实现销售收入 80 亿元,年经济总量突破 100 亿元,努力把河南出版集团建设成为以教育出版为主线,以图书、报纸、期刊、音像电子出版物的出版、印制、发行、出版贸易为主业,以相关多元化发展为支撑,在国内同行业中具有较大规模和较强实力,在国际上具有一定竞争能力,出版体系完善、出版机制先进、出版产业发达、出版产品丰富、出版人才辈出、出版效益显著的一流的现代出版产业集团。

(2) 当先进文化的传播者

出版工作是中国特色社会主义事业的重要组成部分,是党领导的意识形态部门和重要的宣传思想阵地,也是建设社会主义先进文化和传播先进文化载体的组织者。作为意识形态重要的组成部分,稍有不慎,就可能给党和国家造成难以挽回的政治损失。河南出版集团一直把确保出版工作安全当成第一位的重大问题。严把"入口关"和"出口关",成立 3 年多来,图书出版没出现过内容质量问题,确保了正确的出版导向。邓本章说,集团的改革发展像"嫦娥一号"的帆板那样始终保持三个面向:一是"嫦娥一号"始终面向太阳吸取能量,确保运转方向,集团始终面向党汲取力量,确保正确的出版方向;二是"嫦娥一号"始终面向月球进行科学探测,集团始终面向国内外出版物市场,根据市场需求提供更多更好的内容产品;三是"嫦娥一号"始终面向地球传输科学数据,集团始终面向读者,根据读者搞好服务,不断满足广大人民群众日益增长的精神文化需求。

在这个思想指导下,河南出版集团出版了一大批内容精良、读者喜爱、市场畅销的优秀出版物:《邓小平手迹选》、《人民记者穆青》、《中国琥珀昆虫图志》等荣获中国图书奖,《中国传统工艺全集》荣获国家级最高奖"中华优秀出版物奖"图书奖,《幻河》荣获"茅盾文学奖",《洛阳与中国书法》、《河南书法年鉴》获"中国书法兰亭奖",《冯骥才分类文集》、《天边的彩虹》、《笨笨熊学成语故事》三种图书被评为"中国最美的书",并代表中国角逐"世界最美的书"评选。《销售与市场》、《寻根》、《名人传记》被列入全国百种重点期刊。《中学生学习报》每期发行量突破 1 000 万份,是全国发行量最大的教育类报纸之一。《书法导报》根植于"书法大省"河南深厚的文化沃土,被誉为"中国书法篆刻第一报"。集团下属 10 家图书和音像电子出版企业,自集团成立三年来共出版图书、电子音像出版物 16 000 多种,总印数 11.8 亿册,发行报刊 9 亿份,共获得各类国家级和省部级奖励 300 多项。

(3) 做服务社会的奉献者

在做好出版本职工作的同时,河南出版集团积极服务社会,承担责任,为社会主义精神文明建设作出了应有的贡献。

河南是农业大省,农村人口全国第一。河南出版集团针对农村实际,提出了出版"小、薄、朴、实、廉"和"让农民买得起、读得懂、用得上"的新农村出版工作要求,10 家出版企业遴选出适应广大农村读者阅读的出版物近 2 500 种,内容涉及新农村建设、农民科普、农民工岗前培训、特种养殖、疾病防治、农民维权等方面。他们按照"专业化书目、标准化服务、品牌化经营、规范化管理"的要求,策划了"新农村书屋"建设工程,并在国家工商总局注册了"新农村书屋"标识。截至目前已在全省 18 个省辖市、70 个县(市、区),建成"新农村书屋"534 个,配备各类图书价值 1 170 万元码洋,向周口、安阳、信阳、三门峡等农村、"南水北调穿黄工程"的多所中小学校捐赠 21 万册、320 多万元的出版物。河南的"新农村书屋"惠农利农工程在全国引起强烈反响,被列为河南省农村精神文明建设十件实事之一,得到了中宣部、国家新闻出版总署和省委、省政府领导的充分肯定和高度评价。

"新农村书屋"所到之处,受到了农民读者的普遍欢迎。武涉县大封镇大司马村是焦作市最大的村,有近四万人,农村书屋刚启动时,借阅时间是晚七点到晚十点,每次光是青少年学生就把书屋围得水泄不通,为了方便学生看书,该村规定星期天、节假日全天开放,以满足图书借阅要求,目前该村的借阅率已达到 95%。

在为读者提供更好的服务方面,河南出版集团也走在了全国的前列。集团所属的省新华书店在全国率先创办新华天缘读者俱乐部。通过店校联办、社区联办、店企联办、优惠购书、特购服务、购书会员制、全省一卡通等方式,目前会员人数已突破 150 万,总营业面积达到 76 万平方米,共建成读书网点 1 218 个,是目前全国会员人数最多的读者俱乐部和国家确定的读者俱乐部示范基地。

河南省的读者俱乐部建设受到各级新闻媒体的高度关注,中宣部和新闻出版总署多位领导先后到这里视察指导,给予了充分肯定和表彰。国家新闻出版总署一位负责人称河南出版集团的"读者俱乐部建设是促进社会主义精神文明建设的重要举措,是繁荣新闻出版发行事业的重要举措,是服务基层、服务农村、服务社会主义新农村建设的重要举措,带有开拓性的意义,非常值得肯定"。

2. 长江出版集团的品牌建设和多元化经营之路

(1) 品牌建设

组建于 2004 年 10 月的长江出版集团,实施企业化、公司化、产业化的运营新模式,整合资源、强化品牌,仅用不到 3 年的时间,从集团成立时的资产总额 26 亿元,发展到如今的近 40 亿元资产,将一个年轻的出版集团做成湖北省出版行业的龙头老大,成为湖北省发展文化产业的亮点。

拥有 119 家子分公司、控股公司的长江出版集团,在深化文化体制改革的基础上,经过近三年的改革和发展,在做大、做强出版主业的同时,兼顾发展其他相关产业,稳步推进整体转企改制,按照市场经济的规律实行企业化规范运作,全面建立以绩效考核为主体的目标责任体系,"干部能上能下,职工能进能出"的用人机制,造就了一个生机勃勃、活力四射的长江出版集团。然而,这个年轻的出版集团并不满足于在出版市场的稳步发展,克服制约出版产业发展的体制弊端与机制障碍,进一步解放和发展出版生产力,使集团向着"打造成中国一流的出版传媒集团,成为中文媒体领域具有高成长性和国际竞争力的内容产业供应商和服务商"的目标稳步前进,以整体实力和创新精神不断延伸文化产业链,取得了一个又一个可喜的成就。

早在长江出版集团成立之初,集团党委就提出了"一主三翼"的工作思路和战略目标,以提高有效的市场占有率为主,强化大众出版,优化教育出版,合理化专业出版。集团旗下的各出版社不断强化特色定位,促进了核心竞争力的提升,出版了大量具有良好社会反响与市场效益的精品图书。据不完全统计,2004 年以来集团各出版社共有 300种图书荣获中宣部"五个一工程奖"、中国图书奖、茅盾文学奖、湖北图书奖、全国优秀畅销书奖等。长江文艺出版社出版的长篇历史小说《张居正》,自推出以来受到各方好评,获得了茅盾文学奖。

长江出版集团旗下的各出版社已形成了自己的特色优势出版版块。如湖北人民出版社的文史读物,长江文艺出版社的畅销书、历史小说、当代长篇小说,湖北教育出版社的新教辅和读书活动用书,湖北美术出版社的美术高考图书和美术教材,湖北少年儿童出版社的革命传统教育类读物,湖北科学技术出版社的医卫生活类图书,湖北九通电子音像出版社的儿童教育类音像制品等,都已形成了良好的品牌影响力。

集团旗下以长江文艺出版社为代表的 12 家出版成员单位,图书出版的市场占有率稳步上升,特色定位成效显著——集团图书零售市场总体排名跃升为全国第六位。在如今全国文艺图书市场上,长江文艺出版社的地位位居前列,排名第二。湖北美术出版社在全国美术图书市场的占有率,位居同类出版社前列,排名第一。

(2) 内联外引

长江出版集团于 2005 年 12 月与民营公司湖北海豚卡通有限公司共同出资 3 600万元组建了湖北海豚传媒有限公司,集团以 51％控股。原海豚卡通有着丰富的少儿图书制作经验,在省内外市场上已经具有良好的品牌形象,占有较大的市场份额,具有一个文化企业成熟的运作模式和一套较为科学的管理体系,且有一支优秀的管理团队和员工队伍,建立了良好的管理体制和激励机制,通过在市场上多年的摸爬滚打,积累了丰富的市场运作经验和优质的出版资源。对成功购并湖北海豚卡通,长江出版集团总经理王建辉在接受记者采访时说:"长江出版集团诚心向优秀的民营企业学习,此举是将集团资源优势与民营企业的管理优势、渠道优势进行了高位嫁接。"短短一年多时间,湖北海豚传媒有限公司就推出了品位高尚、制作精良的"世界文学名著典藏"(110 部)、"中华国粹经典文库"(80 部)等大型丛书,取得很好的社会影响。

2006 年 4 月,集团在原长江文艺出版社北京图书中心的基础上,整合优势资源组建了北京长江新世纪文化传媒有限责任公司。新公司以面向市场打造精品畅销书作为工作重心,尝试用新的经营体制与理念,进行市场梯级营销管理,实现了经营的高效率、高回报、高产出、低投入模式,发挥了北京图书中心的信息收集、畅销书策划、人才培训、窗口交流等功能。在全国近 600 家出版企业中,使用长江文艺出版社品牌,由北京长江新世纪文化传媒有限责任公司策划运作的文艺类畅销书占了近10％的比例,在文学图书市场上形成了"北有人民文学,南有长江文艺"的口碑,持续引领国内畅销图书市场。

湖北海豚卡通有限公司2007年上半年发货10 218万元、回款3 160万元,发货同比增长了40％;北京长江新世纪文化传媒有限责任公司1—6月份发货7 400万元,同比增长了206％;回款3 405万元,同比增长了172％。两家公司在短时间内的跨越式发展,不仅使集团的国有投资实现了保值增值,扩大了集团的品牌影响力,增强了集团出版主业的实力,而且其先进的经营模式对于提升集团整体的出版竞争力,实现集团产业化发展,也将起到直接的示范与带动作用。

(3) 多元拓展

长江集团以投资、参股等方式实行多元化项目拓展,努力实现主业突出、辅业强劲发展。集团加大了产业结构调整的力度,重点加快报刊产业发展,创办了服务主流社会人群的日报《长江商报》。《长江商报》办报特色初显,报纸质量越来越高。发行工作和广告工作也取得了长足的进步,上半年报纸实发数完成计划任务的93.98％,广告收入超过计划数。2007年是《大家文摘报》"百万工程"决战年,报社确保领导有力、财务支持到位、编辑质量提高、营销活动得力,使"百万工程"取得可喜的进展。目前,《大家文摘报》实现了周发80万份。教育报刊社的《小学生天地》保持百万大刊的发展实力。

在数字出版方面,集团成立了数字出版部,统一协调集团单位的数字出版工作,并建立若干数据库,做数据资源的整合。目前,有的出版企业已经建立了自己的商务网站,这些网站不仅起到宣传作用,也可以实现在线图书销售。

集团进入房地产业,投资的两个房地产项目正在有序推进。集团还进入物业管理领域,投资控股的长江东光物业公司积极开拓市场。

(4) 走向世界

集团实施"走出去"战略,加强版权输出的力度。集团成立以来,所属出版企业引进版权品种323种,输出品种近百种,输出版权收益达24 975万美元。由北京长江新世纪文化公司推出的《狼图腾》一书,不仅创造了销售200多万册的奇迹,而且创下了我国出版业版权输出贸易中版税率、预付全额等多项第一,目前实现了全球25种文字版权贸易中德、法、意、荷等16种语言文字的代理,全球英文版将由英国企鹅出版集团面向全球发行。集团与湖北日报报业集团共同出资组建长江崇文国际文化交流股份有限公司,还控股组建了长江包装公司,开拓了国外市场。

2007年是集团改革发展关键的一年。集团把这一年定位为"四个年",即和谐社会开局年、转企改制实质年、主业发展突破年、各项工作成效年,这"四个年"名副其实。这一年,集团整体转企改制即将进入实施阶段,实施方案已经制定完成,确定了集团整体转企改制的指导思想、基本原则和工作目标,明确了工作任务。

王建辉博士是业内有名的出版专家兼学者,同时在管理企业方面也有独到的见解。他在接受记者采访时说:"我是像做学问一样干出版,要付出智慧和心血。"的确,长江集团成立后的2005年,集团的利润总额比成立集团前的2004年增长了37％;2006年,受教材降价政策影响，集团经营十分困难，但仍取得了利润总额同比增长 7% 的成绩；2007 年上半年，各个单位经营情况好于往年，集团盈利水平明显好于 2006 年同期，排除不可比因素，利润总额有较大幅度增加。

　　三年的改革与发展，长江出版集团坚守使命与方向，风雨兼程，争听发展文化产业破晓之啼，以改革促发展，在改革中改出活力、实力、竞争力，在探索文化产业新思路中，谋先机、谋出路、谋宏图。

第八章　出版企业人力资源管理战略

第一节　出版企业人力资源管理的战略思考

拥有人力资源并不意味着就能时刻发挥出巨大的效能。如果不从战略的角度对人力资源进行分析与利用,而是采取短视的行为,那么,要想使人力资源发挥出最大的效能、保持现有的竞争优势将是很难的。人力资源是企业整体劳动力的知识与技能,根据企业现状与未来的发展战略目标,必须对人力资源进行整体上的战略考虑。

人力资源战略是指根据企业的总体战略要求,为适应企业的生存与发展需要,对企业人力资源进行开发、利用与提高所进行的长远的、总体的规划与谋略。

出版企业人力资源战略是企业实现总体战略目标的重要一环,它是为总体战略目标服务的。所以,人力资源分析战略包括:发展人力资源的人才总量战略与人才结构战略;提高员工整体素质的员工培训战略;培养人才战略、创造良好环境战略。概括起来就是开发与优化结构战略、使用战略、评价与创造优良环境战略。

1. 人力资源的开发及其优化战略　由于外部环境的不断变化,如人们知识水平的不断提高,对专业书籍的需求呈现多样化、细分化的趋势。又由于出版企业之间竞争的日趋激烈,企业为求生存与发展,为抓住市场机会,必须适时地整合企业的各种资源,这包括了最重要的人力资源。开发人力资源战略包括如何得到人才、需要什么标准的人才、如何培训、如何优化人才结构的战略等。具体为:

(1) 满足企业岗位对人力资源的需求战略。即从长远的、整体的角度确定出版企业现在和未来所需要的岗位,从而确定出对员工的总需求量。同时,用发展的眼光来确定每个岗位所需什么标准的员工,这包括员工的知识水准和技能水准。对人力资源的需求,最重要的是对各种人才的需求。开发人才的途径很多,主要有:

第一,引进人才战略。如从国内外高等专业院校、科研机构、其他出版企业引进所需的编辑类、科研类、管理类等人才。环境所迫,要想获得竞争优势,在市场需求的引导下,文稿质量、发行方式、出版企业管理方法、营销手段、组织结构、企业文化等均需要有才能的人来操作,所以,引进人才是开发人力资源的重要战略步骤。

第二,借用人才战略。企业可根据发展需要实行人才的柔性流动。借用的人才并不将其所有关系转到企业,而是使人才及时地给企业出谋划策,提供技术帮助:"不求所有,但求所用"。如聘请高水准的作家来约稿;聘用知名度高的媒体人员,及时展示和推广发行的产品。

第三,自主培养人才战略。人才并不是只存在于企业之外。按企业发展的战略目标,制定企业中长期的人才培养目标,形成人才梯队,所以,出版企业可以按人才梯队的要求自主培养人才。一是做好"伯乐寻找千里马"的工作,如自主培养出高水平的采编人员;二是通过企业内的培训、以老带新、送出去学习等方式进行。如高等教育出版社的教材一直能保持优良的品质,其关键在于出版社集聚了大批高级编辑人才,并对培养工作很重视。

第四,员工整体的培养战略。在人力资源战略中,除了对人力资源总量上需求以及对相关人才的需求以外,随着出版企业内外环境的变化,对企业员工整体素质的需求也会发生变化,所以,除重要的、特殊的岗位需引进、培养专门人才以外,还需对普通岗位的员工做出战略培养的部署。如新岗位的增加、原有岗位新要求的提出、新的管理手段和方法的使用等,都需要让从事该岗位员工接受新知识、新技能,才能使员工适应企业生存、发展的需要。企业员工整体培养战略的措施主要有:聘请专家、学者来企业给员工分批培训;派员工外出学习、观摩;有目的地自学;进行网上学习等。

(2)人力资源的优化战略。高新技术的发展及其在企业中的普遍运用、管理手段的日益革新,在出版企业间的物化资源差异日趋缩小,更多出版企业难以形成自身竞争优势的条件下,更高层次、更强能力的人力资源是形成企业竞争优势的重要保障。如出版企业能敏锐察觉图书发行的变化趋势,能主动掌握和吸引现代的采编的人才,则出版企业真正形成自己的竞争优势才有保证。而人力资源结构是否合理,是否能满足企业发展的需要,这又是关键中的关键。如出版企业有非常优秀的编辑人员,却没有高水平的管理者,或缺乏高水平的设计人员,则企业生产出的服装同样难以满足消费者的需求,或企业难以获得高额利润。所以,出版企业人力资源的结构必须做出优化的战略思考。具体而言:

第一,优化的横向战略思考最高管理层→中间管理层→编辑部工作层的人才优化。即企业各管理阶层的管理知识、水平以及普通员工的技能和水平的优化。这包括:高级决策人才、职能部门的管理人才、研究开发新产品的人才、生产经营管理人才等。在横向的每一个层次中,既需要更高水平的管理人才,也需要高水平的具体操作人才。而这可以通过调整、引进、培养、有效的激励措施等达到横向人力资源结构的优化。从而使人力资源结构更适应企业发展的需要。

第二,优化的纵向战略思考。即每一层次内人力资源的结构优化。这主要体现在更高知识、更高才能人员比例的提高。包括掌握新知识、新技能、新的管理方法、手段、思维等人员比例的增加。同时,纵向的优化战略还应包括各层次内人员年龄结构的优化。这里的年龄结构优化并不一定是指年龄结构年轻化。一般年长者,其工作经验丰富、解决实际问题的能力更强些,处理问题更稳妥;年轻人,对新知识、新方法更感兴趣、更容易接受,其头脑中受条条框框的束缚少,创新、锐意改革的决心、信心更大。所以,企业更应从整体的战略的角度逐步改善人力资源的年龄结构,新老组合,如让年长的辅助年轻的人才,将有专长、业务能力强、事业心强、创新意识强的人才大胆提拔到主要岗位或重点岗位上,使各个层次内,既有经验丰富的年长者进行指挥和协助,也有年轻的起着骨干和带头的作用,从而达到新老交替、人才辈出的局面。

2. 人力资源的使用战略　对已开发的人力资源,如果不加以大胆有效的使用,则人力资源的知识、技能就不可能得到充分的发挥,同时还容易造成人力资源的无谓损失。企业有效的人才使用战略的实施,将为企业员工创造出良好的积极向上的环境,使人力资源产生更大的效能。人力资源的使用战略主要包括以下几方面:

(1) 人才提拔使用战略。根据企业发展需要,在对企业人力资源整体分析的基础上,应实施有目的的对相关人才进行重点培养、大胆使用的战略。人才提拔使用的战略标准是:德才兼备、锐意创新、事业心强、知识面广、责任心强。提拔的方式有:越级提拔使用、台阶提升使用、岗位轮换后提升使用等。如美国通用电气公司总裁经过多年考察、任命当时被认为最"离经叛道"的杰克·韦尔奇为公司总裁,从而创造了公司在收入与收益的一个又一个奇迹。

(2) 普通员工有效使用战略。企业除了大胆起用、提拔专门人才以外,对人力资源的大部分——普通员工,同样要实施重视使用战略,让员工感到企业是重视他们的,本企业是员工自身价值能得到实现的地方。根据马斯洛的需求层次论,每个人的需求各不相同,有生理需要,有安全需要,有社交需要,也有更高层次的尊重需要和自我价值实现的需要,所以企业管理者应充分大胆地使用他们,使普通员工有充分展示自己能力的舞台,使员工在实现企业的战略目标的同时实现自身价值。

有效使用普通员工的战略标准有:工作责任心强、具有相应的专业知识和操作技能、具有不断改革和创新的意愿和能力。普通员工的使用方式有:提供合适的岗位、鼓励岗位成才、鼓励小发明、小改革。在有效使用普通员工战略中,还应包括制定合理的激励机制。人是有感情、有思维的高级动物,其工作过程和结果都希望得到肯定,所以,合理的激励机制对调动员工的积极性和创造性、抑制不良风气有着重要的意义。同时企业还应创造良好的工作环境和倡导明确的企业文化,目的是使员工自身的目标与企业的目标有机地结合在一起,使员工能在宽松、愉快的氛围中发挥出更大的潜能,为获取竞争优势提供可靠的保障。

(3) 委以重任使用战略。即在原岗位给予更多的权力。如给予超出该管理层范围的职责、权力,而当出现问题时,其相关的责任则由上一级管理者来承担。又如:让专业科研人员参加到科技攻关课题小组之中,委以研究编撰新的教材、攻克技术难关的重任。当然,在委以重任使用战略实施要适当。如果给予的权力大大超过了被使用者现有的承受能力,则不但发挥不出其应有的潜能,反而会造成心理、环境对他们的负面影响;反之,如果给予的权力过小,又难以体现出委以重任的战略思路,无法起到企业大胆使用人才的目的。

第二节　薪酬制度设计和管理

薪酬体系的科学性是评价企业管理水平的重要指标之一。薪酬合理与否,直接影响到员工的工作积极性、创造性、企业认同感和职业满意度。随着出版业体制改革的深入,出版业薪酬管理这一重要的人力资源管理职能逐渐获得更多的关注。与其他行业相比,出版业由于其特殊性,其从业人员的薪酬透明度较低,但在出版业改革的过程中,在管理科学化、现代化的要求下,对薪酬制度的探讨则更为迫切和必要。

一、出版企业薪酬制度建设

薪酬是企业对其员工为企业作出的贡献所付给的相应回报,其本质是一种公平的交易或交换。员工付出努力,为企业作出了贡献,企业则付给员工相应的薪酬作为补偿。但是,薪酬又不仅仅是对员工努力工作的补偿,薪酬还体现了激励员工和调节员工配置的重要职能。薪酬成为很多企业吸引、保留和激励员工的重要手段,能够实现组织调动员工工作积极性、主动性和创造性,实现企业价值增值的重要目标。出版业薪酬制度建设同样需要遵循公平性、竞争性、激励性等原则。员工绩效与激励水平相关,而激励水平又与人的需求相关。在企业中,员工最基本的需求是经济需求,要通过工资实现。因此,企业薪酬管理的关键,是努力发挥其激励功能。另外,员工倾向于将自己的收入、付出与他人的收入、付出进行比较,如果两者的比例相等,就会感到公平;如果两者不相等,尤其是当自己从付出中所得的比率比别人低的时候,就会感到不公平,并力图纠正它。在一个企业中,员工关心的不仅是自己的实际工资水平,而且关心与他人工资的比较。因此,制定薪酬制度的关键因素不是出版单位给其员工多少薪酬,更重要的是如何设计和管理薪酬体系,并传递这方面的信息,让员工感受到这种薪酬制度的公平性,并体会到其中的激励性,从而更好地发挥自身积极性和创造性而努力工作。

在实践中,出版企业主要采用的薪酬制度包括工资制、年薪制、利润提成制、利润上缴制、股权分配制、工分制等多种类型。无论哪一种薪酬制度,其核心原则都体现了内部公平性,即在行业内、企业内反映了不同职务所获薪酬与其各自贡献的比值一致,也就是说,员工的贡献与其所得回报成正比。当然,各种薪酬制度也各有特点。年薪制的待遇要好于工资制,激励性更高,但是难以细致地考察和奖励员工的具体劳动。利润提成制能有效地激发员工的创收积极性,但风险较大,需要员工垫付大笔投入,组织凝聚力降低,出书质量和社会效益会受到一定程度的影响。利润上缴制的激励性较高,但同样也存在一定的风险。期权制在一定程度上发挥了薪酬制度的激励作用,但其本身是一种不稳定的风险收入,同时由于股票市值和企业效益常常不成正比,这种期权难以有效地调动员工积极性、培养其归属感和忠诚度。工分制能够量化员工的各项工作,协调公平和效益、个人和集体的关系,也不失为一种值得继续探索、完善的办法。

本节的案例中介绍了行业内某出版社较为成功的薪酬改革方案,新的薪酬制度废弃了原有的处级、科级等级,而细分各级各类职务,制定了"七级工资制"。该薪酬制度是以职位为主的职位薪酬制度,分级别,不唯职称。职称只作为能否进入职位的一个必要条件,在工资中不直接体现,但间接关联。每个职位都有其职位说明书,在应聘时公开,有相应的任职要求和任务认领要求。此外,该薪酬制度强调考核的公正性和公平性,并在职务基础上制定相应的考核标准,如,对副主任以下人员和中层人员采用不同的考核办法。另外,本节的案例对出版社薪酬制度的建设情况也有简单的介绍。

出版业为社会提供独特的文化产品,其行业性质也更多地体现为知识型密集产业的特殊性,这种知识型密集产业的特殊性也反映在其从业人员的薪酬制度上。知识型员工对薪酬期望具有多样性与综合性,反映在薪酬体系上,就是它不仅仅是一种简单地以工资、奖金为主体的物质激励方式,在物质激励的同时还包括了职位晋升、组织承认、职业发展等内容的综合性体系。

二、出版业薪酬制度的类型

目前,出版社拥有各种薪酬制度和考核方法,如档案工资制、九级三档制、年薪制、海氏评估法等,政策都是倾向重点岗位、关键岗位、贡献大的岗位和技术性强、策划力度大的岗位。由于年薪中包括年终奖金,而奖金又是根据年盈利情况而发放的,所以年薪不是定薪。而九级工资制,最关键的一点是出版社的最高领导不在第一级别,这样出版社领导与员工同样具有上升空间,但由于级别分档过于细致,容易造成中间断档,而在基层的 7、8、9 档的人员又过于稠密,竞争激烈,易产生资源内耗。通过广泛的调查,我国出版界的薪酬制度主要有以下的形式。

(一)工资制

在出版业体制改革以前,我国绝大多数出版社的性质还是事业单位,所以在薪金发放上采用国家的行业职级工资制度。国务院于 1993 年下发了《国务院关于机关和事业单位工作人员工资制度改革问题的通知》,明确规定包括出版行业在内的各事业单位的工资采用以职务工资为主的结构工资制,并将出版专业人员的工资分成助理编辑、编辑、副编审、编审四等,编辑类人员的职级工资在每个等级(层次)下又分成 10 档,最低为 392 元,最高为 1 570 元。一般情况下,每两年提高一档,职级工资增加十几元到几十元。此后,全国出版企业大都采用了这一工资制度,除对薪酬水平进行调整、增加了年终奖外,没有大的变动。在这种结构工资制的影响下,很多出版企业的薪酬都由四部分构成,即职务工资、岗位工资、年终奖加福利津贴。这种薪酬制度下的出版企业从业人员的工资水平并不算高,但奖金、福利很好,甚至超过了工资的数量。例如,在工资制下的某西部高校出版社编辑(已工作 3 年),基本工资比较低,但奖金较多,如季度超工作量奖金(超编一万字奖励几十元),效益奖金(固定)数百元,还有其他各种名目的奖励(如全勤奖)、补贴,合计每月薪金在 3 000 元左右。其他很多出版企业的情况也大同小异。

工资制的主要特点就是:收入稳定,福利较好,福利形式很多,但工资较低,且各级工资间的差别不大,不能有效地提高员工的工作积极性。因此,有建议认为,出版企业需要对原有的薪酬等级进行重新调整,减少等级的层次,加宽不同等级之间的薪酬调整幅度,以使薪酬制度简洁明了,并增强激励效果。有些出版企业采用了其他薪酬等级方式,也起到了类似的作用。如北京某教育出版社,将编辑分为策划编辑和案头编辑两种,策划编辑又分为首级、高级和一般策划编辑,案头编辑也分几档,岗位不同,薪金也不相同。

（二）年薪制

为了彻底解决工资制的烦琐冗杂，一些向企业化转变的出版企业（集团）借鉴了国外的经验，推行了年薪制，如外研社、湖南出版集团、江西出版集团等都先后提出或尝试施行年薪制。湖南出版集团在 19 家子公司中选出 7 家试行年薪制，以实现"一流的人才，一流的待遇"，并将职工的收益和单位的收益挂钩，使"收入和效益对称"。该集团也表示，将逐步实现员工年薪制，并以奖励期权的形式给员工一定的股份。

目前，年薪制在国内采用的还不很多，尤其是在出版领域，所以听起来很国际化，还主要适用于经营管理阶层和拔尖人才。一般来说，年薪制的待遇要好于工资制，年薪高才有激励机制，才能吸引人才。但正因为如此，年薪制在向员工队伍普及时有些困难，因为企业很难做到人人年薪都很可观，较之实行工资制时有明显上涨。这样，就难免流于形式上的改头换面，即年薪只是把每月的各项收入加在一块，变隐性为显性，很难提高员工的干劲。然而，年薪制具有简洁、透明的特点，在一些效益较好的出版社可以采用。但是同时需要注意的是，年薪制需要同时和其他相关制度配套使用，因为年薪制难以细致地考察和奖励员工的具体劳动，有粗放性的特点。如果员工能轻松地拿到稳定的年薪，就会缺乏向上努力的意志；或者，如果辛辛苦苦做了大量的创造性、附加性劳动，只拿到与别人等同的年薪，就会挫伤工作积极性。

（三）利润提成制

为了有效激发单位人员的创收积极性，一些出版企业，尤其是容易出畅销书的文学、艺术类出版企业，纷纷采用利润提取分成的办法。如某文学类出版企业，规定项目编辑在每年完成 3 万元纯利润指标的基础上，可以提取所创造毛利润的 15％，年底结算，平时做项目的花费由个人预付。

对于有能力的编辑而言，在这种制度下他们的收入将大大提高。但是这样编辑的工作会很辛苦，项目的各个环节都要亲自参与甚至主持，所谓"一竿子插到底"。而且很多前期资金投入要自己垫付，风险较大，大笔投入更难以垫付。在这种情况下，个人就会感觉到是被单位逼着"下海"，而难以感受到组织的温馨和集体的力量，整个出版企业也会因此削弱组织凝聚力，出书缺乏重点和方向。同时，在这种过于注重经济效益的情形下，出书质量和社会效益会受到一定的影响，出现什么书赚钱就做什么书的发展局面。

（四）利润上缴制

近些年来，有些出版企业把书号分配到编辑个人手上，每个编辑每年可分到 5—8 个书号。出版企业把书号作为资源，像土地一样"承包"到编辑头上，到了年终根据多少书号上缴相应的利润。例如某出版社规定每个编辑使用一定数额的书号，每个书号必须为社里上缴 2 万元利润，超出部分可以进行提成。如果有的年轻编辑没有用完自己的应得书号，余下的书号返回社里，出版社还会给予一定的补贴。

（五）股权分配制

目前我国内地出版企业中有不少家已涉足股权，如在各地创办了一些股份制的子公司,子公司的经营管理者往往是参股人,其收入与参股的份额紧密挂钩。此外,还有少数出版企业开始直接参股上市企业,如中国大百科全书出版社参股福建南纸、江西三家出版单位作为战略投资者参与晨鸣纸业新股配售等投资动向……这些出版社的经营管理者甚至内部员工,有条件通过风险投资获得股权收益。

还有一种时髦的股权分配形式叫做"股票期权制",即企业授权内部业务人员在未来一段时间内以较低的价格购买本公司的股票,或者以奖励或赠送的方式使相关人士拥有股权,从而在股票市场上获利。

期权制在国外较为常见,包括微软和很多大的出版公司(集团)都实行过。但微软已决定废弃这种激励和付酬方式,因为这项很不稳定的风险收入已引起了员工们的厌倦。由于股票的市值和企业员工的工作成果即企业效益常常不能成正比,这种期权难以有效地实现调动人员的工作积极性、培养其归属感和忠诚精神的初衷。

(六)工分制

有的出版企业还实行"工分制",即规定出版企业员工的基本分值是多少,达到什么条件加、扣多少分。如策划图书创造几万元的效益加一分,责任编辑相应加零点几分;一年发表多少书评加一分;项目组如完成任务,项目负责人和参加者分别加几分。年终时,根据各人所得分值进行考评、分配奖金。这种方法将员工的各项工作都尽可能地量化,尽可能地协调好公平和效益、个人和集体的关系,并不使个人直接受赤裸裸的经济利益的驱动,当然也不失为一种值得继续探索、完善的办法。

总之,由于多种原因,我国出版业的薪酬制度种类繁多,各种薪酬制度都反映了出版单位的管理者和员工对组织作出的贡献,并在不同程度上激励组织成员为企业长期利润最大化而努力,是调动组织成员的重要手段。

三、我国某出版企业的薪酬改革方案

在这,我们通过介绍在出版界薪酬改革中某出版企业较为成功的做法,为出版业薪酬管理和薪酬制度的建设提供一些参考。

(1)薪酬制度的演变

该出版社从1999年便开始改革,在原事业单位的基础上进行局部的基本工资和对应津贴的调整,这也是目前很多事业单位都在使用的办法。

2000年时已完全废弃原事业单位的薪酬制度。从2000年到2005年,共修改了3次薪酬体系,平均四年多修改一次,从按级别划分员工的制度到无级别的制度,又从无级别的制度回到按级别划分的制度。

2004年曾经实行的薪酬制度员工反应良好,但因激励机制不足,部分配套措施没有跟进,故而没有继续实施。

2004年实行的薪酬制度具体就是根据每个分社前两年的盈利情况,来给出一定工资额度。如系数为1,基数为2 000,那么工资为2 000元。将权力下放分社长和部门总编,那么分社领导会把有限的额度用到能够创造更大经济效益的员工身上,这样就形成"能力制胜"的局面。把系数分解到分社和部门,有利于有效调节能力、业绩、勤奋程度,

但其负面影响是造成全社工资极大的不平衡,如果当时有工资上限和下限就不会造成收入不平衡。

但 2004 年的制度是员工不分等级,不管是初级编辑、高级编辑还是策划编辑,统称编辑,有些副高级职称的人员也叫编辑,实践证明这种管理太粗放,这种没有级别的不平衡也会影响一部分人工作的积极性,故又回归到有级别的框框里。其实员工之间保持适当的差距,大家还是能够接受的。员工认为没有级别时只是从权钱上体现了人的工作能力,人还需要点"名",正所谓名利双收,从初级到中级再到高级这种跳级让人有荣誉感。

(2) 新薪酬体系

该出版社现行薪酬制度废弃了原有的处级、科级等级,只是在档案中仍然记录原事业单位的工资情况,只作档案工资,且每两年在档案中增长一次。将现有职位分为七个级别(见表 8-1)。

表 8-1　某出版社的职务级别表

级　别	职　务
一级	社长、总编辑
二级	副社长、副总编辑
三级	部门主任、分社长
四级	主任助理、分社长助理
五级	高级策划编辑、高级文稿编辑、高级主管
六级	策划编辑、文稿编辑、主管
七级	策划编辑助理、文稿编辑助理、主管助理

在这样的"七级工资制"中,文稿编辑与策划编辑相差 600 元,主管与文稿编辑相差 700 元。五级、六级、七级中的策划编辑之间、文稿编辑之间和主管之间都相差 800—900 元。

同样是编辑职位,根据学历、工作资历等情况,薪酬还是要具体细分。每一级别之间要求的工作年限差别都很短,一般低级晋升到中级需 2—3 年,中级晋升到高级需 3—5 年时间,这样为有能力的年轻人提供了充分的晋升机会。

在制定现行薪酬制度时,专门设计照顾老员工的办法,就是社龄补贴。1 年社龄为 45 元,如 10 年社龄则是 450 元,也就是每月补助 450 元。这项制度不适用于中层(部门主任)以上职务的人员,拿这项补贴最多的有 1 000 多元,有很多是每月 700 元左右的,但社龄只截止到 2004 年 12 月 31 日。

2005 年实行的这个制度是以职位为主的职位薪酬制度,分级别,不唯职称。职称只作为能否进入职位的一个必要条件,在工资中不直接体现,但间接关联。如高级策划和高级编辑是需要副高以上职称或研究生学历。总之一切薪酬待遇都与职位有关,是什么职位就享受什么薪酬及其他相关待遇。

任务"悬赏制"。每个职位都有其职位说明书,在应聘时公开,有相应的任职要求和任务认领要求。员工认领这个任务要有过去1—2年的工作业绩支撑,除了助理策划不需历史业绩,其他编辑和策划都需要,这种制度在内部也叫"悬赏制"。如策划编辑,一年必须完成12万元纯利润,每月工资约为5 000元;高级策划编辑一年完成20万元纯利润,超额完成的任务再次提成。

(3) 考核办法

副主任以下人员考核办法:不同职位有不同的考核标准体系。如策划编辑,首先考核是否完成预定任务,这项约占考核内容的90%,另外10%分别为完成协作情况、是否服从管理、与作者联络、审稿(个别情况)等方面。文稿编辑主要考核字数和质量,高级文稿编辑和中级文稿编辑每月完成55万字工作量,初级文稿编辑为每月50万字工作量。质量方面有质量管理规定,差错率超过一定比例则按责编、二审、三审以3∶2∶1标准进行处罚,因三审只是抽看,所以责任较小。

中层以上人员考核办法:部门主任和社领导则用另一套考核办法,以国资委制定的《中央企业负责人经营业绩考核暂行办法》和北京市国资委制定的《北京市国有及国有控股企业负责人经营业绩考核暂行办法》为依据,再根据社内实际情况来制定。办法从2005年1月1日起实施,还没有进行年终考核的实践。但这个办法适用于国有企业和国有控股公司的领导,而出版社把中层都视为社领导层。因国企经营额较大,而专业社较小,每年只能创收几百万元,与国企的上亿元或几千万元创收没有可比性,这样中层得到的实惠很小,反而压力增大。

考核的公正性在于考核标准的制定是否公正。薪酬的实施方式也同样影响员工对薪酬制度公平性的判断。保密式的薪酬政策往往导致员工对薪酬制度的不信任。但人们都有一种心理:总觉得自己干的比别人多,得到的比别人少。因而在薪酬公开的情况下,人们在这种心理的支配下就容易产生负面的心理效应,但保密的薪酬也会降低员工在薪酬比较中的成就感。

目前正在实行的新的薪酬制度,针对考核与绩效工资紧密挂钩方面体现不足。目前工资中60%为绩效工资,40%为基本工资,发生差错则在60%的绩效工资中扣除。但在实际执行过程中,由于考核有时效性,就造成60%绩效不能完全快速地体现出来,下一步需要改进的就是设法激活这60%绩效,与业绩、工作表现及短期工作行为等直接挂钩,并将60%的绩效工资部分再具体细分,以半年或3个月为一个考核周期。

四、某地方出版社薪酬改革

出版社职工主要分为两类,即事业编制和企业编制职工,薪酬多数不统一,有些差距较大,影响人才的引进。

出版社实行的是以岗位工资为基础、兼顾绩效的岗位绩效工资制度。员工的薪酬结构由四部分构成,即基本薪酬、绩效薪酬、加班薪酬、福利津贴。基本薪酬包括岗位工资和社龄工资;福利津贴包括保险、补贴、有薪假期及其他福利。

在工资制度的操作中，根据工作性质和岗位特点的不同，将员工分为行政管理、文案编校、策划编辑、销售人员、试用期和实习期人员、工勤人员和特聘人员共七个职系，不同的职系的具体实施办法又有差异。

目前在制度制定过程中，该出版社曾广泛征求了各方意见，员工反应基本是比较好的。制度的制定、实施使社里首先具备了一个比较完整的薪酬制度，体现了公平原则，也蕴涵着一些激励因素，"同岗、同工、同酬"原则基本得到体现。但是，在分配中仍然存在"大锅饭"的现象，透明度也比较差，不利于调动优秀员工的积极性。

理想中的薪酬制度是，薪酬结构比较合理，收入基本同工作业绩挂钩，收入具有可增长性，收入水平在业内具有竞争力。

第三节　出版企业创新机制的人力资源管理案例

近年来，山东出版集团深化事业单位转制、企业单位改制和资源重组，逐步消除现行制度中的各种弊端，形成了竞争和激励机制。

一、领导体制——双向进人、交差任职

集团公司按照现代企业制度要求，结合出版业自身特点，建立了党委领导与法人治理结构相结合的领导体制。党委成员分别进入董事会、经营班子和纪委会。通过交叉任职，履行双重职责，将党委的意图贯彻到企业的决策和经营之中，由此体现党管意识形态不变、党管干部不变及党管舆论导向不变的原则。在具体职责定位上，党委会是领导机构，管干部、管导向；董事会是经营决策机构，管决策、管战略；经营班子是执行机构，管生产、管经营；纪委会是监督保障机构，实施监督和约束。建立归属清晰、权责明确、保护严格、流转顺畅的现代产权制度，构建以产权而非行政为主要纽带的母子公司管理体制，明确了集团公司国有资产出资人地位和管理职能。

二、骨干人才选拔机制——以能力为主

1. 竞聘上岗、能上能下

在干部人事制度上，集团直属所有单位都采取了竞聘上岗、能上能下的机制。部门负责人全部竞聘上岗，对竞聘上岗者实行聘任制，并签订岗位目标责任书，年度完成岗位目标者进行续聘，完不成的解聘；年度考核过关的续聘，不过关的解聘。真正实现了干部能上能下，能者上、庸者让，打破了干部身份终身制，疏通了干部上下通道，而且岗变薪变，不在部门负责人的岗位，就不再享受部门负责人的待遇。

2. 干部竞聘、不设底线

集团一些出版企业在中层干部竞聘上岗中，提出了竞争不设底线，不论职称高低和工作年限长短，只要自己认为适合这个岗位，就可以参加竞聘，经评议合格即可上岗。上岗人员就职前要提供工作计划，年底总结述职，检查计划执行情况，对德、能、勤、绩、廉各方面的表现进行严格考核，根据考核结果确定分配标准和是否续聘，每两年重新竞聘一次。做到岗位能设能撤，干部能上能下，人员能进能出。在这种机制下，一批德才

兼备的年轻人很快走上了期刊主编、编辑室主任的岗位。

3. 重视培养、定期"赛马"

集团内一些企业重点培养职工技能,定期对职工进行思想教育和业务培训,提高职工的理论水平和技能水平。还制定了优惠政策,鼓励职工在职攻读大专、本科和研究生,完成学业后报销80％的学费。不少单位对中层干部实行竞争上岗,改"相马"为"赛马",凡符合条件者均可报名参加竞聘,竞聘者以竞职演说的方式,从德、能、勤、绩等方面介绍自己的优势、上岗后的工作打算以及对完成下达指标的承诺,然后由全体职工打分,根据得分情况,经研究后择优统一聘任,聘期为两年。

三、员工分配激励机制——以业绩为主

1. 因事设岗、以岗定薪

集团内一些单位按照因事设岗、因岗设人、以岗定薪原则,制定了《岗位绩效工资实施方案》,建立以岗位工资为主的基本工资制度。明确规定岗位职责和技能要求,实行以岗定薪,岗变薪变。岗位工资标准与企业经济效益相联系,与职工的岗位职责、工作业绩和实际贡献直接挂钩,真正形成重实绩、重贡献的分配激励机制。采取工龄、岗位和绩效相结合的混合工资分配办法,科学合理地拉开相应档次。

2. 岗位考核、有奖有罚

集团一些出版社专门成立了编、印、发及行政、财务人员组成的调研小组,在广泛征求群众意见的基础上,经过反复分析、调研、论证,制定了岗位目标责任制考核方案,每年进行修订和完善,使之更加科学合理。编辑室考核利润指标,包括基本任务、工作任务、目标任务。根据专业技术职务不同,其考核指标也不同,利润指标考核按毛利计算,有奖有罚。对发行人员的业绩考核,由原来的单项考核,改为按发货码洋、回款实洋、出差天数、退货率等指标的综合考核,定期对业务员公布排行榜,成为一种激励性很强的绩效考核手段,同时也为社领导实施动态管理、科学决策提供了依据。

3. 工资浮动、多劳多得

集团内一些企业在收入分配上彻底打破原来的工资收入体系,实现个人收入靠贡献,在什么岗位拿什么钱,加大"活"工资比重。职工收入由两部分组成,即月工资和目标责任考核兑现奖,其中月工资由基本工资、工龄工资、岗位工资组成,基本工资全体职工都一样,岗位工资为可变工资,依公司效益而定。然后由部门根据个人的贡献,确定部门内每个人的岗位,并且岗位每年调换一次,能者上,庸者下,不论资历深浅同一岗位拿同样的钱。职工"活"工资约占78％、"死"工资只占22％,贡献大的多得,贡献小的少得。

四、劳动用工机制——以技能为主

1. 依据特长、优化组合

在用工管理上制定目标责任,明晰岗位职责,实行依据特长、优化组合,全员竞聘的机制。集团有的出版社将社领导班子之外的全社职工原有职务、职称一律聘期截止,重新按社里的岗位设置,申请岗位和职称,打破部门间岗位、职称界限,每人根据个人特长

自由择岗、双向选择、优化组合；中层干部一律通过向全社职工大会演讲竞争上岗。实行一年一聘，完不成任务者末位淘汰制。通过这种方式提高全社职工的市场意识、责任意识。

2. 招聘人才、挖掘骨干

集团内有的出版社成立新的分公司，将国有出版企业的品牌、资源优势与民营书业的灵活机制、管理优势有机结合，从而提高该社教辅图书的市场竞争力。分公司首先在用人机制上进行了突破创新，上至总经理，下至区域经理、客服人员，全部进行公开招聘，打破身份界限，面向社会，重点面向民营书业从业人员招聘。对招聘的员工进行系统化的培训，为公司的高效运作打下了良好的基础。

3. 业绩考核、续签合同

着眼于员工队伍的优化，集团一些企业每年招聘一定数量高素质的大学生补充到各部门，见习期满后根据工作表现，签订劳动合同。对合同期满的职工，进行认真的考核，对业绩平平，不适应本职工作的职工经职代会通过，终止劳动合同；对严重违反公司规章制度和劳动纪律的职工，予以解除劳动合同。

五、制度建设机制——以强化管理为主

1. 强化管理、控制成本

近年来，山东出版集团制定了各类规章制度70多项，涵盖了干部管理、资产管理、收益管理、结构调整、资源整合、项目招标、后勤改革、信息化建设，以及监督考核等诸多方面，具有很强的针对性和可操作性，使方方面面的工作都有了基本依据。在对外投资、工程项目、资产处置、资产收益，以及经常性费用开支、印刷加工和大宗原材物料公开招标采购等方面，陆续出台一些规定，进一步控制了成本，降低了费用。

2. 精简机构、高效管理

集团直属图书发行单位本着"精简、统一、高效"的原则，进行了改革力度最大、涉及内容最广的一次深化内部机制改革。调整、精简机构设置，压缩、分流富余人员，管理岗位全员竞聘，对各部室、直属单位及其下设科级机构统　做了调整。按照管理和经营两大模块，大幅压缩管理部室。富余人员妥善分流安置到各经营单位，增强经营单位机构。

3. 优化机构、完善制度

根据市场变化，集团所属出版企业教材教辅的管理考核与一般书籍管理考核实行了分离，并且随着图书市场的变化，对机构设置进行了多次调整。针对图书印制工艺更新和图书销售回款过程中出现的新情况，制定实施了一系列管理规定，并在实践中不断加以完善和改进。

山东出版集团积极稳妥地推进体制机制创新，深化内部三项制度改革，基本形成了干部能上能下、人员能进能出、收入能增能减的管理机制，充分调动了广大出版工作者的积极性和创造性。

通过干部竞争上岗，引入和建立了激励竞争机制，拓宽了选人用人渠道，进一步调动了广大干部的积极性、主动性和创造性，提高了集团干部队伍的整体素质，形成了干事创业的良好局面。集团各单位实行目标管理和绩效考核制度，进一步建立健全了决策目标、执行责任、考核监督"三个体系"建设。集团所属事业、企业单位目前已全部实行聘用制和全员劳动合同制。新进人员一律采取公开招聘的办法，取得了良好的效果。招聘的人员在管理上实现了能进能出，按工作成绩、贡献大小进行分配，多干多得，少干少得，表现不好的聘用期结束即解聘。在良好的激励机制作用下，许多被聘用的部分员工现已成为单位的骨干力量。集团所属事业、企业单位的收入分配制度，重能力、重实绩、重贡献，实行以岗定薪，岗变薪变。从目前收入分配机制实施情况看，已经初见成效，并且企业单位比事业单位效果更好。

第九章　出版企业财务战略管理

实施财务战略管理,全面提升管理层次已成为目前企业管理最迫切的课题之一。所谓企业财务战略管理是以企业财务战略为对象的管理活动,是对企业从财务战略制定直至实施全过程的管理。它既是企业战略管理不可缺少的一个重要组成部分,也是现代企业管理的一个重要方面。因此,企业财务战略管理既要体现企业战略管理的要求,又要遵循企业财务活动的基本规律。

目前我国出版业正处于历史发展的关键时期。现阶段,我国中、小学教材出版发行采用招标制、免费教材的发放、循环教材的使用、教辅征订目录的取消等,将大幅削减出版业的利润,出版格局将会发生深刻变化。科学技术的进步,尤其是信息网络技术的发展,催生了互联网、手机短信等新兴媒体,这些媒体对传统出版业构成了很大的挑战,挤压着传统出版业的发展空间。在这种生态环境下,出版业如何才能更好地寻求发展呢?本章在介绍如何进行财务战略管理的同时,通过辽宁出版传媒上市的案例以及财务分析方面的经验或做法,也希望能给其他出版企业一定的借鉴和启示。

第一节　加强财务战略管理的意义

1. 财务战略管理是企业提高竞争能力的重要途径,随着经济体制改革的不断深入,企业的生存与发展将面临新的境况,带来很大的竞争压力。面对日趋激烈的国际竞争市场,创造经济效益,弥补发展资金不足,已成为企业增强自身竞争能力、立于不败之地的唯一途径,这就对企业传统的财务管理模式和方法提出了新的挑战。

2. 财务战略管理是企业规避财务风险的有效措施

当前经济发展全球化趋势日益明显,竞争激烈昭然若揭。能否在激烈的市场竞争中获胜,要看企业的经营管理能力和财力状况。经营管理水平的高低、财力大小为企业在行业竞争中获胜提供了坚实的后盾。这就要求企业不断增强经营管理水平,降低营运成本,提高投资决策的科学性,从而增强企业的竞争能力。在对外交流合作过程中,要制定防范风险的有效措施,规避经济全球化带来的不利因素,努力提高经济效益,以在激烈的市场竞争中立于不败之地。

3. 财务战略管理是解决企业财务问题的有效手段。企业财务战略管理是企业发展战略的重要组成部分,它通过加强企业预算管理和会计核算等财务管理活动,制定合适的企业财务管理策略,解决当前企业的各种资金、财务问题,并根据变化调整财务战略,保持其与企业战略的动态协调。这对企业长远发展具有深远意义。所以,企业财务战略管理是应对中国企业现金流的冲击以及多变的外部环境的有力措施。

4. 财务战略管理是提高企业的预见和适应能力的有效内容

财务战略管理是依据现在的客观实际,科学预测未来的经济活动。它通过对未来环境的预测、分析,勾画出企业财务系统如何积极主动地应对不断变化的国际国内环境。事实告诉我们:只有充分掌握企业内外环境才能在企业的筹资、投资、利润分配等方面做到合理、高效,才能更好地适应未来,在未来的竞争中立于不败之地。

5. 实施财务战略管理有利于提高财务管理人员素质

优秀的财务管理人员能通过对财务战略的决策与选择、实施与控制、计量与评价等活动进行全局性、长期性和创造性的谋划,提高企业防范和化解财务风险的能力,进一步增强企业发展实力,切实提高企业经营管理水平,保持企业和经济平稳、健康、长远发展。因此实施财务管理战略,对财务人员素质提出更高的要求,迫使财务人员努力学习新的业务知识,增强成本意识和效益意识,不断提高管理能力,以适应新时期的管理需要。

第二节　企业加强财务战略管理的具体措施

在目前竞争压力加剧的环境下,企业应做好财务管理战略的制定工作,通过加强财务管理来提高自身的竞争力,以扭转企业因资金周转缓慢,成本过高而利润较低的境况。

1. 进一步加强财务人员专业素质

企业财务战略管理水平的高低直接影响自身的经营效益。拥有一支政治素质过硬、业务精通的财务人员队伍,对企业应对当前国际国内激烈的市场竞争尤为重要。为适应复杂的竞争形势,增强财务管理水平,必须进一步提高财务人员队伍的综合素质,在提高财务分析人员专业素质的同时,还要掌握其他行业的知识,不仅要具有较高的财务分析能力,还要掌握一定的计算机操作技能,并扎实工作,充分发挥管理职责,才能适应不断发展、变化的内外环境。

2. 实行精细化管理

(1) 高度重视企业现金流

资金是企业命脉,是企业的血液,是企业生存的生命线。稳定充足的现金流,是企业稳健经营和实现持续发展的重要保证。足够的现金可以维持生产经营所需,足够的现金流是进行技术创新、开拓新市场、建设品牌的先决条件,它才是企业在激烈的市场竞争中站稳脚跟的坚实后盾。因此企业管理层必须加强现金流管理。

(2) 加强应收款管理,加速款项周转

要从强化应收款管理入手,提高预收账款比例,减少预付款金额,加强应收账款风险预警预报,采取积极的手段,加快应收款的管理,降低呆账坏账风险,加速资金周转,从而为企业营运提供资金保障。

（3）采取多种手段融资

在融资方面,企业除了向银行贷款以外,还要积极运用票据、债务、信托、融资租赁、售后回租等方式进行多渠道融资,要尽量避免将短期资金投放到长期项目上去。

（4）加大新技术、新产品的市场投放力度

要积极创造条件,为技术革新提供支持、为新客户的开拓进取保驾护航,并从战略高度重视"软实力"的投资,提高企业核心竞争力。

3. 加强预算管理

编制合理的财务预算控制战略能使资金流向更具方向性和目标性,能统筹安排企业有限的财力,提高资金使用效益。因此应高度重视预算管理工作,注重预算编制的科学性、完整性,在支出费用管理和物资购置上要严格按预算执行,对预算的调整要有严格的审批手续,以切实将财务预算控制战略落到实处,发挥出应有的作用。

4. 适应时代要求,树立全员财务管理新观念

（1）加强对员工的人文关怀

重视人的发展与管理的关系是现代管理理念的核心思想,是企业管理水平提高的根本途径,也是未来发展的基本趋势。企业注重对人的激励和约束,充分调动人的积极性、创造性、能动性。这是有效地开展财务活动、实现财务管理目标的前提和保证。

（2）实现人企共赢目标

在知识经济时代由于信息的网络化、科学技术的综合化、经济的一体化,财务管理人员在财务决策和日常管理中,只有善于抓住机遇,从容应对挑战,才能在激烈的市场竞争中实现自身的价值,同时促进企业效益的提高,从而实现共赢。

（3）通过信息化管理,提高财务信息利用率

企业以计算机网络为平台,及时把相关的信息发布在自己的网站上,财务报告使用各方可通过网络随时查询企业的财务信息,为决策提供方便,从而提高会计信息的效率和使用价值。

（4）做好企业财务分析

随着国内市场经济体制的进一步完善,企业财务制度管理也趋于制度化、规范化。在市场经济的大背景下,企业的生产经营活动面临多重考验。财务分析有利于经营管理者更清晰地了解企业的现状,科学预测发展前景,具有十分重要的意义。因此,在当前形势下为使企业长久保持竞争优势,必须高度重视,扎实搞好做好企业财务分析工作。在面对激烈的国际国内市场竞争的环境下,企业只有进一步加强财务战略管理,优化资源配置,不断降低生产成本、强化预算管理,加速资金周转,才能有效规避经营风险、提高经营管理能力,从而提高企业的市场竞争力,推动其更好更快地发展。

第三节 辽宁出版集团上市筹资案例

辽宁出版集团成立于 2000 年 3 月,以产业链为纽带,将下属 23 个编辑、印刷、发行等成员单位改组为全资子公司、控股公司和参股公司,集团获得授权经营成员单位的国有资产。2003 年 6 月被列为全国文化体制改革试点单位后,辽宁出版集团积极深化改革,探索出版产业的发展规律,围绕图书出版主业,打造新型市场主体,在中国出版界脱颖而出。2007 年 12 月 21 日,辽宁出版传媒股份有限公司作为中央文化体制改革试点成功上市,这是中国出版业改革的最新尝试和重大突破。

辽宁出版传媒能在上市中取得突破,是与辽宁出版集团多年来坚持体制改革所取得的成果密不可分的。辽宁出版集团是国内出版界第一家在体制上实行政企分开、政事分开,借鉴现代企业制度规范运作和第一家获得国有资产授权经营,拥有法人财产权的出版产业集团。集团遵循市场规律,以现代企业制度来规范和理顺集团公司和成员单位以及全体职工一系列的基本关系。建立起坚持正确出版方向,预算管理、财务运行、市场营销等配套运行、行之有效的现代出版管理制度,保证了产业运行。辽宁出版集团在确保出版导向和社会效益第一的原则下,在三个方面确立了集团的市场主体地位:第一,实施了出版结构调整、资产重组、资源优化配置;第二,建立了适应市场经济需求的所有权、控制权、经营权、收益权明晰的产权制度;第三,形成了符合市场经济的权能结构和有效的企业治理结构。

国家政策规定,出版集团的编辑业务和经营业务应从机构设置上分开,经国家新闻出版总署批准,其经营部门可按现代企业制度的原则组建成有限责任公司或股份有限公司,吸纳国有企事业单位的资本,集团和有关出版单位的国有资本应不低于 51%。经中宣部和国家新闻出版总署批准,试点发行集团可吸收国有资本、非国有资本和境外资本,集团国有资本应不低于 51%。条件成熟时,可申请上市发行股票募集资金。按以上规定,出版集团只能把经营部分拆分出来上市。内容和经营拆分后,不可避免地形成一个奇特的现象,即上市后经营性公司的经营链条不完整,本质上甚至不是一个完整的企业。

辽宁出版集团上市最受资本市场关注的是在全国首家成功实现编辑业务与经营业务的整体上市,形成了一体化产业链优势,使出版产业链的出版、印刷、发行、物资供应等多个环节形成整个产业的价值,并通过市场销售最终实现整个产业及各环节的价值。出版产业链是一条合作链,尤其是出版、批发和零售环节,产业链上下游虽然作为相互独立的市场主体存在着利益的相互博弈,但上下游之间同时又是市场共有、利益共享的共同体,在业务上具有较强的互动效应。在辽宁出版传媒的现有业务架构中,除印刷环节采用外购形式外,公司同时拥有图书的出版、批发、零售、物资供应和相关优质资产,形成了较为完整的一体化产业链条优势。

出版集团想要在激烈的市场竞争中站稳脚跟,提高市场竞争力,不得不扩大规模,引进人才，投入新的资金；而要想在短时间内做大做强，更需要大量资本的投入，因资本运营在融合资本方面的优势和能力，无疑是最佳的选择。出版业资本运作对象是资本，即其一切运作都是通过资本这个纽带实现的，因而资本运作可以为我国出版业的深化改革与产业化、集团化提供很好的运作平台，其特征是价值管理，即追求资本的最大化，而不仅仅是通过对出版物的经营获取利润。资本运营的主要作用是以扩展业务和增值业务从资本市场上融资并盈利，从而实现国有资产的保值增值。就整个媒体产业而言，则有利于调整产业结构，整合产业资源，提高产业整体效益。

公司明确上市首批募集的资金，将主要用于"设立辽宁出版策划有限责任公司"、"辽宁北方出版物配送有限公司增资项目"、"北方图书城北方区域出版物连锁经营体系项目"、"补充中小学教材出版发行流动资金项目"共四个项目。这些项目指向明确，集中在公司最擅长的主营领域，并且前期已经具备较好基础，资本市场上募集的资金将使这些项目如虎添翼，从而获得较为理想的收益。这也将突破公司目前主要涉足单一媒体经营业务的局限，加快向多层次、跨媒体、跨地区方向扩张的步伐，推进公司成为"方向正确、主业突出、品牌名优、综合能力强的大型出版传媒集团"和出版传媒业第一家战略投资者。

而后由辽宁出版集团有限公司重组改制设立的辽宁出版传媒股份有限公司，拥有辽海出版社、辽宁美术出版社、辽宁科学技术出版社、万卷出版公司和辽宁电子出版社5家出版社，还有5家发行企业、2家票据印务和印刷物资供应企业。在中宣部、新闻出版总署、中国证监会和辽宁省委、省政府的全力支持和推动下，于2007年12月21日在上海证券交易所"敲锣"挂牌上市，首日上市收盘报19.93元，涨幅飙升329.5%。

辽宁出版传媒成功上市所探索的既坚持正确出版导向和文化安全，又按资本市场规律、规则和上市的规范化标准运作；既坚持出版业的意识形态特殊属性，又严格遵循证券市场规则；既保证社会效益，又获得良好经济效益；既确保国有股权保值增值，又给机构投资者和广大股民良好回报；以及进入资本市场的一系列的创新和尝试，对全国出版产业进入资本市场，提供了有益的借鉴，具有较强的示范效应。这既是中央文化体制改革的一项重要成果，又是出版产业改革和发展的突破。

出版传媒企业，是精神文化产品的生产者和推广者，既要通过有形产品的生产销售，获得经济效益，还必须通过对无形产品——先进文化的弘扬与引领，获得社会效益。

整体上市后，资本运作是否会影响其社会效益的完整体现呢？

对此，"出版传媒"的有关负责人表示，公司所追求的，是经济效益和社会效益的"双赢"，同时确保导向正确。

为此，"出版传媒"做出了具有创新性的制度安排：

首先，"出版决策权"与其他编辑业务分离，由辽宁省出版行政管理机构辽宁省新闻出版局直接控制。公司的选题管理机制，对上市出版企业的选题进行严格把关。

其二，确立国有资本绝对控股原则，确保国有资本对上市公司的绝对控制力、支配力和影响力，在公司章程中明确设立条款应对上市后再融资时股本及经营决策权被稀释的变化。

其三,把出版业的意识形态特殊属性和社会效益第一的原则充分体现在法人治理结构之中。集团公司党组织在内部采取垂直管理方式,公司各子公司、分公司和本部都设立了规范的党组织,隶属于集团公司党委。

其四,借助"先发优势"实现做强做大。

"出版传媒上市不是最终目的,上市是又好又快发展的一个重要途径和实践过程,目的是充分利用在全国出版业首家上市试点获得圆满成功的先发优势做强做大,成为出版传媒的战略投资者。"任慧英对记者说。

辽宁出版传媒上市后,将以资本为纽带,不断提高资本运营能力和效益,通过重组、并购、品牌经营等手段,实现由单一出版经营向生产和资本运营的新高度跨越,扎扎实实地将募集资金主要用于辽宁出版策划公司项目、与亚马逊卓越网合作项目、北方出版物配送有限公司电子商务全面升级改造项目、北方图书城扩展连锁经营体系项目,以及补充中小学教材出版发行流动资金项目等,发展出版主营业务,全力取得良好收益。以及规范推进经国家有关管理机构初步同意的目前在出版集团公司内的四家出版社,在条件成熟时,通过增发或收购等方式并入上市公司,使辽宁出版传媒出版主业更加突出,结构更加合理,门类更加齐全,品种更趋完整,核心竞争力更具强势。全力在资本市场上以良好的业绩给投资者满意的回报。

新年伊始,辽宁出版传媒图书出版主营业务便"抬头见喜",万卷出版公司推出韩寒新作、杂文集《坛》和韩寒父亲第一本书《吾儿韩寒》,辽宁科技出版社推出全国各院线正在热播影片《投名状》的同名电影漫画图书和搞笑版《投名笑状》,辽宁科技出版社按照国外订单需求,"量身定制"出 2008 年第一批 18 种"走出去"图书,辽宁网塔斯曼图书发行有限公司继成功运作赵启正撰著畅销书《在同一世界——面对外国人 101 题》之后,其姊妹书英文本《在同一世界——面对中国人 101 题》获得国务院新闻办公室首批集中采购 10 000 册订单。

辽宁出版传媒将按着十七大提出的文化建设大发展大繁荣的新要求,突破目前主要涉足单一平面媒体经营的局限,以资本运作方式为支撑,集聚优良出版资源,加快向多层次、跨媒体、跨地区方向扩张,使辽宁出版传媒成为导向正确、主业突出、品牌名优,在国内有综合实力,在国际有良好形象的大型出版传媒战略投资者。

第四节 财务分析与财务核算

一、财务分析

某出版社 2010 年有员工 50 人,当年出版图书 350 种(其中新书 250 种),书刊总印张 40 000 千印张,相关财务数据见表 9 - 1。

从其运行规模上看,该社 2010 年资产总额为 5 300 万元,产品销售收入 3 200 万元,利润总额 213 万元。

表 9-1　主要财务情况表

单位：万元

指　　　标	2008 年	2009 年	2010 年	三年平均值
资产总额	3 800	4 500	5 300	4 533.33
流动资产	3 000	3 300	3 900	3 400.00
其中：1. 应收账款	300	350	310	320.00
2. 存货	1 300	1 200	1 300	1 266.67
固定资产	800	1 200	1 400	1 133.33
负债总额	1 800	1 850	2 200	1 950.00
其中：流动负债	1 800	1 850	2 200	1 950.00
所有者权益	2 000	2 650	3 100	2 583.33
经营现金净流入	230	252	300	260.67
产品销售收入	2 900	3 500	3 200	3 233.33
产品销售成本	2 100	2 500	2 200	2 266.67
产品销售费用	300	350	355	335.00
产品销售税金及附加	20	25	23	22.67
产品销售利润	480	625	622	609.00
其他业务利润	2	1	9	4.00
管理费用	400	450	455	435.00
财务费用	−5	−10	−12	−9.00
其中：利息支出	−4	−7	−10	−7.00
营业利润	87	186	188	187.00
投资收益	10	15	10	11.67
营业外收入	85	70	45	66.67
营业外支出	60	50	30	46.67
利润总额	122	221	213	218.67
所得税	40.26	72.93	70.29	72.16
净利润	81.74	148.07	142.71	146.51

（一）获利能力分析

（1）总资产报酬率 ＝［（利润总额＋利息支出）/ 平均资产总额］×100％ ＝ 2.07％

　　其获利能力和投入产出状况，相对目前市场短期贷款利率水平（5.31％）较低，资产利用情况并不令人满意。从其利息支出看，资金较为充盈，无筹资支出，以银行存款利息收入为主，在资金运作上还有潜力可挖。

（2）销售利润率 ＝（销售利润 / 销售收入净额）×100％ ＝ 19.44％

主营业务产生的盈余接近 20%,基本获利能力一般。该社在成本控制、费用管理、产品营销、经营策略、出版物价格管理等方面均有进一步改进之处。

(3) 净资产收益率 =(净利润 / 平均净资产)× 100% = 49.6%

其中:平均净资产 =(所有者权益年初数+所有者权益年末数)/2 = 2 875 万元

该社自有资本获取收益能力一般。通过与行业同类型出版社对比,可以看出其所处的地位。

(4) 成本费用利润率 =(利润总额 / 成本费用总额)× 100% = 7.10%

其中:成本费用总额 = 产品销售成本+产品销售费用+管理费用+财务费用 = 2 998 万元

指标不超过 10%,说明在内部成本、费用管理和增收节支方面的管理状况有待改进。

(二) 资产运营能力

(1) 资产周转率(次) = 销售收入净额 / 平均资产总额 = 0.65 次

其中:平均资产总额 =(资产总额年初数+资产总额年末数)/2 = 4 900 万元

该社平均资产总盘子不大,从当年资产投入与销售收入比较看,其营运效率不高,销售能力有待加强。可以考察同类出版社资产利用的水平,对比差距,改进营销,提高资产利用效率。

(2) 流动资产周转率(次) == 销售收入净额 / 平均流动资产总额 = 0.89 次

其中:平均流动资产总额 =(流动资产年初数+流动资产年末数)/2 = 3 600 万元

这个指标小于 1,说明流动资产质量不高,每单位流动资产实现价值补偿有限。若该指标过小,将体现出版社资金供应不足,影响盈利能力。

(3) 存货周转(次) = 销售成本 / 平均存货 = 1.76 次

其中:平均存货 =(存货年初数+存货年末数)/2 = 1 250 万元

该社存货周转较为缓慢,深层的问题可能是出版物库存结构不合理、销售不畅,甚至包含出版物的市场定位、选题策划、营销手段等多方面问题。对出版社存货周转率的评价,直接可以管窥其资产的优劣。

(4) 应收账款周转率(次) = 销售收入净额 / 平均应收账款余额 = 9.70 次

其中:平均应收账款 =(应收账款年初数+应收账款年末数)/2 = 330 万元

当年应收账款周转速度较快,也没有逐步膨胀的趋势,出版物销售回款较为畅通。该社在出版物加强发行管理、合理制定出版物赊销政策、严格销货合同管理、及时结算回收货款等方面令人满意。

(三) 经营安全情况

(1) 资产负债率 =(负债总额 / 资产总额)× 100% = 41.51%

其资产、负债结构较为合理,投资人、债权人的投资风险较小。

(2) 流动比率 =(流动资产 / 流动负债)× 100% = 177.27%

短期偿债能力一般,其流动负债规模相对较大。但如果某些出版物需要大投入、大制作时,中小出版社进行负债经营也属正常。

（3）速动比率 ＝（速动资产 / 流动负债）× 100％ ＝ 118.18％

其中：速动资产 ＝ 流动资产 － 存货 ＝ 2 600 万元

当期的短期债务偿还能力尚可。剔除存货后，其速动资产与流动负债相比，结构较为适中，偿债能力比较好。

（4）现金流动负债比率 ＝（年经营现金净流入 / 流动负债）× 100％ ＝ 13.64％

偿还流动负债的实际能力较低，当期的经营现金流入难以满足偿债的需要。

（四）发展能力

（1）销售增长率 ＝（本年销售增长额 / 上年销售总额）× 100％ ＝－ 8.57％

当年销售呈下降趋势，形势不容乐观。另外，前三年的销售收入增长态势反复较大。今后改善出版经营、拓展出版物市场、扭转其销售下降，已成当务之急。

（2）资本积累率 ＝（本年所有者权益增长额 / 年初所有者权益）× 100％ ＝ 16.98％

发展潜力尚可，具有一定的应付风险、持续发展的能力。

（3）总资产增长率 ＝（本年总资产增长额 / 年初资产总额）× 100％ ＝ 17.78％

当期资产规模的增长情况较好，如能继续保持较高的资产增长率，发展后劲引人瞩目。其近几年的资产增长持续而平稳，资产增值能力较强。

（4）三年利润平均增长率 ＝［（年末利润总额 / 三年前年末利润总额）× 1/3－1］× 100％ ＝ 28.66％

仅仅从利润增长率可以看出，该社运营平稳，竞争力显著，可持续发展能力强，如果经营得当，发展的潜力较大。

通过上述财务测试，该社是一个较为典型的小型出版社，综合实力属中上，市场竞争力并不突出，具有一定的抗风险能力。在内部经营管理、费用控制、市场开拓、营销筹划、培育相应的核心竞争力等方面有进一步改善之处。就出版社总体运行情况来看属较为平稳一类。

二、我国出版传媒上市公司财务分析

（一）公司概况

1. 公司主要从事出版、发行、票据印刷和印刷物资供应等业务，是辽宁省出版业龙头。作为国内首家将编辑业务和经营业务整体上市的出版企业。公司的辽海社在全国名列前茅，在东北地区同类出版社零售市场排名第一；专业类图书出版中，公司的辽科社位列各地方科技出版社首位。公司图书出版的单一品种再版率连续 3 年达 65％以上，高出全国出版业平均再版率约 10 个百分点；在每年一度最大规模的北京图书订货会上，出版集团图书的订货额连续 5 年名列全国前茅。

2. 一体化产业链优势：公司同时拥有图书的出版、批发、零售、物资供应和相关优质资产，形成了较为完整的一体化产业链条；同时，各项业务均已实现规模化，并在细分领域建立了良好的竞争优势。各个业务单元形成了相互促进、相互影响的有机整体和完整产业链，从而使公司能够更好地为二级批发商、零售商和读者服务，使下游厂商的运营效率提高、采购成本降低，从而提高公司在批发、零售业务上的整体竞争能力。

3. 政策扶持优势：出版业属于国家扶持的领域，而出版集团自成立之日起就得到了各级政府的重点支持；公司依据国家法规获得多项财政、税收优惠政策，并受到当地政府和行业主管部门的大力支持。

4. 出版业务：公司出版业务在东北地区居于领导地位。公司在辽宁省书号申请和中小学教材招投标方面的优势明显，下属辽海出版社是辽宁省中小学统编教材、省编教材的唯一许可出版单位，较早地介入数字化出版。

5. 发行业务：公司发行业务以辽宁北方出版物配送有限公司（出版物批发）和新华书店北方图书城有限公司（出版物零售）为主，另外有辽宁典雅文化图书发行有限公司、辽宁省新华书店有限责任公司等。北方配送公司是中国北方地区最大的出版物配送公司，是中国第一家数字化、网络化的大规模出版物配送物流中心。具备处理和配送 60 万种图书的能力。北方图书城以拥有 1.8 万平方米卖场的"中国东北第一书城"北方图书城旗舰店为核心，以 17 家连锁书店（其中辽宁 15 家，吉林 1 家，黑龙江 1 家）为辐射，建立了领先的区域性出版物零售网络。

6. 票据印刷业务：公司拥有世界一流的彩色制版和印刷设备，是东北三省最具实力和规模的专业票据印刷企业，而且 2005 年 8 月中标成为东北地区唯一一个"中央国家机关票证类印刷品定点企业"。

7. 集团资产注入：辽宁出版集团承诺在出版传媒上市后，通过增发或收购的方式将辽宁少年儿童出版社、春风文艺出版社、辽宁教育出版社和辽宁音像出版社等 4 家出版社注入上市公司。上述资产的注入将使企业的出版业务范围进一步扩大，进一步垄断辽宁省出版市场。

8. 积极推进外延式扩张：公司积极推进跨区域、跨所有制、跨媒体的外延式扩张；跨区域方面，公司与天津出版集团、内蒙古新华发行集团跨地域合作项目正在加速推进；跨所有制方面，与金星国际教育集团签署战略合作协议，将大型民营书业集团纳入主流出版渠道，实现优势互补；跨媒体方面，公司联合控股股东辽宁出版集团，收购蓝猫动漫 55％的股权，进军动漫产业，同时与盛大集团签署战略合作协议推进公司向数字出版及网络出版新业态发展。

（二）主营构成

其公司主营构成如表 9 - 2。

表 9 - 2　出版传媒主营构成

主营构成 （2010 - 12 - 31）	主营业务收入 （万元）	比例 （％）	主营业务成本 （万元）	比例 （％）	毛利率 （％）
【按行业分】					
1. 一、出版业务	44 376.87	16.17	29 748.79	14.05	32.96
2. 二、发行业务	72 094.97	26.27	58 392.54	27.58	19.01
3. 三、印刷业务	3 488.56	1.27	2 392.84	1.13	31.41
4. 四、物资销售业务	24 442.14	8.91	22 484.30	10.62	8.01

续　表

主营构成 （2010-12-31）	主营业务收入 （万元）	比例 （%）	主营业务成本 （万元）	比例 （%）	毛利率 （%）
5. 减：内部抵消数	14 347.49	5.23	14 340.61	6.77	0.05
6. 合　计	130 055.04	47.39	98 677.87	46.61	24.13
【按产品分】					
1. 一、一般图书	61 236.39	22.31	46 533.03	21.98	24.01
2. 二、教材教辅	47 559.64	17.33	36 550.57	17.27	23.15
3. 三、纸张、印刷耗材及 票据印刷等	27 930.70	10.18	24 877.14	11.75	10.93
4. 四、其他	7 675.80	2.80	5 057.74	2.39	34.11
5. 减：内部抵消数	14 347.49	5.23	14 340.61	6.77	0.05
6. 合　计	130 055.04	47.39	98 677.87	46.61	24.13
【按地区分】					
1. 辽宁省内	81 035.95	31.15	—	—	—
2. 辽宁省外	49 019.08	18.85	—	—	—
3. 合　计	130 055.04	50.00	—	—	—

（三）公司主要财务指标分析

以 2011 年中期为截止日期，出版传媒的主要财务指标如表 9-3。

表 9-3　出版传媒的主要财务指标

主要财务指标	2011 年中期	2011 年一季	2010 年末期	2010 年三季
基本每股收益(元)	0.080 0	0.070 0	0.240 0	0.130 0
基本每股收益(扣除后)	0.080 0	0.070 0	0.150 0	0.100 0
摊薄每股收益(元)	0.084 5	0.068 2	0.235 7	0.127 4
每股净资产(元)	2.930 0	2.950 0	2.880 0	2.770 0
每股未分配利润(元)	0.813 0	0.826 7	0.758 5	0.679 9
每股公积金(元)	1.011 0	1.011 4	1.011 1	1.010 8
销售毛利率(%)	27.52	29.44	25.67	23.72
营业利润率(%)	5.68	9.04	5.58	4.41
净利润率(%)	7.10	9.50	9.78	6.62
加权净资产收益率(%)	2.89	2.34	8.51	4.60
摊薄净资产收益率(%)	2.88	2.31	8.19	4.60
股东权益(%)	67.11	66.29	68.43	63.39
流动比率	2.29	2.25	2.36	2.05
速动比率	1.49	1.51	1.45	1.39
每股经营现金流量(元)	−0.130 0	−0.090 0	0.130 0	−0.070 0

2011 年中，出版传媒董事会对其整体经营和财务情况进行了讨论与分析并作出

报告:

报告期,公司实现营业收入 65 535.13 万元,同比增长 1.5%;实现主营业务收入 63 183.17 万元,同比下降 0.5%。报告期,公司实现归属于上市公司股东的净利润 4 652.56 万元,同比下降 18.42%,主要是由于上年同期收到重点图书政府补贴而本年尚未收到,及本期支付项目中介费用所致。

(1) 创新发展机制,构建图书出版主业发展新模式

报告期,公司出版图书 2 027 种,比去年同期增长 20%,其中新书 940 种,再版书 1 087 种,图书再版率为 53%;出版重点图书 181 种,其中国家级 9 种,省级 14 种;获奖图书 4 种,其中一种图书获国家古籍整理优秀图书一等奖;有 31 种图书被列为建党 90 周年优秀图书,其中《中国共产党奋斗进取的 90 年》被列为中宣部、新闻出版总署迎接建党 90 周年重点图书,被中央党史研究室列为迎接建党 90 周年的重点出版工程,获得国家出版基金资助,另有 5 种图书分别获得国家级基金资助;3 种图书被列入新闻出版总署向全国青少年推荐百种图书,22 种图书进入全国"农家书屋"采购书目,64 种图书进入辽宁省"农家书屋"采购书目。

(2) 巩固教材业务优势,夯实公司持续发展基础

经过周密部署,扎实工作,圆满完成了 2011 年秋季教材征订工作,超额完成预定目标,全省 71.4% 的单位订货码洋较上年增加。同时,集中精力、发挥优势,保持政府免费教材采购业务稳定。虽面临其他供应商的竞争和挑战,但公司凭着长期积累的专业优势和不懈努力,在 2011 年春、秋两季的政府免费供应教材的采购招标工作中,均保持优势。

(3) 推进业务模式转型,确保一般图书发行业务取得良好效益

依托技术优势,继续发展区域代理、联合投标的经营模式,图书馆终端客户中标率由原来的 40% 提升至 50%,中标客户由大中专院校图书馆扩展至国家、省、市图书馆等公共图书馆;成功地举办了 2011 年中国北方区域全国图书馆订货会,较好地塑造了"北方出版物配送公司"馆配市场品牌形象,加速推进北方出版物配送公司由区域性中盘向全域性中盘转变。

根据沈阳市政府金廊工程总体规划,北方图书城总部原址被列入统一动迁,预期两年后将以原地址、原面积实施回迁。为确保总部搬迁经营过渡期间营业效益稳定,北方图书城坚持产业升级,多元经营提升,通过加大营销力度、扩大多种经营、开发教育培训、拓展广告传媒市场等措施,力保经营稳定而有活力。报告期,在图书销售受到搬迁影响而下降的情况下,北方图书城群策群力,挖潜增效,创造了搬迁后新总店多种经营收入与原总店持平的良好成绩。

三、公司投资情况

1. 募集资金使用情况

2007 年,公司通过首次发行,募集资金 61 790.55 万元,本报告期已使用 50.49 万元,已累计使用 20 526.47 万元,尚未使用 41 264.08 万元,尚未使用募集资金按照有关

规定,存储于经公司董事会批准的募集资金专户。

2. 承诺项目使用情况

出版策划项目:拟投入 8 646 万元,实际投入 4 040 万元,产生收益-0.42 万元;辽宁北方出版物配送有限公司增资项目

(1) 亚马逊-卓越网专区建设项目:拟投入 5 368 万元;

(2) 电子商务平台升级改造项目:拟投入 5 471 万元,实际投入 426.92 万元;

(3) 补充流动资金:拟投入 6 000 万元,实际投入 6 000 万元。

北方图书城北方区域出版物连锁经营体系:拟投入 26 246 万元;补充中小学教材出版发行流动资金项目:拟投入 10 059.55 万元,实际投入 10 059.55 万元。

3. 募集资金变更项目情况

为使出版策划项目运作具有合法的图书出版资质,有利于该项目的顺畅实施,更加有效地吸引优势出版资源,经公司 2007 年度股东大会审议批准,公司变更"出版策划"项目的实施主体为万卷出版有限责任公司。

根据市场环境的变化,为提高募集资金使用效率,促进公司迅速做强做大,经公司于 2011 年 5 月 17 日召开的 2010 年度股东大会审议批准,公司变更北方图书城北方区域出版物连锁经营体系项目和辽宁北方出版物配送有限公司增资项目尚未使用募集资金 35 754 万元,用于与控股股东辽宁出版集团有限公司合作投资辽宁体验式文化广场建设项目。该项目目前尚未实际投入。

4. 非募集资金项目情况

报告期内,公司无非募集资金投资项目。

四、当当网美国纽约证交所上市财务分析

(一) 当当网上市概况简介

中国领先的 B2C 电子商务公司当当网于美国东部时间 12 月 8 日在美国纽约证券交易所正式挂牌上市,股票代码为"DANG",IPO 发行价 16 美元,开盘价 24.5 美元,较发行价上涨 53%。当当网本次 IPO 共发行 1 700 万份美国存托股票(ADS),每份 ADS 相当于 5 股普通股。其中 1 320 万份 ADS 由公司发行,380 万份由公司股东出售。瑞士信贷、摩根士丹利是当当网此次 IPO 的主承销商。

当当网是中国最大的图书零售商,拥有中国网上出版物零售市场 50% 左右的份额,并占全国一般图书(教材教辅除外的书)10% 左右市场份额。2007 年当当网将产品线扩充至百货领域,并在 2008 年年底推出了百货招商平台,准许第三方卖家在当当网上销售他们的商品。

在 2010 年的前三季度中,当当网营收同比增长 55.6%,达到 15.7 亿元,其中自营百货业务同比增长 159.8%,联营百货业务同比增长 278.6%。在保持销售额高速增长的同时,当当网从去年起已实现盈利,是中国第一家在美国上市的、完全基于线上业务的、盈利的 B2C 网上商城。本次 IPO 后,当当网募集到的资金将用于加强基础设施、提升配送能力、拓展百货产品线和完善服务。

（二）当当网财务数据

当当网 2010 年的年报如表 9-4 所示：

表 9-4　当当网 2010 年主要财务数据

		2010 年	2009 年	2008 年
利润表	总收入	2 281.68	1 457.65	766.06
	毛利总额	479.64	320.13	125.69
	净利润	30.78	16.92	−81.76
资产负债表	流动资产总额	2 731.73	773.36	446.85
	资产总额	2 801.46	800.90	463.82
	流动负债总额	1 387.20	753.42	437.23
	负债总额	1 387.20	753.42	437.23
	股东权益合计	1 414.26	47.49	26.59
现金流量表	净利润	30.78	16.92	−81.76
	经营活动产生的现金流量	−16.74	72.09	−37.42
	投资活动产生的现金流量	48.18	−62.83	41.67
	筹资活动产生的现金流量	1 595.66	—	0.17
	现金净增减额	1 616.15	9.25	2.98

（三）当当网主要财务指标

当当网 2010 年的主要财务指标如表 9-5 所示：

表 9-5　当当网 2010 年主要财务指标

		2011 年	2010 年
主要指标项	净利润率	−3.59%	1.35%
	营业利润率	−6.60%	0.65%
	息税前利润率	—	1.53%
	平均资产回报率	−3.97%	1.71%
	平均股本回报率	−8.14%	0.74%
	员工人数	1 253	—

四、美国出版业的财务核算

美国的出版企业对于出版成本的核算，细化到单本图书及其每一个细节，预测因素也在相当程度上通过数据分析来保证其准确性。

从出版企业在大环境之下与社会的互动关系来看，出版商跟一般行业没什么两样，在跟政府的关系上，也是一个税收单位，而对于股东来说，同样需要利润回馈。另外还要面对书店,书商要赚钱,所以要让出一些折扣。出版企业同时还要面对作者,给他们报酬。对出版企业而言,最重要的是获得利润,没有利润就无法生存。美国的出版企业一样要关注资产负债,通过资产负债表列示的资产、负债、股东权益可以分析出版企业的资本结构是否健全,衡量出版企业承担风险的能力,从而结合自身的实际情况,确定最佳的资本结构,以增强竞争实力,保证获利能力的提高。美国的出版企业对于出版成本的核算方式,单本图书的成本与费用核算,是非常细化的,预测因素也在相当程度上通过数据分析来保证其准确性。同样,美国的出版企业也关心各种出版活动随着现金的流出是否取得了相应的现金回报,通过分析一定期间出版活动的现金流量情况,可以大致判断其经营周转是否顺畅。下面主要就美国出版业使用的出版损益表、资产负债表和现金流量表介绍相关情况:

1. 出版损益表(表9-6)　每本图书在出版前都有出版损益表,单本图书的损益表相加在一起就是整个出版企业的损益表。预算评估能否赢利,决定能否出书。把实际的情况与预算进行比较,就知道一年的盈亏情况。还可以与往年比较,看不同年度的盈亏情况。损益表是非常实用的工具,由此一本书及至整个出版企业的盈亏情况都一目了然。这是一种环环相扣、层层递进的财务管理系统。到了下一个年度,就可以与成本预算作比较,看到底是赔了钱,还是赚了钱。

表9-6　××图书的出版损益表

计量单位:美元

书名:X X X 　　ISBN:_____　　定价:$22.95　　预计印量:5 000
出版时间:Spring,2009

	营业额		百分比	直接损耗	百分比	总　　计	百分比
总印数 退货数 净印数	5 000 1 000 4 000			1 000 50 950		6 000 1 050 4 950	
零售价	$22.95			22.95			
毛收入	$91 800			$21 803		$113 603	
平均折扣 净收入 生产成本:	50% $45 900	$45 900	100%	0 $21 803	100%	$67 703	100%
*发生费用纸 张、印刷、装订	$2.75	4 848 13 750	11% 30%	1 152 2 750	5% 13%	6 000 16 500	9% 24%
版税(%)	15%	6 885	15%	3 270	15%	10 155	15%
运费		200		100		300	
总生产成本 毛利		25 683 20 217	56% 44%	7 272 14 531	33% 67%	32 955 34 747	49% 51%

书名：ＸＸＸ　　　ISBN：＿＿＿＿＿＿　　定价：＄22.95　　　预计印量：5 000
出版时间：Spring，2009

	营业额，	百分比	直接损耗	百分比	总　计	百分比
直接费用						
佣金	3 443	8％	0		3 443	5％
市场费用	4 000	9％	13 082	60％	17 082	25％
仓库费用	1 377	3％	654	3％	2 031	3％
租金	0		0		0	
电话费	0		0		0	
薪水	0		0		0	
总费用	8 820		13 736	4％	22 555	
利润贡献	11 397	25％	795		12 192	18％

＊发生费用包括编辑、校对、封面设计、版式设计等的费用。

出版损益的预算项目包括图书印刷量、退货量、净印刷量、定价、净收入、生产成本、毛利、直接费用等。成本还包括编校、生产设计、运输、营销宣传等成本费用在内。每一项都分得很细，预算也很精确，花费也要恰当。这些都可以在损益表里反映出来。

预计总印数、预计退货、净印数等由编辑、营销经理、销售代表等，根据实际情况进行评估。由于编辑对于自己的书很乐观，而市场人员却相对悲观，只有两者相互合作，才能达到合理的印书数量，再看有否类似的数据作为参考。此外，还要明确知道每个渠道卖出多少本书，书店、网上零售商、大型超市、特殊商店、图书馆各有多少本，有多少送到了批发商手中，有多少被退回，是做平装还是精装，是否做 CD，打算重点推哪些书，采取哪些市场营销方式，以及附属版权等等。再由预计退货，计算出净印刷数。

在美国，由于退书率非常高，精装书可以达到 30％—50％。而且渠道不同，退货率也不一样，一般渠道的退书率是 30％，但有些渠道的退书率比较低，健康类图书可以通过药店卖出，宠物方面的书可以通过宠物用品商店卖出，即使他们卖不完，也不能再退给出版商。这些说明在一般的消费市场和大众市场的退书率是非常高的，专业市场则很低，所以扣掉预计退书，才成为真正赢收的净印刷数。净印刷数与零售单价折算成毛收入，减掉出版商将图书批发给书店让出的折扣（在美国，平均折扣一般是零售价的50％），就可预算出单种图书的净收入。

接着要看图书的生产成本，主要包括印刷图书的纸张费、印刷费、装订费，以及编辑费、校对费、设计费、照片使用费，还有付给作者的版税等等。付给作者版税的方法有两种，一是按零售价的百分比，二是按资金收入的百分比。在纽约，一般根据图书零售价格的百分比来支付作者版税，除了纽约这些书商之外，其他的书商，如教科书书商，会根据这个书的净资金收入的百分比支付作者版税，一般是 10％。将净收入扣掉生产成本之后就是毛利,扣掉的生产成本一般会约占净资金收入的 50%,如果是教科书会更高,达到大约 60%,因此教科书的定价也会更高。有一个调查表明,关于工程等方面的专业书定价也很高,专业书虽然制作复杂,但利润也高。一般来说,精装书、专业书、教科书等书由于定价高,会使得净收入比传统的大众书来得高,扣除较高的生产成本后,同样能保证利润。有时候会有一些意外发生,支付给作者更多的版税,而销售又不如预期那么好;有时候退书或库存的比例高过预期,或书卖出去,对方不付款。这些多付的成本费用和收不到货款,在会计里面变成坏账而导致亏损。但是每本书在做出版损益表时可能预计不到这些意外发生的成本费用和坏账,可是这些仍然是出版这本书的损耗,所以扣掉这些损耗之后才是真正的毛利。当然,也可能有事先未预计能够卖出的版权取得了新的收入,包括翻译版权等收入,从而使其他收入增加,在计算利润的时候要把这部分收入考虑进去。其他相关的直接费用还包括劳务佣金、开发市场费用、仓储费用、办公租金以及员工的工资福利等等,毛利扣掉了这些实际的营运费用,还只是税前利润。在缴税后才是净利润,净利润的利润贡献率对美国出版商来说一般在 7%—15%。对于一个品质良好的出版商而言,其他的收入最好保持在 7%—10%,其他出版收入甚至会高过净出版收入的百分比,对美国出版商而言,其他收入非常重要,所以专门处理版权销售的人员,在美国出版业中的地位越来越重要。

以上介绍了美国出版企业是如何做图书出版损益预算的,跟国内比较起来是很细,各个方面收入、支出都考虑进去了,像退货,在预算时我们一般是不会考虑的,通常在书退回后才算进去了,现在在这么高的退货率,应该值得我们在做预算时借鉴。

在这个部分,我们看到了一个很重要的事情,在图书出版中将原来的预算和实际产生的收支进行比较非常重要,有利于编辑与市场营销人员预测与考核单品种图书的盈亏,判断出书的可行性及市场价值。这方面很值得国内出版社学习,大部分国内出版社的预算到目前还未做到如此之细。

2. 资产负债表(表9-7)　美国出版业使用的资产负债表和我国国内使用的差不多,从整体框架上看基本一致,体现了资产＝负债＋所有者权益这　平衡关系,但具体资产、负债的名称叫法两国存在差异。对可以在一年内或者超过一年的一个营业周期内变现或耗用的资产在美国称为现金资产,主要包括现金、应收账款、库存、预付款等,而在国内称为流动资产。厂房设备在美国列为长期资产,而在我国则称固定资产。短期和长期资产加在一起就是总资产。同样的,美国将应在一年内或者超过一年的一个营业周期内偿还的债务称为现金负债,而我国则称为流动负债。短期和长期负债加在一起就是总负债。

表9-7　资产负债表(摘自××出版企业)(单位：美元) 2009 年 12 月 31 日

	期　末　数	占净销售额百分比
现金资产		
现金	$30 055 000	
应收账款	$2 541 100	18%

	期　末　数	占净销售额百分比
库存	$3 538 200	25％
预付款		
营运预付	$405 250	3％
作者预付	$1 312 500	9％
总资产	$1 717 750	12％
总现金资产	$10 802 050	
长期资产		
设备厂房	$23 000 000	
总资产（短期和长期）	$33 802 050	
现金负债		
应付账款	$2 834 000	20％
现金应付票据	$246 000	
总现金负债	$3 080 000	
长期负债		
长期借款		
应付债券	$10 000 000	
总负债（短期和长期）	$13 080 000	
股东权益	$20 171 330	
留存利润	$550 720	4％
总股东权益	$20 722 050	146％

＊ 净销售额：$14 145 000

　　资产扣掉负债后才是股东拥有的净资产，即所有者权益。银行在借钱给出版商前，会看它的资产负债比例，用以了解出版商支付贷款的能力。资产负债比率过高，对出版企业及其股东和债权人来说，都是一种很大的风险，负债占资产的比率一般不应超过50％，资产能达到负债的两倍就很不错了，一倍的话还可以接受。另外由于库存还没有变现，美国人在计算资产负债率时，还会把资产中的库存部分扣掉，这些所谓的库存图书，未必会很快找到买主，也许永远就在仓库卖不掉了。

　　美国出版业在利用资产负债表进行资本结构分析时，与国内出版业有一处明显不同，也是值得我们借鉴的，即将应收账款、库存、预付款、应付账款、留存利润、总股东权益等各项与对应期间的净销售额进行比较，目的在于考察出版企业各项资产、负债、所有者权益的经营运用效率，对出版企业销售作出的贡献大小，并据以进一步分析各项目占用的合理状况。具体来看，如用应收账款占净销售额的百分比来分析考察出版企业有否过分扩大信用或收缩信用的现象，又如用库存占净销售额的百分比来分析考察出版企业完成一定水平销售收入而需要占用的存货规模状况,再如用应付账款占净销售额的百分比来分析考察出版企业在一定销售规模下短期负债比例的合理性,如此等等。

3. 现金流量表(表9-8)　美国出版业除了用核算每种图书的出版损益、列示一定会计期间的资产、负债、所有者权益的平衡关系这几种方式来反映整个出版经营活动的财务状况外,同时也非常重视现金流量。他们认为出版商从事经营、投资、筹资及类似活动,主要是谋求增加其现金资源,所有活动的成败,最终要看收回的现金大于(或小于)投入现金的程度。由于出版制度的不同,美国出版市场处于一种全开放式的竞争环境,竞争异常激烈,出版商要站稳脚跟,不但要想方设法把自身的产品销售出去,更重要的是要及时地收回销货款,以便经营活动能持续正常地开展下去。现金流量表就可以提供经营活动的现金流量信息,从而使出版商能对自身的经营财务状况作出客观评价。除了经营活动以外,出版商所从事的投资和筹资活动同样影响着现金流量,从而影响财务状况。如果出版商进行投资,而没有能取得相应的现金回报,就会对自身的财务状况(比如流动性、偿债能力)产生不良影响。通过分析现金流量情况,可以大致判断其经营周转是否顺畅。

表9-8　现金流量表(摘自××出版企业)(单位:千美元)　2009年3月31日

活动产生的现金流量			
持续经营净利润	$8 755	$11 673	$9 422
将净利润调节为经营活动的现金流量:			
折旧与摊销	7 965	8 477	8 326
递延所得税款	-2 271	4 738	7 072
递延补偿	—	—	603
资产和负债变动的收购、处置净额:			
应收账款净额	-10 783	-728	7 344
所得税	—	—	—
库存	4 735	940	7 638
预付费用	-4 369	1 233	1 690
应付账款与应计费用	1 574	-2 094	-9 859
所得税货币支付	-1 392	-14 588	3 607
经营产生的净现金	4 214	9 651	40 073
中断经营:			
中断经营收入	—	—	718
中断经营处置收益	—	—	14 826
中断经营净资产变动	-2 392	488	-23 442
中断经营所用现金	—	-2 494	-7 179
经营产生的净现金	1 822	7 645	24 996

活动产生的现金流量净额			
活动产生的现金流量			
资本支出	−4 063	−4 704	−1 765
出售固定资产、厂房、设备收益	5 236	—	48
出售业务及中断经营的净资产收益	—	—	110 267
收购其他公司净资产的净现金收入	—	—	−125
其他资产和递延支出的变动	−2 103	148	2 716
活动产生的现金流量净额	−930	−4 556	10 5709
活动产生的现金流量			
贷款的借入（偿付）	58 700	—	−57 760
资本租赁债务的偿付	−236	−306	−230
长期负债的偿付	−48 703	−2 874	−37 960
股息分配	−2 366	−2 629	−2 746
其他负债变动	−848	−88	175
发行普通股票的收益	268	15	82
普通股购回	−37 453	−6	−123
活动产生的现金流量净额	−30 638	−5 888	−98 562
及现金等价物的净增加额（减少额）	−29 746	−2 799	32 143
及现金等价物的期初余额	39 618	41 562	11 327
及现金等价物的期末余额	$9 872	$38 763	$43 470
表述不涉及现金的投资和筹资活动：			
应计未分配股息	$575	$683	$672

　　通过分析现金流量，不但可以了解出版商当前的财务状况，还可预测出版商未来的发展情况。因为，出版商存在的最常见的失败原因、症状均可在现金流量表中得到反映，比如，从投资活动流出的现金、筹资活动流入和流出的现金中，可以分析出版商是否过度扩大经营规模；通过比较当期净利润与当期净现金流量，可以看出非现金流动资产（包括存货、应收账款等）吸收利润的情况，评价自身产生净现金流量的能力是否偏低。

　　美国的《现金流量表准则》早在1988年就开始生效，而中国的《企业会计准则——现金流量表》于1998年3月20日才正式颁布。可见美国人很早就认识到现金流量在财务分析中的重要性，这一点是值得国内出版业借鉴的，在今后的经营、投资和筹资活动中业内人士要充分发挥现金流量表对出版商的经营财务状况较能作出客观性分析的优势。由于国情不同，两国的现金流量表虽然从整体框架上看基本一致，都是将现金流量划分为经营活动产生的现金流量、投资活动产生的现金流量和筹资活动产生的现金流量三大类，但日常各类业务中发生的具体事项所产生的现金流量的归属，在实务中存在一定差异。例如：美国将收到的股利和利息作为经营活动的现金流量，而我国则将这两个事项列入投资活动产生的现金流量；再如：美国将支付的利息也作为经营活动的现金流量,而我国则从现金流量的性质上考虑列入筹资活动。此外,由于语言差异,两国的现金流量表在各个具体事项的表述上存在一定的差异,对于同一种事项,美国与中国的表述就不同。

第十章　音像出版企业的成本战略管理

在市场经济与现代企业管理制度逐步建立和完善的过程中,要想在市场经济的浪潮中获取不败之地,都需要一个完善而科学的企业成本管理方式,现代企业的成本管理水准的高低,在相当程度上要取决于该企业的领导层是否具有战略发展眼光,立足市场,立足长远;同时,企业成本管理水平的高低也关系到企业每一位员工的切身利益。同样地讲,对于一个音像出版单位来说,要真正地改善原有的计划经济模式下的成本管理制度,这就首先要求单位的领导层建立完善科学的成本管理战略和自身的企业文化建设,重视成本管理在出版企业生产经营中的战略地位,同时提高企业的核心凝聚力,培养全员参与成本管理的意识,协调好编辑、财务、管理等部门,使其通力合作,共同提高管理水平。

第一节　成本战略管理的意义与原则

一、成本战略管理的意义

（一）通过成本管理战略活动可以降低产品成本,提高企业经济效益

成本管理的最重要的意义就是提高经济效益,这也是成本管理的最终目标,而先进的成本管理方式能最大化地减少在生产过程中的消耗,减少产成品的生产和制作成本,使得企业的利润最大化。因此能否有效地控制产成品的耗用,使企业获取更多的利润是考核该企业成本管理战略是否正确的标志。

（二）通过成本管理活动可提高企业的成本核算水平和成本信息的真实性

成本核算是对生产经营管理费用的发生和产品成本的形成所进行的核算,也是整个成本管理工作中最重要的一个环节,通过成本核算才能正确评估生产成本的价值和企业的赢利情况,得到成本的准确信息,而准确的成本信息可以避免企业片面地追求企业利润,避免产品的市场风险,为企业成本管理的预测和决策做出重要的参考依据,而成本核算必须要依靠完善科学的企业成本管理方案。

（三）通过成本管理活动可以提高企业的经营管理水平

成本考核指标,是指衡量对产成品实际成本和成本计划指标的完成情况进行的全面审核、评价的计算方式,它基本能涵盖企业成本管理活动的方方面面,并对各个经营管理环节的优劣做出评判。而成本考核指标的准确性,必须依靠企业完善的成本管理制度,凭借成本考核指标也可以评价单位编辑、生产、财务、人事、出版发行等部门的工作状况,并为单位领导层改进各部门的工作方式提供一定的决策依据。

（四）通过成本管理活动可以培养和提高全体员工的全面的成本管理意识

企业实施成本管理战略，光有领导层的方案，提提口号，不把管理内容具体落实到各个部门，各个员工身上是不行的。对于一个企业来讲，最重要的资源是员工。完善的成本管理需要单位全体员工都要有成本管理意识，减少成本，提高利润的主观能动性成本管理意识，并对成本管理理念能够融会贯通，实施在平时的工作中。

（五）通过成本管理活动可以提高企业的竞争力

对于企业来讲，实施成本领先战略是在市场竞争中取得持久优势的基础之一。通过适当的成本管理活动，其直接的结果是有效控制成本、提高经济效益，而间接的结果包括提高企业的增强员工的成本意识、经营管理水平等。从长远来看，坚持成本管理最终会使得企业在市场竞争中的能力稳步提高。

二、成本战略管理的原则

（一）经济原则

经济原则是指因推行成本管理而发生的费用，不能超过在没有推行管理成本时损失的收益。要特别注意投入和产出比。如果建立全面的成本管理超过了建立这项控制所能节约的成本，那么可谓是得不偿失，我们就要思考在成本管理的那一个环节，我们可以再仔细斟酌，去掉繁琐和不合理的一些控制环节，简化一些不必要的管理流程。一些单位喜欢上马华而不实，赶时髦的成本管理制度，但往往经济效果不大，甚至得不偿失的成本管理原则。所以在成本管理中一定要注意经济原则。

（二）效益原则

在总生产和经营成本不变的条件下，某产品的产量增加的数量越多，单位产品成本就会越低，经济效益就会越好，反之说，某产品单位成本越高，经济效益就会越差。在企业某产品的产量不变的条件下，若总经营成本减少，单位产品成本也会随之降低，经济效益就会越好，反之，单位成本不断增高，经济效益就会不断变差。从这里可看出，制定合理的产品生产批量非常重要，企业经济效益的一个重要方面是直接由产品成本决定的。

（三）质量原则

众所周知，产品质量是企业的生命，优质的产品对树立企业品牌，吸引消费者，培养客户群有着重要的意义。质量与效益看似矛盾，其实是可以相互作用统一的。市场需求价廉物美的产品，过多追求质量可能会下降产品的利润，过分地追求利润必然也会下降产品的品质。低质的产品可能一时靠价格赢取了顾客，但是这种欺骗会严重损害到自己的商业信誉，只会让自己的市场越做越小，最终无法在市场上立稳脚跟，被淘汰出商业市场，到时你再便宜的东西也没人要，效益利润也成为了空谈。所以，成本管理的质量原则就是在保证产品质量的基础上，再追求产品的利润，不能只重视短期利益，将产品的质量提升到企业品牌战略中去。

（四）管理层推动原则

由于成本管理需要所有部门和全体员工的积极参与，所以必须由企业的管理层来推动。只有管理层有决心、本着认真务实科学地去在本单位应用成本管理，那么企业一定能上下一条心,全力把成本管理推行下去,因此管理层在全面推行成本管理的决心上尤为重要。实施成本管理,不可这山看着那山高,也不宜急功近利,操之过急,要踏踏实实,一步一个脚印地推行下去,才能逐渐取得成效。在进行成本管理的过程中,管理层需要以身作则,对自身的责任成本进行严格的控制,以避免成本管理方向的失控。

（五）全面控制原则

成本管理的全面控制,是一个需要全体部门、全体员工参与的对生产经营中关于产品消耗环节监督控制的过程,只有这样才能堵塞漏洞。部门和员工相互监督能积极避免在生产经营中的腐败和官僚主义现象。全面控制的对象极其广泛:原材料、人工费的支出;对产品生产过程的设计、采购和生产;以及其他物流、销售、售后服务等各个环节的控制。所以说成本管理也是一个需要企业员工全员参与的管理过程。

第二节　加强音像出版企业成本管理战略规划

从国外的成本管理一些经典案例来看,成本管理也经过了一些阶段的发展历程,企业不断走向成熟,目前的成本管理已经进入了一个全面科学的现代化管理的新阶段,领导层开始意识到成本领先战略的必要性,是在市场竞争中立于不败之地的决定性因素,并且把企业成本战略管理作为整个企业发展战略规划的一个重要的组成部分。从国外的经验我们可以学习到,对于我国的音像出版企业,在一个公平的竞争市场里,出版物的成本管理已经成为影响音像出版企业核心竞争力的重要因素之一。

一、要具备战略胆识,主动改革

音像出版单位要想获得长足发展,在市场竞争中优势胜出,就需要企业在各个方面顺应市场发展趋势、及时地改变自己的管理策略,领导层应该首先具有具备改革的战略胆识,有着长期在残酷的市场拼搏的准备。根据获取的市场情报信息,及时准确地判断市场产品的发展趋势,调整产品结构、做好品牌战略规划,在目前大多数音像出版社还在事业单位编制的摇篮里"沉睡"的时候,及早实施更切合音像市场需要的成本管理战略改革,及时抢占音像产品市场先机。如果没有先机意识,等产品在市场出现滞销,经济效益落后于同行才意识到要进行音像制品的成本战略规划和管理,那时候可以说,市场先机已经消失殆尽,市场份额也已经被尽数抢占落后于对手了,所以音像单位领导层越早发动成本管理改革,可能就越早赢得市场,争取到更多的发展机会。

二、合理、科学地制定成本管理发展的长远规划

音像出版企业要想在音像市场建立"百年企业",长足发展,就必须要立足市场,依据本单位的实际情况制定可实施的科学合理的成本管理战略规划。尤其在目前音像出版企业纷纷市场化的过程中,没有领导层制定的成本战略管理规划,就会使得出版企业在市场上迷失方向。目前,较多的音像出版社的成本管理已经不能跟上时代的脚步,员工"铁饭碗"的思想还根深蒂固,这样的企业只能随着历史的发展在市场经济改革浪潮中逐渐淘汰。因此音像出版企业在制定的战略规划时,应该尤为重视科学合理的成本

管理模式。而进行本单位的成本管理发展规划时,首先要对本企业的成本结构、成本行为等方面进行全面的了解,查找到引起音像制品的成本变动的因素,分析出哪些是必耗成本,哪些属于可伸缩成本,通过对产品的充分调研与核算,做好各种可伸缩成本的缩减对本企业效益影响的分析。所以说,只有依据合理,才可能有合理的决策。可以选择对出版企业有利的成本动因作为管理的突破口,建立具有前瞻性的成本管理规划,通过对成本的循序渐进、步步深入的控制与完善机制,来寻求合理控制成本、并获得长期竞争优势的途径。

三、创建企业文化,全员参与,实现成本持续改善

众所周知,成本管理是一项系统工程,但仅靠一个或少数部门的努力难以取得大的成效。因此,音像出版机构首先应具有一个能凝聚员工的企业文化,优化成本管理的环境,积极培养全体员工的成本管理意识,共同实施成本管理方案,达到成本管理的既定目标。

光有领导层提出战略成本管理规划是不够的,长期的计划经济体制容易使得音像出版单位执行政策的力度非常有限,使得管理规定流于形式,极易造成单位上面说一套,下面做一套的现象。因此必须建立企业的核心文化,使得全体员工共同遵守最高目标、价值体系、基本信念及行为规范,从而自觉地避免在生产和经营环节的铺张浪费行为,最大限度地降低生产费用。而这种"自主"的管理则又是代价最低、收效最高的方式。

概括来讲,要调动全体员工的积极性,变少数人的成本管理为全员参与的管理,可以从以下五方面入手:

1. 建立学习型组织。

2. 通过建立这样的组织,定期进行有关知识的培训,可以调动员工的学习热情,引导他们接受新事物、新观念。

3. 建立合理的激励制度。

4. 通过充分调研和民主讨论,建立公平、合理的评价方案,实现企业的管理成绩与员工切身利益相结合的机制。

5. 改善企业各部门的交流和沟通。

改善企业各部门的交流和沟通,需要全体部门和员工对成本管理方案正确理解,抛除各人自扫门前雪的传统观念。领导层率领全体员工积极参与成本管理改革,共同实施成本管理战略。通过部门间的交流碰撞,互相学习和借鉴,让某些部门的先进经验在更广阔的范围内发挥效用。

第三节　音像出版企业优化成本管理的具体实施

一般文献资料对成本管理内容分类包括七个方面的内容,主要指企业生产经营过程中各项成本预测、决策、核算、规划、分析、控制、考核等科学管理行为。目前我国音像出版企业的成本管理存在的主要问题是,对本出版企业成本管理战略缺乏远见和长期规划,对音像产品成本的管理,总是出现问题再亡羊补牢,事后控制,很明显这是一种有缺陷的成

本管理方式,所以,要真正提高音像出版企业的成本管理水平,最重要的一点是:必须扭转对我们对传统成本管理的思维模式,将企业成本管理的内容向事前、事中阶段发展,发现不合理的,让成本预测可以对生产说"不",必须实行"成本否决"的决策功能。

另外长期以来,出版企业员工对成本管理的认知存在一种偏差:成本管理仅仅是单位财务人员的事情,这种认知导致管成本的不懂技术,懂技术的不懂财务,许多行之有效的技术改进方法不能有效使用,因此原来材料利用率低,浪费严重,设备效用差,技术及产品储备不足,单位生产管理无用环节及资源浪费增多必然导致音像出版物成本居高不下,企业的利润和效益取决于企业成本管理水平,而企业的管理水平取决于全体员工参与的程度,而企业员工参与的热情又取决于企业的利润和效益。因此这三方面互成利益链条。

下面笔者针对成本管理的七个方面的内容,针对我国音像出版企业的特点,提出一些优化成本管理的具体措施:

一、成本预测

音像出版企业的成本预测需要从编辑部门的音像出版物选题阶段做起,通过对市场采取各种方式的详尽调查,对市场上音像产品进行分类梳理,找出市场目前和未来的需求,哪类产品销售情况好,政策又有什么发展变化,我国的教育方向和趋势是什么,都要进行详尽的统计,将市场信息反馈到编辑部门后,再针对市场需求对音像产品选题的市场受众面、销售情况、预计收益进行可行性论证。编辑部门和市场信息部应该负责主持这方面的工作。一个好的成本预测工作应该包括以下环节:

1. 充分调研音像产品市场、收集并了解竞争对手相关产品的产品价格、销量、客户群等资料,初步预判预测该音像产品出版销售的可行性。

2. 参照本出版企业类似音像产品的历史价格、历史销量和成本费用,结合上述市场调研的数据资料,参照成本预算模型计算出版物的生产成本和销售收益。

3. 如果销售收益为正,则测算在增加产量时何时收益和成本能够达到平衡。

4. 考虑两种以上降低成本方案,预计实施各种方案后成本可能达到财务收益。

5. 评估该音像产品的社会价值和作用。

二、成本决策

参照成本预测的结果,运用定性与定量的方法,将音像出版企业的分管领导、编辑、财务及发行部门召集在一起开会,根据预设的决策流程和方案对成本预测结果的正确性进行科学分析,并决定该选题是否生产和发行。这个环节对于音像出版企业的成本管理非常重要,目前,市场竞争日益激烈,产品是否上马,上马后是否能给音像出版企业带来收益,在本单位人力、财力、物力有限的情况下,安排哪些选题先上,哪些选题后上,重点放在哪里,生产量定位多少,都需要领导和各个部门的决策智慧,而不是由单位某个领导拍脑门决定。完善的决策过程应该包括以下环节:

1. 在决策会议上编辑部门对市场部门的成本预测报告进行进一步分析,尤其是产品定价、预计销量、产品利润要分析数据来源是否可靠。

2. 出版企业财务部门根据编辑部门提交的报告,用财务的方法再次进行测算,修正相关成本预测数据。

3. 总编部门根据本单位的财务状况、人力资源和市场需求,并结合该音像产品的社会价值来决定选题是否继续下和音像制品生产发行的先后顺序。

4. 由单位领导对各个部门汇总的结果和备选方案进行分析比较,从中选出最佳方案,并由领导做出最后的成本决策,符合要求的,可以安排生产,不符要求的退回修改。

三、成本规划

在成本预测与决策的基础上,制定本音像出版企业的成本规划。主要内容是:安排选题、生产、销售的时间表,根据音像产品各个环节预估的产品成本,制定相关预算,如根据生产要素确定生产耗费,编制生产费用预算等等,制定了时间表和各阶段的预估耗费情况,以表格的形式记录下来,发给各个部门遵照执行,并作为评价考核企业及部门成本业绩的标准尺度。

音像产品成本规划包括以下方面:

1. 收集音像制品成本降低指标及有关的各项规定,安排各种材料人力的消费定额。

2. 认真核算原材料的计划价格、各部门费用预算以及人力成本费用,并制定费用支出标准。

3. 确认成本控制目标,讲成本指标试算平衡。

4. 编制成本计划,明确相关责任人员。

四、成本控制

不管教育出版单位处于何种历史时期,产品成本的控制,都是成本管理中最重要的一个方面,致力满足成本要求,防止资源浪费。没有成本控制,成本管理就成为空谈。音像单位的成本控制过程是对音像产品在生产经营过程中发生的各种耗费进行计算、调节和监督的过程,以实现成本管理的最优目标。成本控制同时也是一个发现管理漏洞,调节出版企业可支配的资源,尽可能优化成本预案的过程。科学地组织实施成本控制,可以促进企业改善经营管理方案,提高管理水平,优化音像产品结构,为音像市场提供史多优质的产品,并使企业在市场竞争的环境下生存、发展和壮大。

只有重视了音像出版物的预先和过程控制才能真正起到有效降低产品成本,扩大产品利润的目的。因此,成本控制必须遵循预先控制和过程方法的原则,并在成本发生之前或在发生的过程中去考虑和研究成本发生的数量、地点和原因,决定实施成本控制后应对生产过程进行及时监测、分析并提出改进方案。

音像出版单位的成本控制是一个复杂的过程,不能事无巨细,平均分配力量,必须依靠出版单位的各个部门进行协作来完成,这里笔者主要讨论预先控制和过程控制。

（一）预先控制

从收集市场信息资料到立项到录音编排的控制过程。

1. 收集市场信息需要采取经济的信息获取渠道:比如经常参加相关会议和学术交流活动,平时养成随时收集相关资料的习惯,另外也可经常访问因特网,及时获取信息,减少信息获取成本。

2. 音像产品的市场调研，首先一定要做好调研方案，确立调研目标，避免盲目调研，浪费人力财力和收集到许多无用信息，对于重要的课题，还应该亲力亲为去市场进行一手数据的采集和分析，从而得到精确的结果。

3. 音像产品的选题立项，应该在相关信息和调研报告准备充分后再开始选题的筛选工作，避免因调查的结果不充分，产生错误的判断或者来回重复选题，造成不必要的浪费。

4. 在录音、编排阶段，会频繁地与原作者或录音人员联系，应选择在线聊天、E-mail等工具，既方便快捷，又节约成本，而不是出一点问题就约见，提高此阶段的效率。

（二）生产过程中控制

音像出版物的过程控制是：出版企业现场录制到音像产品生产成型到发行前这一阶段。从现场录制到付诸生产这一过程在录音编辑部门进行；音像产品在产后的转码、拷贝、生产等流程是在生产部门或者委托生产厂家进行。

1. 生产期在编辑部门发生的费用主要是："录音费、稿酬及校订费"、"设计费用"、"编审经费"等。有效的控制手段应当既能让相关工作人员有积极性，又能使单位节约成本。对录音费通常按时间来计算，要控制这部分成本，所以要在录音前做好各项准备工作，争取一次录成，避免重复录音带来的劳动耗费和经费损失；对音像产品的盒带或盘片封面及包装，要从材料的内容和市场销售对象出发，既不要追求完美设计，做的像豪华月饼盒，浪费包装成本；也不要一味简化，在终端市场失去客户的眼球，严重影响产品的销售，使内容较好、本应畅销的音像制品变成滞销品。

2. 进入生产部门或委托加工单位发生的成本，基本由母样费、印刷费、拷贝费、装订费等组成。一般情况下，音像出版企业都拥有自己的生产流水线，但是小规模的音像出版企业可能只有编辑部门，没有独立的生产流水线，这种情况下，基本都要把做好的母样拿到外面加工厂进行复制生产工作，但是如果是自购原材料，仅仅是外发加工，那么在盘片和包装材料就要坚持两个原则：一、原材料由于外发，非自行管理，必须严格监控，保证原材料不损伤和遗失，建立严格的验收和领退制度；二、重点监管原材料的采购环节，坚决杜绝"吃拿卡要"等腐败环节。采购业务要多人进行并货比三家，真正实现原材料的低成本化，降低总体成本。

此外，还应当注意到，很多加工厂对音像产品的拷贝、包装有着淡旺季不同的工费。生产部门应及时告知编辑部门，使编辑部门可根据音像出版物发行的轻重缓急来安排加工任务，从而节约音像制品的加工费用。

五、成本核算

音像出版单位的成本核算是分类归集、汇总、核算一定时期内生产经营过程中所发生的费用，按照合法可靠的财务原则，计算出该时期内生产经营费用发生总额和分别计算出每种产品的实际成本和单位成本。成本核算过程，是对出版企业生产经营过程中各种耗费如实反映的过程，也是为更好地实施成本管理进行成本信息反馈的过程，因此，成本核算对出版企业成本计划的实施、成本水平的控制和目标成本的实现有着至关重要的作用。

音像产品成本核算可按照如下方式：

1. 选题完成后，交由财务部门设立生产所用的材料明细账。

2. 经相关部门签字核算后，确认产品的工时单耗，并通知相关部门开工。

3. 汇总直接费用，并按工时分摊费用，正确划分音像制品间接费用，切勿搞平均主义，直接成本直接计入对应的音像出版物，间接费用由编辑部门进行核算。

4. 按完工产品品种数量结转完工成本。

5. 核算公示：期初在产＋本期投产－本期完工＝本期在产（生产成本借方余额）

总成本费用＝经营成本＋固定资产折旧费＋维简费＋摊销费＋利息

单位成本＝总成本/生产数

六、成本分析

出版单位成本分析是出版企业财务部门在利用音像产品成本核算及其他相关资料的基础上，运用一定的手段，分析成本水平与构成的变动情况通过与其他同期产品进行比较，研究影响成本升降的各种因素及其变动原因，寻找降低成本的途径的分析方法。成本分析是成本管理的重要组成部分，通过成本分析为成本决策提出合理的建议，来降低产品成本。

以编辑部门为单位，正确计算成本计划的执行结果，计算产生的差异：

1. 找出音像制品成本产生差异的原因；

2. 正确对成本计划的执行情况进行评价并着重分析对成本控制不好的音像产品；

3. 提出控制成本的建议提交音像出版企业领导并抄送给编辑部门。

七、成本考核

音像制品出版成本考核是指定期考查审核各编辑部门成本目标实现情况和成本指标的完成结果，总结评价实际完成情况。成本考核的作用在于，促使出版企业各部门对所控制的成本承担责任，以此提高目标成本管理水平，并借以控制和降低各种产品的生产成本。

其成本考核的内容为：

1. 合理制定责任成本预算，并根据计划的生产量、生产消耗定额和成本定额，运用弹性预算方法编制出版企业各部门的预定责任成本，并以此为成本控制和考核的主要依据；

2. 确定音像制品的成本考核指标，如目标成本节约金额＝预算成本－实际成本，目标成本节约率＝目标成本节约额／目标成本。

3. 根据出版企业各个部门成本考核指标的计算结果，综合一些主客观因素，对各个部门的成本管理工作作出公正合理的评价。

4. 落实责任可以强化员工的成本管理意识，通过分解管理目标，在落实好责任的同时辅以奖惩措施和个人的经济效益结合起来，是一种有效的考核手段。

总的来说，要科学高效地实施音像出版企业的成本管理，绝不仅仅是某个部门或某个领导员工的事情，而是需要本单位全体员工同时协助，领导层要带头更新观念，提高员工素质，对成本管理方式要结合自身实际情况，切忌生搬硬套。

第四节　上海外语音像出版社成本管理战略案例分析

一、上海外语音像出版社背景介绍

上海外语音像出版社成立于 1983 年,由国家教育部主管,经过二十多年的发展,现在已经成为了一家在教育音像出版界具有相当知名度的出版社。该社依托全国重点大学上海外国语大学,依靠其自身教学、科学研究和音像出版三结合的机制从事编辑、制作、出版和销售"爱未来"牌系列外语教育音像制品,为我国高校及各级各类外语教学和科研服务。多年以来,上海外语音像出版社出版了许多高质量、多语种、多品种的教育音像制品,其销售业绩一直在我国教育音像出版行业中占据第一位。出版社从当初的几台老式卡座录音机,到如今拥有国内较先进的现代化录音编辑制作、多媒体流水线,从过去单一的幻灯片、投影片生产到现在录音带、录像带、CD、VCD、DVD、CD–ROM等多种载体的教育音像产品,从最初的年销量数万盒,到如今年销量超过 800 万盒(张)的销售业绩,真是可谓今非昔比。

2003 年 3 月上海外语音像出版社成为我国音像出版行业第一家通过 ISO 9001—2000 质量管理体系认证的音像出版单位。

上海外语音像出版社目前有员工 51 人,其中高级职称 5 人。单位有先进的美国 PAT 音像产品生产线,美国 MICTORCH 录音制作设备,其软硬件条件在国内首屈一指。

二、上海外语音像出版社面临的问题

但随着全球出版行业的巨大变迁,上海外语音像出版社也正面临着一个艰难的可持续发展阶段。就目前的出版社现状来看,所具有的内外部环境如下:

(一)上海外语音像出版社长期是在计划经济体制下运行和工作,因此,计划经济的思想和观念较为根深蒂固,由于教育体制改革的滞后,其市场化的思想和观念更显得陈旧,具体表现是"吃皇粮"观念,寄希望于国家不要开放本行业的出版业,能在国家出版政策的保护下过一年算一年,还寄希望于学校能多给一些优惠政策,认为靠几本教材的配套音像教材有饭吃就行了。

(二)我国音像出版发行的不规范状况,特别是盗版严重,使众多音像出版社防不胜防。这反映出音像出版物市场的某种无序混乱的局面。大学内出版企业和书店的畅销外语音像产品大多是较精品的教材和教辅的配套声像材料,所以也是深受盗版其害,很多盗版音像制品甚至比正版音像发行数还要大。

(三)缺乏优秀的编辑销售人员,上海外语音像出版社的编辑人员目前只有 7 人,人员较为老化,由于工作量比较大,他们只能完成计划内的音像制品的编辑工作,而无暇去学习新的技术;销售部门人员的外语水平不高,大部分人员不懂得英语和外语教学。

(四)产品缺乏市场竞争力,产品结构非常单一,特别是随着信息技术的可持续发展,录音带、CD 在网络时代销售呈逐年大幅下降趋势。

(五)基本没有自己的直销渠道。本社产品的发行在全国有近 100 多家营业网点,但由于大多都不是直销门店,管理很松散。

三、上海外语音像出版社音像制品成本结构分析

上海外语音像出版社绝大部分产品是以盒带、CD为主,图书所占比重很小,在这里我们暂以CD产品为例研究分析上海外国语音像出版社产品的成本。

（一）CD音像产品成本的基本构成

按照上海外语音像出版社CD音像产品的制作流程和工艺特性,财务部门所说的CD产品的成本主要是：选题策划、直接生产、间接生产、销售和管理成本,笔者根据财务近期成本的明细账本归纳总结了CD成本的结构图。（见图10-1）

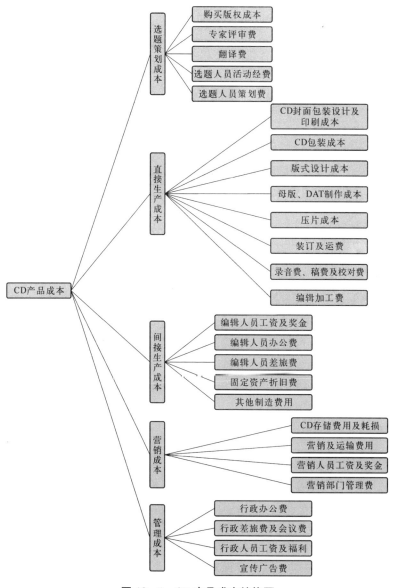

图 10-1 CD 产品成本结构图

（二）CD 成本结构分析

根据财务部门的账本资料,结合上述 CD 成本结构图,我们汇总了上海外语音像出版社 2005—2009 年的 CD 成本构成数据。（见表 10 - 1.图 10 - 2）

表 10 - 1

项目 \ 年份	2005	2006	2007	2008	2009
选题策划成本	27.91	30.68	34.32	37.29	28.05
直接生成成本	1 009.81	1 047.57	1 075.58	1 215.41	1 373.41
间接生成成本	45.59	50.66	43.85	75.45	36.61
营销成本	133.39	240.25	164.20	193.11	215.39
管理成本	91.90	227.00	170.15	123.14	402.90
总成本	1 308.60	1 596.17	1 488.10	1 644.40	2 065.36

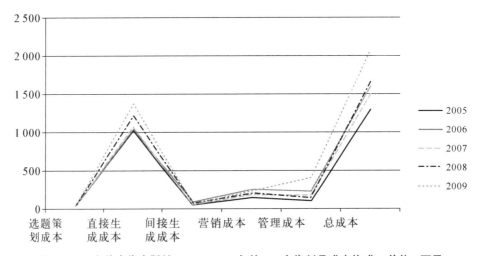

图 10 - 2　上外音像出版社 2005—2009 年的 CD 音像制品成本构成　单位：万元

从以上表格和图 10 - 2 表明,在上外音像出版社 CD 音像成本结构比例里,直接生产成本占用最多。所以如果积极运用成本管理手段对 CD 产品的直接生产成本采取科学有效的成本控制方法,它对减少 CD 产品的单品成本,提高单品的利润有着最为直接和显著的作用。另外表中反映选题策划成本所占比重最小,这也说明上外音像出版社在选题策划方面投入较少,近期多为翻版再版以前的题材,需要特别加以重视,争取更多的创新选题,否则老是吃老本,根本不能适应市场经济的潮流;另外我们也可注意到出版社管理成本不太稳定,上下波幅较大,说明成本管理中的预测和决策环节力度不够。

四、上海外语音像出版社成本管理对策

（一）不断开拓精品选题,从源头做好成本预测、决策和控制工作

选题的确定对音像制品的生产起着决定性关键的作用。这涉及成本管理的预测、

决策和控制三个方面的内容。全面、正确地理解我国音像出版社工作的方针政策,进行有效的市场调研,把握好市场趋势,构思出优质的、适应市场需求的选题,尽量避免因选题不够成熟而导致销售成品积压或库内半成品报废,因此讲选题策划最重要的是成本控制方向。

据此上海外语音像出版社应把精品选题作为编辑的首要任务。编辑必须首先走向市场,调查研究,了解信息,策划设计双效益选题,选择优秀作品,制作优质的音像出版物。出版企业要把编辑策划开拓精品选题作为考核编辑人员的业务能力的重要内容之一。编辑在策划、组织选题时,应该尽量保证在产品环节上的"一条龙",即:从组稿、策划、录音录像、后期制作、装帧设计、生产出版到发行都要严格把关。这也是现代音像出版业对音像编辑综合素质的基本要求,使音像编辑由单纯的选题、录音工作向策划编辑发展,以适应教育音像出版的需要。

（二）通过成本预测和控制手段,减少采购成本

我查阅分析了近期上海外语音像出版社采购费用,由于原材料价格增长等客观因素,使得原材料成本在总产品成本比例中越来越高,从 2005 年的原材料 40% 占比,到 2008 年原材料成本占比已经达到了近 60%,使得近期上外音像出版社因为成本原因,对新课题开发畏首畏尾,因此 2008 年前产品多为翻版复制以前的畅销产品。

依据成本管理的成本预测和成本控制的具体措施,为了切实减少采购成本,从 2009 年起上海外语音像出版社将原材料市场价格动态和编辑部门欲投产产品的生产动态结合起来,按需采购,科学地把握原材料采购的时间点,加强采购监控,杜绝采购中的浪费和腐败。本着这一观点,单位将原材料采购用公开招投标的管理透明操作流程,务求公开公正,并时刻接受监督,在不影响材料质量和保证供货时间的基础上,最小化原材料的采购价格;另外,上外音像出版社抛弃原有老旧的"货比 3 家"的采购模式,使用定向采购的方式,给采购人员的询价活动圈定一个范围,建立"合格供方评审"机制。单位根据产品需要制定统一的原材料采购验收标准,入库和结算规范,按质量、服务、技术和价格几个方面来建立供应商档案,根据供应商的竞争能力并由相关部门共同做出供应商的考评结果。

总之,本单位根据实际情况,应用成本战略管理中相应的对策,合理运用多种采购方式,在 2009 年把采购成本控制到了 52% 以内,取得了可喜的成果。

（三）加强生产过程的成本控制

为了排除音像制品生产制造过程中的各种浪费,降低音像出版物的单位成本,上海外语音像出版社还加强了生成过程中的成本管理:一、通过新技术、新工艺和管理方案的不断完善,努力降低产品成本,减少生产中的高能耗和原材料的高消耗,杜绝生产环节的浪费现象,严格控制残次品率,通过成本考核手段将次品率和相关人员的效益挂钩。二、认真分析工艺改进和设备更新方案的效能与效益之比,不要不切实际地购置先进设备和上马新工艺,浪费出版社资金。要使生产部门的效能效益比达到平衡,在满足消费者要求的前提下,最小化音像产品的生产成本。三、学习日本对生产现场控制

的精益管理模式,凭借出版社的先进生产流水线,实现科学有效的成本管理。四、采用作业成本管理方案。通过判别生产作业和产品对资源的耗费效率的不同,识别有效作业和无效作业,以及增值作业和非增值作业,消除无效的或不增值的生产作业,使得音像出版物的成本控制从产品级精细延伸到作业级精细。

(四)加强成本规划和分析工作,优化发行成本管理方案

成本的发行管理需要良好的成本规划和分析工作。上海外语音像出版社发行成本主要包括音像产品的物流和仓管成本,通过对物流环节制定规范和精益控制的成本管理方案,实现既定的控制发行成本的管理战略,在发行之初要充分做好市场调研工作,了解各个区域的市场需求量,力争使得音像产品在各个发行地区不间断、不迂回、不等待、不倒流,争取达到最优化运筹方案,一旦发现有浪费的因素,要通过成本控制的管理环节及时调整并清除。

(五)认真做好成本分析,合理售后服务管理成本

良好的售后服务是实现企业销售目标的条件之一,但服务也需要成本,承诺的服务项目越多,标准越高,成本也越高。为了增强教育音像产品市场竞争力和满足客户需求的服务理念,上海外语音像出版社的出版针对售后服务成本管理,做出了两点改进:一是增加出版部门对本产品在音像出版市场信息的收集,重视客户和读者反映,以避免后续音像出版物的盲目开发。二是要注意控制服务成本,对于教育音像类产品,在以人为本,满足客户价值需求基础上,最小化售后服务成本即可。

(六)稳定成本管理战略机制,加大对复合型专业技术人才的引进和培养工作

对于上外音像出版社,专业人才的青黄不接已经成为目前出版社亟待解决的工作,目前单位50岁以上的非中青年员工有60%。由于体制原因,本单位正式员工编制非常紧,而目前音像市场日益发展的结果就是:网络出版,新媒体,数码传播发行已经成为未来的发展趋势,老的陈旧的技术已经明显不适应上外音像出版社的发展,为了迎接未来数字化的市场竞争,本社编辑设计技术力量亟须储备和更新。一方面要积极突破体制限制,创建良好的人才引进机制,另一方面也要积极从内部培养,加强企业内部培训工作,鼓励员工工作之余出去深造,把员工培养成具有出版策划编辑与技术经济分析多才能的复合型人才。

(七)立足长远战略发展,打击盗版,加快网络出版步伐

打击盗版能够减少发现市场不规范的现象,增加出版社的利润,上外音像出版社在这方面也做了不少工作,但是打击盗版成本相当巨大,为了合理控制管理成本,本单位在这方面工作重点放在了预防方面,发行前杜绝母版的流出。另外也正在积极开发网络出版物,可以省掉传统出版物的印刷和复制等工作环节,节省大量的人力和出版资源,可以大大降低出版成本。网络出版物的另外一个优势是可以做数字版权,必须在线购买版权,音视频才能解密播放,这样就加大了打击盗版的力度,有效地保护本单位音像制品的发行和利润。

第十一章　出版企业营销战略管理

在图书市场竞争日益激烈的今天,出版企业要求得生存,并不断发展、壮大,必须主动出击,结合自身优势,积极挖掘选题,形成自己的品牌和特色。成功的选题策划是出版企业赖以生存、发展的灵魂。选题策划和营销策划应同步进行,实现选题策划与营销策划的一体化,进行图书整体策划,是出版企业开拓图书市场和赢得读者、提高出版企业知名度、形成本出版企业自己品牌特色的有力保证。图书整体策划是从环境分析、市场调查入手,了解读者需求,进而进行产品定位与创意,加工生产,确定价格,选择分销渠道和促销方式的管理过程,如图 11-1 所示。

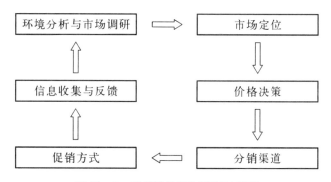

图 11-1　图书整体策划流程示意图

从图 11-1 可以看出,图书的整体策划绝不仅仅是简单的选题设计、内容、写作、版式、封面等要素的简单拼凑,而是在充分的环境分析和市场调研的基础上,创意思想向图书作品、商品的转化,使其不仅符合出版企业的宏观选题规划方向,适合图书市场需求,同时还要有特色鲜明的、各环节紧密衔接的动态运作方案,包括市场调研、选题名称和内容的策划、作者写作组织、图书产品的包装、宣传推广、营销、市场信息反馈、选题的二次开发等。

总之,图书营销远不只是卖一本书,而是一个系统工程,需要精心组织、策划和运作,从而达到效益最大化。

第一节　出版企业核心营销战略

财经类图书在营销中有其共性,即"致富",应充分挖掘。《富爸爸,穷爸爸》一书提出了新的理财理念及财商概念,全面挑战传统的金钱观、价值观和知识观。世界图书出版公司北京公司版权引进《富爸爸,穷爸爸》系列,以"财商"理念切入市场,整体策划、精心运作,在取得经营业绩的同时,树立了品牌。

本案例可使读者体会图书营销理念——卖点的挖掘,并围绕这一理念进行整体营销策划。

自 2000 年 9 月始,国内图书市场掀起一股紫色风暴。紫色封面的《富爸爸,穷爸爸》在短短两个月内即销售 10 万册。

《富爸爸,穷爸爸》由世界图书出版公司北京公司引入国内,书中提出了新的理财理念及财商概念,全面挑战传统的金钱观、价值观和知识观。该书的出版在社会上引发了一场理财观念的热烈讨论,影响广泛。作者清崎也因此拿到了几百万人民币的版税,他用自己的行动给渴望致富的读者上了生动的一课。

一、世界图书出版公司招赘"富爸爸"

1999 年 4 月,美国人罗伯特·T·清崎所著《富爸爸,穷爸爸》在美国上市。到 10 月份,即创下半年销售 100 万册的纪录,累计销量突破 150 万册。

1999 年年底,在德国法兰克福书展上,紫色封面的《富爸爸,穷爸爸》火爆异常,获得大量订单,并被翻译成 40 多种文字出版,英文版本的总销售量已达 700 多万册。2000 年 2 月,在亚马逊网上书店的 370 万种在售图书中,该书销量高居榜首,并持续几个月占领《商业周刊》、《纽约时报》、《华尔街日报》等畅销书排行榜的前列。

《富爸爸,穷爸爸》在德国法兰克福书展上的火爆,引起了国内出版企业的注意,其中包括世界图书出版公司北京公司。

世界图书出版公司是中国第一家开展引进版权业务的出版企业,以引进外语学习书闻名,如上海公司引进的《新概念英语》,北京公司引进的"韦氏词典"系列,等等。而随着外语学习书的市场竞争日益激烈,同时财经图书市场成为一个新的增长点,世图北京公司也在试图扩展自己出版的品种,尤其是在财经领域。

选择出版《富爸爸,穷爸爸》,以"财商"理念切入市场,成为世图北京公司的重要决定。在与国内六家出版单位争夺版权的角逐中,世图北京公司为获得该书版权,付出了巨大努力,前后历时半年多。1999 年 9 月,版权部经理马清阳参加了美国 DEA 书展,远行美国南部拜会出版企业和作者清崎等相关人士,以其精确到位的商业计划书及合作诚意,最终取得其"富爸爸"系列——包括《富爸爸,穷爸爸》、《富爸爸——财务自由之路》、《富爸爸投资指南》、《富爸爸——富孩子、聪明孩子》的中文版版权。

在拿到中文版权之前,世图北京公司就开始考虑怎样操作的问题了。《富爸爸,穷爸爸》实际上不只是一系列产品。在美国,作者清崎为这本书专门成立了一个公司——现金流技术公司,该公司的产品都是围绕着《富爸爸,穷爸爸》一书的衍生产品,包括"富爸爸"系列图书,截止到 1999 年年底,已出版了上述四本,另有五本"富爸爸"顾问丛书,"富爸爸"系列游戏——包括成人高级版、成人版、儿童版。此外,现金流公司还把其系列图书做成磁带,以方便读者在开车时边开边听。

世图北京公司除了引进"富爸爸"系列图书的版权外,还同时考虑是否引进配套的游戏玩具。世图北京公司是一家专注于出版的传统出版单位,如果把玩具引进来,公司并无相关操作经验,这就需要引进战略合作伙伴。

二、启动"富爸爸"项目,树立"财商"核心理念

世图北京公司专门成立了"富爸爸"项目组,并借鉴国外模式,引进风险投资,由汤小明先生投资 80 万元,以项目组的方式运作,以雷玉清和汤小明为组长,陈非为执行组长。同时,还对市场费用进行统筹安排,项目总费用的 50% 用于媒体运作。其中,50% 用于平面媒体,包括市场调研、专家演讲、各种论坛及研讨会,30% 用于以电视为主的立体媒体,另外 20% 用于网站及其他相关项目。

《富爸爸,穷爸爸》在国外是一系列书。国内出版界一般喜欢出套书,甚至没有成套的书也要做出一系列来,因为在店面摆放起来比较显眼。而项目组经过分析认为,如果同一个作者、同一系列书,放在一起推出,读者可能只买其中的一本。因此,他们决定将"富爸爸"系列分期推出。

在品牌设计上,"富爸爸"项目组从项目运作初期开始,就重点推广"财商"概念,一方面,这是该书的一个卖点;另一方面,项目组也考虑到今后可以拓展到培训领域。项目组还对"富爸爸"品牌进行了商标注册,并建立了 fubaba. com. cn 的中文网站,实施以"富爸爸"品牌为主导的运作思路,从各个角度综合开发"富爸爸"系列产品。

三、投入时机选择与造势

2000 年 7 月,《富爸爸,穷爸爸》实际上已经印制完毕。但为了等待最好的宣传时机,直到 9 月北京国际书展时才亮相。世图北京公司联合中图读者俱乐部,在一、二、三层展馆都设立了醒目的展位,几家加盟网站也在网上和现场配合宣传,紫色的大幅封面招贴在场内随处可见。值得一提的是,他们在展台上制作了一个非常特别的 POP——两米高的巨型《富爸爸,穷爸爸》的纸书,由于书中用的是真正的纸,这本"大书"在展会上轰动一时。这种先声夺人的宣传给分销商和读者留下了异常深刻的印象。

这次经过精心准备的"造势"非常成功,短短几天就让几乎所有与会的中外书商认识了《富爸爸,穷爸爸》,从而为以后的市场冲锋打下了良好基础。

在展会期间,《富爸爸,穷爸爸》项目组同时在新华社举行了专门的新闻发布会,邀请了全国 40 多家报纸、电视、网站等媒体。发布会上,项目组不仅把《富爸爸,穷爸爸》的巨型纸书搬来了,还请来了北大方正的董事长魏新、中国人民大学经管学院的副院长黄泰岩、审计署 ACCA 专家章轲、民企老总丘创等,分别从企业家、学者、社会和个体企业的角度阐述了《富爸爸,穷爸爸》的特色与"财商"观念的重要意义。

新闻发布会后,北京的主要媒体都用了较大版面进行报道;新华社为它发了通稿;全国 30 余家晚报纷纷转载;网上也有了上万条消息。《富爸爸,穷爸爸》在第一时间广而告之,在广大读者中的影响迅速扩大。出书仅 1 个月,就登上了《中国图书商报》的财经类图书销售排行榜。

"富爸爸"系列的第二记重拳是在 2000 年 10 月的南京书市上,推出"富爸爸"系列的第二本书《富爸爸，财务自由之路》。为此"富爸爸"项目组提前进驻南京，再次上演了"媒体冲击波"。在南京书市之前，南京附近各大报上关于"富爸爸"的文章已经铺天盖地。有的书商谈到，还没下飞机就已看到关于《富爸爸，穷爸爸》的介绍文章了。在书市上，项目组又出新招，他们带去了大量的大对开的海报，贴满了会展所有可以贴的地方。他们还做了两个两米高的喷绘对联，上写："晚看不如早看，读了还得再读"，"智商、情商、财商，一个都不能少"。在"富爸爸"的传播中，"揭露富人的秘密"、"两个爸爸大战一个女孩"等类似口号陆续见诸传媒，从各个方面吸引读者注意力，为《富爸爸，穷爸爸》的销售推波助澜。

在发行方面，该书的特色也很鲜明。在"二渠道"书商会场上，项目组带去了大量样书，让经销商随意取阅，先看后订。并且一反常规，坚守55％的折扣批发价，并且现款现货，概不赊欠。此举反而勾起了图书批发商的好奇心，一时订单踊跃。随着"富爸爸"热持续升温，出版企业取得了单品种一次订货81万码洋(3.4万册)的不俗业绩。

在市场通路上，这套书的发行以二渠道的火暴带动主渠道的跟进，以主渠道的市场影响力(尤其是排行榜的导向作用)促进更大范围内读者的认知。在主渠道方面，几乎跟所有的大书店都打了招呼，以保证最好的店头码放。同时，批发与邮购、赠送和销售等各种形式相辅相成，形成良性互动。

2002年以来，项目组逐步加强了与经销商在广告宣传层面的合作，不但向经销商提供书籍样品，强调书籍在书店中的摆放位置，还为其提供新闻稿件、海报、宣传册等，帮助联系媒体资源。同时，还通过独家地区代理和销售折扣优惠，保护经销商的利益，推动经销商在区域媒体上做宣传，通过媒体渗透，扩大在中小城市读者市场中的影响力。

2000年11月，"富爸爸"系列第三本《富爸爸投资指南》接踵而至，同时推出配套玩具。伴随着"富爸爸"系列图书的陆续推出，项目组倾力公关，扩大影响。除了开办富爸爸网站，启动大规模"全民财商启蒙教育"活动，还参与央视二套"读书时间"节目，并策划作者清崎的中国之旅。项目组还联合中央实验话剧院编排《富爸爸社会现象》话剧，与中国影视交流中心动画部合作制作有关动画片，联合《北京晚报》进行对大学生、高中生的财务素质调查。"富爸爸"引出的财商教育还走进了清华大学、中国人民大学以及北京师范大学的课程安排和研究课题。

四、搭个网站赢取口碑

自发的口碑传播对《富爸爸，穷爸爸》的热销起到了重要作用。项目组建立的fubaba. com. cn网站，提供读者交流平台，及时发布各种相关信息，回答读者提问，注重与读者的交流与互动，努力引导和推动口碑传播。并与贝塔斯曼在线、当当、卓越等网上书店达成良好的合作，实现信息共享，及时与读者沟通。

项目组从一开始就重视客户资料的收集，建立顾客档案，开发顾客资源，以实现口碑传播网络化。书中附有精心设计的读者调查表，用以收集读者信息。项目组还和中信银行合作搞了一次5万元投资机会的奖励活动，并开通"富爸爸"热线电话，解答读者的疑问并及时掌握读者情况。在短短几个月的时间里,"富爸爸"便拥有了大概 6 000 人的客户群,并建立了四个俱乐部:电话俱乐部、读者俱乐部、记者俱乐部、特殊俱乐部。一两年来,项目组先后收到 2 万余封读者来信,并与读者一直保持着密切联系。

从 2000 年 9 月到 2001 年 6 月,"富爸爸"系列连续 13 个月处于《中国图书商报》财经类图书排行榜前列,大量书评和读者文章予以介绍和褒扬,进一步增大了"富爸爸"系列图书的影响力。

五、借清崎中国之旅推波助澜为配合

《富爸爸,穷爸爸》的热销,2001 年 5 月底,罗伯特·T·清崎开始了为期 5 天的北京之行。清崎本人在美国曾花很大精力在各地做演讲,并带有培训成分。在国外,作者进行演讲是一种推广图书的常见方式。

5 月 26 日晚,罗伯特·T·清崎走进央视二套《对话》栏目,与来宾及观众"对话财商"。6 月 1 日晚,清崎夫妇做客新浪嘉宾聊天室,与广大网友进行交流。随后又相继在北京国际会议中心、清华大学举办财商专题演讲,并在王府井图书大厦签名售书。清崎的演讲颇具鼓动性,其所示范的配套玩具分成人版(298 元一套)和儿童版(268 元一套),售价都不便宜。出人意料的是,当天等候买玩具的人排起了长队,现场带去的 200 套玩具不到半小时便被一抢而光。各种媒体对清崎及其中国之行做了大量报道,"富爸爸"的影响进一步扩大,书籍也更加热销。

借助《富爸爸,穷爸爸》的畅销势头,世图北京公司不仅接连推出了"富爸爸"系列的《富爸爸投资指南》、《富爸爸——富孩子、聪明孩子》,还借势出版了《轻轻松松变富婆》、《富爸爸给青年人的十条忠告》等系列图书,并展开了一波波的宣传攻势,形成了"富爸爸"家族的整体推进势头。

六、品牌拓展

1. "财商"教育培训

项目组成立之初,就将"富爸爸"作为品牌进行注册,随着"富爸爸"热的升温,"富爸爸"项目组发现,60％的读者都希望学习更多的财商知识,这显然又是巨大的商机。2001 年 4 月,北京财商教育培训中心成立了。其培训计划是:演话剧、演讲、玩"现金流"游戏玩具,并进行讨论、分组,由专家指导各种投资方式,让这一培训走向各地,走向下岗职工和农民,让他们学会全新的理财观念,克服各种障碍,依靠自己改善生存状况。该项目主要由图书、玩具、多媒体出版物、培训中心、网站、试验话剧、读者俱乐部及一系列教育培训活动组成。

2. 牵动游戏市场

项目组签下了"富爸爸"系列游戏的全球中文版代理权,包括《现金流》(成人版)和《现金流》(儿童版),相比美国 300 美元的价格,200 多元人民币的价格显然具有极大的竞争力,在美国、欧洲等全球华人市场,该游戏先后卖出了数万套。

3. 舞台剧巡演"富爸爸"

2002 年 7 月,根据同名畅销书改编的幽默舞台剧《富爸爸,穷爸爸》,被北京欣然影

视文化传播公司搬上舞台,并在北京青艺小剧场热演 20 场,之后开始在广州、上海、成都等各大城市巡演。"富爸爸"又成了各地报纸娱乐版的重要新闻。

第二节　图书整合营销传播战略

——《世界是平的》的市场定位及其整合营销传播

从某种程度上讲,商业书籍的成功营销是一种理念的传播。而要传播一种理念、一种声音,整合是关键,需要精心策划。

《世界是平的》一书的营销,从营销理念、市场定位的确立,到围绕市场定位所进行的定价、促销宣传,充分体现了营销传播的整合思想。通过本案例的学习,可以使读者了解整合营销传播在图书营销中的应用。

一、出版背景

《世界是平的》一书是《纽约时报》专栏作家、曾三次获得普利策新闻奖的美国著名作家托马斯·弗里德曼关于全球化的第三部著作。在《世界是平的》一书中,作者阐述了对全球化的理解,认为世界在全球化的进程中趋向扁平,并把柏林墙的倒塌和 Windows 操作系统的建立、互联网时代的到来、工作流软件、上传、外包、离岸经营、供应链、内包、搜索引擎、数字化列为碾平世界的十大动力。而我们应对这种全球化的方法就是创新。该书曾连续十多个星期登上《纽约时报》、亚马逊网上书店以及巴诺网上书店的畅销书前十位。2005 年该书在美国面世后,已售出 300 万册,是 2005 年全球最畅销的商业书籍,并获得了 2005 年《金融时报》年度最佳商业图书奖。

2005 年,《世界是平的》英文版在美国面世热销,"世界是平的"概念迅速传播开来。正如书中所阐述的,近几年来,跨国公司由于高额的人员成本以及机构臃肿,使其在与新兴的印度、中国的商业竞争中优势越来越不明显,因此跨国公司被迫将非核心的业务迁移到成本更低、效率更高的地方。而信息技术的发展和世界经济环境的变革、关税壁垒的消除以及当地市场的日益透明,使得跨国间的运营成本大为减少。而且信息技术和通信技术的发达使得过程管理和运输成本大为降低。因此,全球资源整合是今后主流企业生存的一个先决条件。这对于中国这样的发展中国家如何在世界上新一轮的产业转移中把握机会,从越来越扁平的世界中得到更多的利益,具有重要的现实意义和指导意义。因此,该书引起了湖南科技出版社的领导以及编辑的密切关注。当时,国内几家大的出版社也正积极争取该书中文简体字版的版权。凭借曾经出版《时间简史》等系列图书的经验和优势,以及最早拿出完善、具操作性的营销推广方案,最终湖南科技出版社获得版权。

二、图书上市前的营销传播

依据前期的市场调查和该书在美国的出版经验,湖南科技出版社决定把该书国内读者定位在企事业单位的管理者,IT、通信等行业的技术人员,公务员,学术研究工作者,以及对全球化感兴趣的各类读者。根据目标受众的支付能力,也为了留给经销商更大的利润空间,调动广大经销商的积极性,因此决定采取中等偏高的定价。精装本定价60元,平装本56元。

在品牌识别方面,因为该书在美国就是畅销书,一些目标受众在国外或通过网络已了解该书的英文版,同时也为了有别于其他类似图书,决定采用原英文版的封面,便于读者识别。并在封底印上比尔·盖茨的话"这是所有决策者和企业员工的一本必读书"、《商业周刊》的话"所有的MBA都在读《世界是平的》",以及《纽约时报》《华盛顿邮报》等对该书的评价,以激发读者的购买热情。

"世界是平的"是IBM公司2006年度营销的核心理念,因此IBM公司选择以图书《世界是平的》的形式作为IBM公司的"代言人"。由IBM公司出资,随书附送印有IBM公司的书签。书签采用的绯红色和六角风车的背景花色,秉承了IBM公司近期的广告风格。书签上一面写有"什么使您与众不同",另一面写有"创新使您与众不同",这也正是《世界是平的》这本书所倡导的、面对日益扁平的世界我们应采取的对策。IBM公司大中华区董事长周伟焜为该书写了序言。这样既对IBM公司进行了宣传推广,出版社也借助IBM公司这个平台,推广了《世界是平的》一书和书中的理念。

为了引起读者的注意,引发读者的兴趣,刺激读者的阅读、购买欲望,出版社通过与经销商的有效沟通,针对不同的受众,通过网络、报刊等不同媒体,介绍该书以及"世界是平的"概念,使读者对该书的阅读期待得到显著提升,不断有读者打电话到出版社询问该书的出版时间。通过对读者的预热宣传,使得该书中文版还未面世就在市场上形成了一定的张力。

三、图书上市后的营销传播

2006年9月初该书上市后,湖南科技出版社提供给各类报刊、网络、电视等媒体的书评、书摘、出版报道等约50多篇,投放广告10次。书评和广告的投放数量创下了该社近几年来单本图书宣传推广的新纪录。

在宣传媒体的选择上,和以往仅关注书业内媒体的做法不同,这次出版社将重点放在书业外的媒体上,选择该书所定位的目标读者经常接触的媒体,如《新京报》《南方都市报》《海峡都市报》《中国青年报》等有影响力的主流大众媒体,《第一财经日报》《国际先驱导报》以及《环球企业家》《中外管理》杂志等拥有高端读者群的媒体。《世界是平的》一书的主要译者何帆也在中央电视台《子午书简》栏目中解读该书。

在读者需求被挖掘出来形成市场拉力的同时,渠道销售的推力也在逐步跟进。出版社早些年出版了《时间简史》等书,这些书虽然是科普书,但探讨的是宇宙的本源等哲学问题,所以一直在社科图书渠道销售。出版社市场营销部与这些渠道建立了密切的合作关系,这为《世界是平的》一书的销售打下了良好的基础。而该书的热销、定价也能给经销商带来更多的利润,所以他们推销的积极性很高。在卖场贴海报、横幅,尽快上架铺货,摆放在卖场显眼的位置,使读者能迅速找到并购买该书。

出版社在图书宣传推广中,借助IBM和《中外管理》杂志进行有效的公关活动。IT业的跨国巨头IBM公司,近几年正努力使自己变成一家全球资源整合企业。2006年

10月初,IBM全球采购中心从纽约搬到了深圳,这是IBM的总部首次搬出美国本土。IBM公司为了在中国推行其公司战略,主动携手湖南科技出版社,邀请《世界是平的》作者托马斯·弗里德曼访华。2006年11月14日下午,在北京举行了由湖南科技出版社和IBM公司主办的"《世界是平的》高峰对话"。托马斯·弗里德曼、IBM全球副总裁布鲁斯·哈里德(Bruce Harreld)、湖南出版控股集团公司副总经理张天明、《IT经理世界》总编辑刘湘明作为嘉宾出席了对话。在对话中,作者主要围绕书中的创新思想和基本观点,与中国读者进行了面对面的交流。出版社为这次活动进行了大量的准备工作,精心挑选了参会的读者代表、商界代表以及进场采访的媒体。会后,几十家电视、报刊、网络等媒体进行了相关报道,在社会上产生了巨大的影响。

《中外管理》杂志是面向企业中高层管理者的管理专业月刊,是国家自然科学基金会管理科学部重点扶持的三大支柱管理刊物之一。该刊每年举办的官产学恳谈会已成为中国企业家获得最新指导信息的顶级盛会。2006年11月下旬,湖南科技出版社赞助了第15届中外管理官产学恳谈会,会议的主题是"管理平天下"。会上,全国人大常委会副委员长成思危做了题为《经济全球化与企业发展战略》的主题演讲,博鳌亚洲论坛秘书长龙永图做了题为《全球化与世界是平的》演讲。在演讲中,他们多次提到《世界是平的》一书和"世界是平的"概念。600多家企业高层管理人员和政府官员参加了会议。会场中人手一本《世界是平的》,会上会下大家都在谈论"世界是平的"。通过这次会议,该书的知名度和美誉度得到了极大的提升。很多企业会后纷纷团购该书,发给每位员工学习,并集中时间让每位员工谈读书体会。重庆市委书记也要求重庆市处以上领导干部都要阅读该书,并要写读书心得。

该书从2006年9月上市到2007年2月底止,共销售了30万册,其中重庆市春节期间就销售了2万册。同时,该书登上了北京图书大厦、北京王府井新华书店、当当网上书店等书店畅销图书排行榜前列。湖南科技出版社的知名度和美誉度得到了很大的提升,这为出版社今后其他图书的出版发行打下了良好的基础。

第三节 图书网络营销战略
——当当网络书店的经营模式与营销组合策略

当当网在明确市场定位的基础上,通过研究和有选择地吸收他人的成功经验,结合我国电子商务环境实际,不断创新,开拓可行的物流与支付体系,打破了困扰电子商务实施的诸多"瓶颈"。现在,越来越多的读者选择网上购书,图书的网络营销已成为图书营销的一条不可忽视的重要渠道与趋势,图书的网络营销模式及其营销策略值得业界深入研究。

当当网坚持"诚信为本"的经营理念,国内首家提出"顾客先收货,验货后才付款"、"免费无条件上门收取退、换货"以及"全部产品假一罚一"的诺言,用自己的成功实践经验为国内电子商务企业树立了"诚信经营,健康发展"的榜样。并通过自动智能比价系统,保证所售商品价格最低。

一、当当的模仿策略

当当成功的一个关键因素是市场定位非常明确:一直是在做 B2C,从卖书开始再增加卖其他商品。很多公司从 B2C 到 B2B、到卖整体解决方案,什么都做。一个公司的核心竞争能力需要集中,也需要时间培养,当当一直很专注。

当当最初是从全球最大网上书店亚马逊学到了成功窍门的,但更在意的是"成功"而不是"复制"。当当在实施模仿战略时,秉承"以开阔的心态和眼界去模仿,并且在模仿中重新建立适合企业本地化生存"的新规则。

1. 模仿策略需要资源契合

"想要模仿也是有条件的。"当当的观点是从现实出发的。

互联网以及基于互联网的商业模式在美国起源和兴旺,被人效仿似乎是顺理成章。然而从战略角度而言,对照标杆企业复制建立一个新企业,资源上的契合无疑是日后成功的良基。

模仿的第一步就是研究。在处于准备期的 1997 年前后,俞渝和李国庆分析亚马逊模型,开始筹备、制作书目信息数据库。1997 年 6 月公司注册成立;1997 年 8 月发行"中国可供书目"数据库,次年 3 月,几百家书店和图书馆成为当当的"中国可供书目"用户;1999 年 11 月网站 www.dangdang.com 投入运营之前,当当已经在模仿亚马逊的商业模式中,开始加入了不得不根据中国国情而制定的本地化变革。

从战略层面上讲,当当真正模仿亚马逊的只有两点:一是多品种战略,即让顾客有更多选择;另一个就是它的价格战略,样样打折,用低价让顾客在当当得到实惠。为了将价格降低,以适应中国消费者对价格的敏感,当当每年都要与供应商进行艰苦的谈判。

2. 在模仿中重建新规则

"用笨方法,从骨子里学"是当当之所以能够将网上购物这样的新事物在中国成功推动的"模仿要义"。其中,最核心也是最困难的,就是模仿战略的本地执行。

我国的信息社会化程度、电子支付的手段和观念、物流运输体系的建设等,都无法与美国、与亚马逊所处的商业环境相比。因此,创造性的模仿成为最终模仿战略中关键也是必需的环节。

当当在模仿亚马逊的过程中,根据现实的商业环境,有四点创新:① 收款模式的创新。中国是现金交易的大国,在网上信用卡支付还不普及的情况下,货到付款,并且最终由递送员将款项给发送公司,再汇至当当的账户上,成为适应现实的良性运转模式。② 配送环节的创新。中国没有像联邦快递这样覆盖美国乃至全球的物流企业,当当现在的做法是航空、铁路、城际快递、当地快递公司齐上,当当需要和 20 多个运输企业、40 多个速递公司进行业务合作。尽管管理和协调的难度增加,但却解决了最短时间内送货上门的问题。③ 交货速度的创新。在亚马逊,网上购物后通常在 7 个工作日后交货,但是当当经过研究比较发现,亚洲特别是中国消费者的耐心非常有限。于是当当在交货速度上,力求快速。北京的消费者网上购买通常第二天即可送达,而上海、广州、南京等一些较大城市通常在 3—5 天内可以收到。④ 服务的创新。中国消费者没有像美国那样经过一个邮购的商业模式,对他们来说,网上购物就像是"隔山买牛"。让他们最大限度的放心,不仅需要政策、制度的保证,同时也需要多种服务手段的提供。当当摒弃了美国网上购物与顾客沟通模式的单一化,而是用电话、E-mail、QQ、BBS 等多种手段,消除中国消费者网上购物的陌生感,降低尝试风险的门槛。

二、当当网上书店的经营策略

1. 为顾客营造良好的网上购物环境

网上商店的网页如同传统商场的店面布局,其设计好坏,直接关系到网上顾客查询商品的便利与购物气氛的营造。好的商品目录可以使顾客通过最简单的方式找到其需要的商品,并可以通过文字说明、图像显示、顾客评论等充分了解产品的各种信息。从顾客的购买心理和行为来看,网上商店的产品分类和查询系统以及产品详细介绍等对网上购物的成功率有重要影响。

当当参照国际先进经验独创的商品分类、智能查询、直观的网站导航和简洁购物流程等都为消费者提供了愉悦的购物环境。

(1) 分类浏览。当当网上书店对图书进行分类处理,通常是以顾客需要为主要依据,即分类时考虑最多的是怎样方便用户。

当当除了基本的分类外,还提供了特色分类,如女人、经理人、新新人类、武侠、考试用书、礼品等大类。这种分类其实并不完整,它们只是突出了重点、迎合了大量用户的需求,是为了方便用户浏览、查找而设置的。

在浏览二级类、三级类时,用户还可以发现当当提供了又一种分类方法,即把该类下的图书又分为五折以下的特价书、近期新出版的图书、今日图书畅销榜、近期编辑推荐的书、最值得收藏的书、学习用书系列丛书等几类,这种分类也是为了吸引顾客的注意以便更好地向顾客进行推销。

当读者浏览某本书的书目信息时,当当还会提供该书所属的类别、该书作者的其他作品(用户可以浏览该作者的所有作品)、该书的出版社(用户可以浏览该出版社可在当当出售的所有书籍),这样用户能够随时进入其他的分类方法,从不同角度进行浏览。

(2) 目录导览。当当为用户提供了许多导览目录,如特价书、畅销排行、新书情报、二手图书、出版社专卖等。用户只需使用每一网页上方及下方的导览目录,即可轻松在网上选购。这种导览分类明确、容易辨别,用户只需点击鼠标,即可直接进入。

(3) 快速关键词检索。除了分类检索之外,当当网上书店还提供了关键词检索的功能。当当提供的简单检索是一种要求特别低的关键词检索方式,用户从书名、作者、出版社等角度都可以进行查询。只要用户输入关键词,就可以查询到和关键词有关的图书及其他商品的信息。点击查询结果明细,用户可以在明细中发现所需要的信息,继续点击,即可进入此图书的具体内容。

使用这种快速检索时,用户不用关心具体的检索对象,只需知道作者、书名等其中之一的信息即可。正是由于这种检索的"模糊"匹配,提高了查询效率,用户可以在较多的信息中发现相关信息。

　　（4）组合查询。当用户在当当主页选择了快速查询、分类查询或在主页上方点击"图书检索"按钮后,均可以进入组合查询。组合条件查询用户可以选择书名、作者、ISBN 国际标准书号、出版社、出版日期、折扣范围、定价范围中的一项或多项,构造更复杂、更精确的检索式,以便快捷准确地找到所需图书。同时,组合查询有模糊和精确两种方式供用户选择,选择精确方式,用户可以得到与检索式精确匹配的查询结果,选择模糊方式,用户得到的结果则是与检索式中的几项相匹配的结果,用户可以在检索结果的基础上进一步筛选。

　　所以说,建立一种快捷、方便易于顾客对商品进行分类检索及多种方式查询的系统,是网上书店成功的关键所在。

　　2. 提供优惠和特价商品

　　网上购物这种形式一经出现,给人们的感觉就是比在传统商店购买商品便宜,所以能否获得一定折扣是关系到顾客是否将该产品放入购物车的重要因素之一。因此,网上书店应尽量提供优惠措施。当当网上书店采取的优惠措施有:① 折扣价。当当网上书店对所有商品都有打折,比市场价便宜。② VIP 会员卡。对消费达到一定金额的老顾客发放 VIP 会员卡,持卡顾客可在折扣基础上享受更多的优惠。③ 对新顾客采取特别优惠措施。为吸引新顾客,当当网上书店规定,凡第一次购物的顾客可享受特别优惠措施。例如,用 2 元就可以获得价值 20 元的 VCD 等。④ 设特卖场。当当网上书店每天都推出特价商品,如特价图书、特价音乐、特价影视、特价软件、特价游戏等。这些商品价格折扣较大,价格往往低于原价格的 50%,有较大的吸引力。

　　3. 改善物流状况,实施良好的商品配送

　　电子商务再先进,只能实现信息流的传递,实物的运送只能用传统的方法来实现。为此,物流是网上书店面临的最大挑战,处理不好,甚至会抵消网上书店的所有优点。网上书店的一个优势是可以越过中间流通环节,面向最终消费者直接销售,其经营的关键在于因减少中间流通环节而增加的利润能否抵消小额配送所扩大的成本。

　　当前当当网上书店的送货方式主要有三种:一是通过邮局寄送;二是雇用配送公司发送;三是自己组织人员配送。这三种方式各有优势(如邮局平件寄送价格低但速度慢,配送公司速度快但配送能力有限,自己组织人员配送准确性高但成本也高)。为了应对配送的压力,实行区域化经营,建立合理的配送网点是当当物流开支的有效方法之一。目前,当当分别在北京、上海、广州建立配送中心。

　　总之,网上书店要降低运输费用,给顾客带来最大的利益,物流是永远需要研究的问题。网上书店不能只依赖邮政系统,而要不断开发新的途径,从服务质量、运输费用等多方面考察合作伙伴,建立快捷而经济的物流系统。

三、当当网上书店的营销策略

1. 产品策略

网络上可供销售的产品繁多,图书和音像制品是最适合在网上销售的东西,只要看到一些基本信息，就能判断买还是不买。另外，中国图书音像的零售网络、信息传递都不发达，这为网上书店留下巨大的市场空当。当当网上书店的产品以图书和音像制品为核心产品、其他商品为辅。

当当在具体实施过程中坚持"纯网络销售"，并且只做 B2C，即只卖给个体消费者，不面向图书馆和批发商。当当坚持用品种多取胜，这样就给了网民选择的自由，也就比"精品"战略所覆盖的人群要广阔。因为要走大而全的路线，就需要考虑库存带来的成本问题，他们采用"虚拟库存"的方法来管理商品，库房里只有 30％的品种，其他库存存放在合作伙伴的库房里。

当当是音像、影碟和书并重的，希望顾客不要把当当看成仅仅是一个书店，也要把当当看成是一个音像店。就销售额来看，图书销售额还不到当当总销售额的一半，其他都是由音像、软件、游戏构成的。

2. 价格策略

与传统企业一样，网上书店同样也要开展行之有效的市场营销活动，而价格是营销组合 4P 理论中唯一能为网上书店直接带来收入和利润的因素，同时也是网络营销组合中十分敏感而又难以控制的因素，它直接关系到读者的网上购买行为，影响着市场需求和网上书店利润的多少，因此，定价策略是网上书店网络营销组合因素中一个极其重要的组成部分。

当当网上书店自开业以来，一直秉承"更多选择、更低价格"的市场策略。

当当网是行业外的公司创立的网上书店，是追求盈利的纯经营性企业，因此在价格策略上考虑较多。当然低价策略也不是一味地打折，而是分层次立体化的价格体系。当当网的一般图书价格都维持在原价的 70％—90％，与传统书店的价格差距不大。真正吸引读者的还是特书促销。当当网站的降价品种多，降价幅度大，在特价图书上大做文章。在"当当五周年店庆"和"岁末大清仓"进行促销，一连开展的多次降价促销活动中形成了明显的价格优势，引发了读者的购买欲望。除了一般图书打折和特价图书降价促销之外，为会员提供优惠服务也是一种重要的低价策略。当当非常注重对会员的培养，它采用积分卡打折制度，但积分卡的使用并不局限于一个人使用，如一个办公室的几个人都可以使用同一张积分卡，这样极大地提高了顾客对网站的忠诚度。

3. 成本控制

"降价很容易，但降得起价却很难。"低价策略是网上书店诱发顾客购买行为的重要手段，但必须以一定的成本为基础。

实际上，网上书店与传统书店的主要区别之一在于其网上书店固定成本较低易于达到盈亏平衡点。在一定业务范围内，固定成本是不变的，变动成本总额随业务量的增加呈正比例增加，但如果成本控制不严，那么很难实现盈亏平衡，即使是盈利，利润空间也被严重侵蚀。而如果严格控制成本开支，就可以提前实现盈利，扩大利润空间。2004年，"持平下的高增长"意味着当当的 B2C 电子商务模式即将进入盈利阶段，而这种盈利模式下利润增长空间将远远超过传统书店。然而要尽快达到盈亏平衡点，实现盈利就必须在提高业务量的同时密切关注费用结构、严格控制成本。

首先源于其对网上书店电子商务模式的深刻理解,不断挖掘 IT 潜力,降低营销成本。当当的订单完全由网上系统完成,只有一人负责审核,接听客户电话的只有 12 人。而同等规模的贝塔斯曼书友会采用邮购和电话订购模式,需要 60 个人输入订单信息,40 人接听电话。而且要贝塔斯曼一年四次寄给目标客户书目,目录从印制到邮寄,一年的费用就高达 1 800 万元。

采用网上追踪销售的当当,其发送 E-mail 的成本基本可以忽略不计。依靠不断挖掘 IT 技术的潜力,当当的营销成本从起初营业额的 40% 逐步下降到营业额的 5%,而同期的技术成本比例也在下降。

坚持朴素的务实作风是当当成功控制成本费用的另一个原因。不容否认,当当是在复制亚马逊的商务模式,但却是小心翼翼、谨慎跟随。虽然亚马逊已经开始涉足经营百货,但当当依然坚持卖图书、音像、游戏软件这些有出版物特征的产品。当当曾在网上办书斋、搞书评、开展创作,最后都关掉了;当当也曾跟着网络"落地风",打算在各地办有楼有脸能直接卖书的"物理书店",最后都停下了。为了控制成本,当当没有搬到豪华的写字楼里,而是租了安定门外不到 1 000 平方米的三利大厦四层。当当开张第一年有 90 名员工,库房有 30 人,现在公司总部办公人数在减少,只有库房增加了打包的人数。

4. 促销策略

网上书店的促销活动与传统销售媒介的促销活动,无论在促销的方式还是实施促销活动的形式上都有相似之处。例如,优惠券、打折、游戏式抽奖等。当当网上书店在网络营销活动的实施过程中促销策略可以说多种多样。

(1) 网上折价促销。折价亦称打折、折扣,是当当网上最常用的一种促销方式。因为目前网民在网上购物的热情远低于商场超市等传统购物场所,因此网上商品的价格一般都要比传统方式销售时要低,以吸引人们购买。由于网上销售商品不能给人全面、直观的印象,也不可试用、触摸等原因,再加上配送成本和付款方式的复杂性,造成网上购物和订货的积极性下降。而幅度比较大的折扣可以促使消费者进行网上购物的尝试并做出购买决定。

(2) 积分卡促销。积分卡促销在网络上的应用比起传统营销方式要简单和易操作。网上积分活动很容易通过编程和数据库等来实现,并且结果可信度很高,操作起来相对较为简便。这种促销方式是当当比较重视的一种营销策略。当当的积分卡并不限定本人使用,经常是一家人或是一个办公室的人使用一张卡。虽然这种客户趋于集中化使得他们打折的压力更大,但却减少了他们开发新客户的成本和广告费用,维护一个老客户的成本毕竟要比开发一个新客户的成本少得多。

采用积分促销可以增加上网者访问网站和参加某项活动的次数;可以增加上网者对网站的忠诚度;可以提高商品的知名度等。

(3) 网上联合促销。由不同商家联合进行的促销活动称为联合促销,联合促销的产品或服务可以起到一定的优势互补、互相提升自身价值等效应。

如果应用得当,联合促销可收到相当好的促销效果。当当正是看中联合促销的优势经常与不同商家进行合作开展促销活动。比较成功的案例就是与传统书店的合作。

2002年,在中秋和国庆双节来临之际,9月16日,当当网上书店与新华书店总店,联合推出为期两周的"2002秋季网上特价书市"。在特价书市期间,当当网上万种商品均全部以进货价格出售,大部分折扣都在30%—50%,最低的折扣甚至只有20%,VIP顾客还可在此基础上享受更多的优惠。同时,本次特价书市还特设品种丰富、数量不多的"孤本独卖"区。由于"特价书市"的许多商品都是值得珍藏的精品,售完不再补货,加上如此大的价格优惠,因此,当当网上很多读者抢购,掀起了一轮购书的热潮。

这次"网上特价书市",当当和新华书店做了精密的筹备,准备了近两万种商品,包括图书、影碟、音碟、游戏、软件等多个门类,仅图书就有金融、外语、小说、漫画、法律等数十个类别,音像也有卡通、日剧、武侠、科幻、历史传记等;而且全部都打折,像商务印书馆的《培训与发展手册》(上下)4折,只要21元,二月河的《乾隆皇帝天步维艰》3折,只要8元;金喜善主演的热门韩剧《天涯海角》(16VCD)5折,只要69.3元,价格都非常吸引人。

活动推出后,当当的订单和点击率就直线上升,比平时增加了近50%,并有不少顾客纷纷在当当的论坛上发言,感谢当当举办这次"网上特价书市"。由于平常购买图书收藏的花费是很高的,对于工薪阶层的图书爱好者而言,确实有些力不从心。而当当的特价书市为图书收藏者们提供了一次宝贵的机会,大家只需用成本价格就可以将原来心仪已久、价格不菲的成套精品图书请进家中,而且鼠标一点,好书就送到家中,免去了去书市淘书的奔波劳顿,因此深受广大消费者的欢迎。

对于此次活动,当当市场部人员称:"这次在200家出版企业的大力支持下,当当与新华书店联合推出网上特价书市,以进货价格出售万种商品,是当当盈利后对广大消费者的支持的一次答谢,当当愿以'更多选择,更低价格'的服务,让广大读者的节日生活更加丰富多彩。"业内人士分析:当当以进货价格出售上万种商品,实现"0"分利,这在行业中还是第一家,此举不愧最大的中文网上书店为新老顾客献上的节日"大礼"。

当然,当当实施网上联合促销的重要意义在于改善了与传统书店的关系,加强了与出版企业的合作力度,同时让消费者过足了便宜瘾,提升了客户的忠诚度,可谓一举三得。

(4)节日促销策略。借节日之机向消费者展开广告攻势,早已是商家常用的一种营销手段。以往节日营销的商品大多以保健品、礼品为主,而随着人们文化品位的提高与阅读生活的丰富,图书等文化产品也渐渐在节日营销的市场上崭露头角,分食节日市场这一杯羹。当当网上书店借节日之契机,利用自身优势在网上展开引人入胜的营销攻势,成为网上书店促销策略的一种有效方法。同时也提升了自己的品牌,吸引了更多的顾客,扩大了销售额。

网上书店有着适合节日营销的自身优势。首先,节日营销不同于新品促销,它并不是一味地推出新产品,还可以借此营销一些以前的产品,只要它有着相当的产品生命力,并符合节日气氛。而在这一点上,传统书店的库存、图书上下架等问题就使其不如网上书店来得方便。网上书店只要撤换一下网页上的图书封面及介绍,就能完成图书"上架",因此,它们能迅速组织起一个节日营销专题,比起传统书店来既快又方便。这为旧图书又带来了一次展示和购买契机。2 月 14 日是西洋情人节,以往在这一天,情侣们都以玫瑰花和巧克力来互表爱意。而在 2004 年,有人将图书称为"送给情人的第三种礼物"。在这一天当当网上书店,除了销售适合情侣相赠的礼品外,还推出了许多与爱有关的图书。在这次活动中当当网上书店情人节专题中展示的 65 种图书,出版时间跨度从 1994—2004 年有十年之多。其中 2004 年出版的新书有 3 种,仅占 4.6%,比例最大的是出版时间在 2003 年 6—12 月的图书,有 32 种,约占 50%。

其次,网上书店的经营内容丰富。传统书店一般以经营图书为主,一些还经营音像制品。而现在许多网上书店的经营内容十分丰富,如当当网上书店就经营图书、音乐、影视、礼品、游戏、软件等几大类产品。为吸引消费者购物,往往还有许多打折、附赠的活动。丰富的产品能够满足更多需求,尤其是像情人节这样有巨大礼品销售空间的节日,消费者一次购买就能买到图书、影碟、精美礼品,还可能得到诸如电影票、玫瑰花等由网上书店赠送的小礼物,这必然增加人们网上购物的兴趣。

再次,网上书店能灵活组织分类方式。传统书店的图书分类方法往往较单一,如按社科、医学、经济学、文学等分类设置不同的柜台,而网上书店却可以组织各种分类方式,当当网上书店的"'情流感'爆发在当当网"别出心裁地设计了"爱情诊断室",将爱情图书分门别类,归为"未感人群——单身"、"疑似——朦胧状态"、"病毒携带者——暗恋"、"病入膏肓——热恋"、"病情平稳阶段——走入婚姻"、"病愈者——失恋的人"六类,网站为每种"病症"都设计了对症的图书、音乐唱片和影视剧,共逾 120 种。而且当当网上书店还以内容为主进行分类,无论是小说也好,图片集也好;当代的也好,现代的也好,只要和情人节的卖点相关的,都放在一个页面中,使读者一目了然,方便读者挑选。而适合当作礼物的 CD 唱片、毛绒玩具、手工艺品等,也与图书一道"同台演出",这是传统书店营销没有做到也难以做到的。灵活的分类方式很适于有主题的节日营销,而网站的数字化、非线性组织方式无疑有此得天独厚的优势。

此外,网络的互动性、对话性使网络营销更人性化、更生动,它还能提供多种检索方式。因此,节日营销已经成为网上书店的重要营销手段。

第四节　事件营销在图书营销中的应用

——《时间简史》如何由滞销变畅销

事件营销是指围绕既定的主题,利用一起或连环活动的策划与实施,形成公共传播,以达成主题目标的行为。

利用某一事件来进行营销策划已经应用得非常普遍。因为可利用这些事件的影响力或魅力来为企业、机构等树立声誉或推荐产品。常被用来营销的事件如奥林匹克运动会、亚洲运动会,各种博览会、商展会、洽谈会、专题社会公益活动等,并被提升为"体育营销"、"会展营销"。这些事件的主办单位可就其操办事件的赞助权、参展权、专用产品冠名权、特殊标志使用权等,向社会招标拍卖,而获得相应的收入及财政支持。例如,2008 年北京奥运会的会徽就可以成为最有开发价值的资产。因为会徽产生后,将会以纪念品、宣传册等形式,广泛应用到奥运会的筹办过程中。另外,举办奥运会期间,城市的景观、比赛场馆周边的景观布置等都要大量使用会徽,向世人传达奥林匹克精神。正因为如此,它可以成为商业促销宣传极有影响力的载体。

由于实施事件营销所带来的新闻价值比普通硬性广告更具可信度和易传播性,因此一次成功的事件营销不仅是新闻热点,也是消费者关注的焦点。对企业而言,既能提高产品与公司的知名度和美誉度,同时又具有轰动效应,能对企业发展及其产品销售产生事半功倍的效果和长远的益处。

一般而言,出版企业进行事件营销至少包括三个阶段:一是从各种有效渠道充分搜集事件的有关资讯,尽量确保及时性、正确性和全面性;二是根据所获得的资讯,视事件特色制定相应的事件营销方案;三是根据营销方案开展相关活动,组织铺货,并与外界相应的有关团体进行接洽,开展宣传造势,借以扩大出版企业和图书产品在市场的影响,增加市场销量。

针对已经发行但销售平平的《时间简史》一书,湖南科学技术出版社抓住国际数学家大会和霍金赴华这一难得的契机,实施了一系列事件营销举措,经过精心策划组织,掀起了一场"霍金旋风",创造了科普读物不俗的销售业绩。

《时间简史》之所以从滞销变为畅销,主要归因于湖南科学技术出版社对事件营销的适当运用。通过本案例的学习,可以使读者了解事件营销在图书营销中的应用。

此外,《时间简史》作为一个典型的科普读物畅销案例,其营销运作过程为我们带来了很多启示,对于探究适合科普读物的营销运作方式具有较大的参考价值。

1992 年,《时间简史》作为《第一推动丛书》之一由湖南科学技术出版社正式出版发行。但由于缺乏初期的宣传促销,加之书籍制作粗糙、纸张差等原因,征订的总册数不到 500 册。这种状况一直持续到 1994 年《读书》第 3 期发表本书译者吴忠超先生的《无中生有——霍金和〈时间简史〉》的文章后才有所改观,销量有所上升。

2002 年 8 月底,国际数学家大会在北京召开,霍金本人也将赴会。对出版社而言,这无疑是一个难得的契机。围绕国际数学家大会和霍金赴华,湖南科学技术出版社展开了一系列事件营销举措。由于参加这一盛会的是来自世界各国的数学精英和科学巨擘,大会盛况空前,备受媒体关注,加之霍金本人在物理学领域的杰出贡献和传奇色彩,更是成为媒体关注的焦点,这些都为《时间简史》的营销活动创造了绝好的机会。湖南科学技术出版社及时抓住这一时机,拟订了与之相应的全面营销方案:产品策略上,抢在国际数学家大会之前,于 8 月初推出了《时间简史》(插图本);营销策略上,于霍金来华前后,各地书店开展购买霍金著作的优惠活动,并派专人去霍金进行演讲的杭州组织宣传活动,在演讲现场向霍金赠送他的中文版图书等。强大的宣传攻势掀起了一场"霍金旋风",这段时间内《时间简史》(插图本)以及《第一推动丛书》中霍金的另一本书——《果核中的宇宙》的销量暴涨,仅在浙江省这两本书一个月内的销售就多达 4 000 多册,根据"开卷"2002 年全国非文学类畅销图书排行榜提供的数据,《时间简史》(插图本)的监控销量为 33 726 册,《时间简史——从大爆炸到黑洞》的监控销量也达到 28 642 册,《时间简史》(插图本)在全国的销售估计将近 15 万册。

对畅销书而言,仅以全国销售 15 万册这个数字来说并不算多,然而对于科普读物而言,这样的销售数据则是大多数科普读物梦寐以求而又不可企及的,从这个意义上来讲,《时间简史》是名副其实的畅销书。而与文学、少儿、财经、大众生活这些畅销书榜上常见的"娇客"相比,科普读物能在畅销书榜上露脸的机会实在是不多,这与中国书业开始接受营销观念并身体力行的历史并不太久,以及营销策略主要应用在上述提到的畅销书领域不无关系。在科普出版领域,图书营销的意识相对淡薄,很多出版企业认为,这些领域的图书目标市场有限,投入产出效益不高,科普编辑们对营销策略和手段更是陌生,因而,对科普书大多采取"酒香不怕巷子深"的口碑相传模式自发销售。

然而,《时间简史》作为一个典型的科普读物畅销个案,其营销运作的过程,尤其是事件营销在其营销运作中的成功运用为我们带来很大启示。

从市场反应和销售数据看,《时间简史》的畅销过程并非一蹴而就。《时间简史》虽然为科普图书,同时内容又是介绍深奥的宇宙学最新的研究成果,其实却是具备畅销书的"潜质"的。

首先,就书的内容和质量而言,从美国及欧洲各国的书评和市场销售表现几乎可以肯定这是一本好书。而更为重要的是这本好书的背后,矗立的是本世纪最具传奇色彩同时又才华横溢的科学巨人斯蒂芬·霍金。用霍金自己的话来说:"人们对于《时间简史》的热情主要来源于两个方面:一是人类对于自身的好奇;二是社会对于英雄的崇拜。"对名人与畅销书天生有着不解之缘的中国书业来说,《时间简史》实在是得天独厚,好的内容加上传奇作者,只要再加上营销运作,几乎就等于必然畅销。

其次,就《时间简史》所采取的一系列营销举措和最终效果来看,出版企业显然是经过精心策划组织的。湖南科学技术出版社对数学家大会以及霍金访华行程安排的有关资讯进行了充分搜集,并在充分准确掌握资讯的基础上,制定与之相应的产品策略与营销宣传方案,有关的货源组织工作和对外宣传造势也与之相适应。

从产品层面看,新的插图本定价在 45 元,精美的硬皮装和全套的铜版彩印,大量珍贵精致的插图,既为出版社赢得了较大的利润空间,也将产品定位在高档图书之列。把新版《时间简史》(插图本)的推出时间定在国际数学家大会召开之前不久,既刺激了市场兴奋度,起到了预热市场的效果,同时也为数学家大会和霍金来华访问时期的大量销售准备了充足的货源。从推出时间的把握上讲,充分考虑到事件本身的特点以及推出产品与事件之间的联系和相互影响,是非常合适的。

从营销宣传方面看,湖南科学技术出版社与各地书店在霍金来华前后有组织地开展了购买优惠活动。在霍金进行演讲的北京、杭州等城市,出版社特地组织了现场向霍金赠送《时间简史》中文插图本的活动,在其所经之处掀起了"霍金旋风"。

出版社所策划的这些紧锣密鼓的"事件营销"活动方案,虽然都是当前书业界比较常用的一些推销手段,但是一旦与特定事件(霍金访华和国际数学家大会)相结合,与媒体的相关大量密集报道相配合,互相借势和造势,则大大提升了《时间简史》在广大读者中的知名度和影响力,极为成功地树立了湖南科学技术出版社的品牌和《时间简史》经典科普的产品地位,同时极大地刺激了《时间简史》的销售,15万册的庞大数量使这样一本讲述深奥宇宙奥秘的科普读物登上了各大书店和书业媒体畅销书排行榜,更带动了《第一推动丛书》中其他书的畅销。

事实上就科普图书而言,很多时候受内容所限,难以从图书内容角度着手开展营销活动。而借助某一特定事件,不失为打开科普图书市场的一条合适的途径。

第五节　市场定位与特色经营

一、比较优势与科学定位

在中国人民解放军建军 80 周年之际,中共党史社、江西人民出版社、军事科学出版社、解放军出版社各推出了一批军事图书,用时代眼光缅怀了在那个战火纷飞年代奋战过的英雄儿女,以新的视角还原了为共和国发展做出过杰出贡献的老一辈无产阶级革命家。80 年来,在中国共产党领导下,人民解放军高举党的旗帜,高举人民的旗帜,牢记使命,英勇奋战,为中国人民解放事业,为我国社会主义建设和改革事业,为捍卫国家主权、安全、领土完整,建立了不可磨灭的历史功勋。中共党史社、江西人民出版社、军事科学出版社、解放军出版社都立足出版社自身特点和资源优势,从不同角度出版了一系列军事图书,也以其差异性在一定程度上填补了以往军事书籍在这方面的空白。

图书营销学的一个基本原理就是出版活动要紧密地与其环境相结合,积极地去适应环境。适应环境的过程,也就是发现和抓住机会的过程。要抓住"大势",就要抓住环境变化的本质属性、依托"大势"来策划选题,并使其品质上乘,这样的作品必能成为传世佳作。2007 年 8 月 1 日是中国人民解放军建军 80 周年纪念日。在这个时期四家出版社推出了一系列军事图书,可谓是借"大势"优化出版。80 年前,中国共产党发动了震惊中外的南昌起义。这个伟大的事件,以打响武装反抗国民党反动派第一枪的英雄壮举,以党独立领导的新型人民军队诞生的重要标志,载入了中国革命史册。那么,在这个大环境下,案例中的四家军事图书出版社依据自身的特色,从不同角度选题,推出了一批内容丰富、质量上乘的军事佳作。

（一）找出比较优势,在选题特色上下工夫,定准位

比较优势的概念源于贸易理论,其概念背景是阐述一个经济实体同其他经济实体相比所具有的在相对量上拥有的优势。这个优势的定义不是从绝对量的比率出发,而是不同经济实体的各自内部拥有量的比率。另外,需要说明的是比较优势在很大程度

上来源于自然禀赋的决定。这里的文化产业个体的"比较优势"也是从产业个体内部拥有量的比率来看。同时,也说明了这些文化产业的个体所拥有的传统文化底蕴来自自然和历史的客观因素,而非人力所为。

与其他三个出版社不同,江西人民出版社是一个省级出版企业,它天生就有背靠革命摇篮,依托已有极为丰富的红色出版资源,推出具有本土红色文化历史的图书,包括南昌起义 80 周年、秋收起义以及井冈山革命根据地创建 80 周年等主题图书。作为省级的人民出版社找出自身在建军 80 周年这个环境下的比较优势,以当地革命历史文化为选题,推出以南昌起义、秋收起义及井冈山革命根据地为主要题材的系列图书,用史话、史论、回忆录、教育读物、通俗读物、画册六大形式解读了这个革命圣地。

解放军出版社作为全军唯一一家中央级出版社,依托丰厚的史料资源和强有力的出版阵容,推出了很多大部头的书,如《〈星火燎原〉未刊稿》丛书(10 卷)。从出版产业的角度来说,这种比较优势就在于解放军出版社从客观上就会比一般的出版社占有更多的原始史料资源,从而具有更高的传播权威性。《星火燎原》是一部由 600 余位亲历战争的开国将士 50 年前撰写的巨著,毛泽东主席亲笔题词,真实记录了中国共产党领导人民军队为争取民族独立和人民解放而英勇斗争的史实。此次推出的《〈星火燎原〉未刊稿》丛书继续尊重历史权威,把大量当年开国将士撰写,因纸张短缺没有出版的稿件拿出来付印,其中内容包括,北伐先锋、会昌城外、上井冈山找毛委员、少年先锋、我要当红军等。每篇都渗透着革命战士对党、对人民、对祖国的无限忠诚,展现出顽强的革命意志、深厚的战友情谊,以及面临任何困境都充满的必胜信心。此套图书的特色就在于它真切地还原历史,具有权威性。借 80 年前,亲身经历过那些硝烟的将士们的口,告诉读者历史的真实与残酷。

(二)经过长期的策划,内容为王,质量高

图书产业是一个智慧的产业,也是一个创造性很强的产业,在图书的选题策划中,以导向为前提、市场为依据、产品为核心。案例中,推出的系列军事图书旨在反映我军的光辉历史,记录解放军风雨 80 年的成长历程。在选题策划方面,定位在社会效益高于市场效益,坚持把社会效益放在首位,认真严肃地考虑精神文化产品的社会效果。

产品为核心,产品的质量第一,对于图书来说,也就是内容为王。对于这种大型图书的出版,以权威性为首要特点,新颖性其次。军事科学院是中央军委的决策资讯机构,是我军最高军事理论研究单位,军事科学出版社在作者队伍的选择上有得天独厚的优势。尽管如此出版社还是经过多次会议,要求专家座谈,筛选各套书的骨干主编及作者。军事科学出版社出版的《中国人民解放军军史》于 2002 年经军委批准下达以后,出版社立即着手准备,成立"军史出版工程领导小组",对该书进行组织领导。为保证图书的质量,军事科学出版社施行编辑小组全程介入,多次编辑的方法,对于提高图书质量具有重大意义。

中共党史社严格兼顾社会效益与经济效益,即使在经济压力比较大的情况下,依然坚持经济服从政治的原则,为党史宣传服务,为社会主义精神文明建设服务。特别是为了确保图书质量,他们恪守重大选题立项备案制度和"三审三校"制度,把握政治、质量关。

二、市场定位与目标市场

中央编译出版社是一个以出版严肃、高品位的学术著作为主要特色的出版社,主要翻译介绍世界政治、经济、哲学和文化方面的最新作品。作为一个中小型的学术出版企业,在出版改革及出版业进一步对外开放的情况下,所面临的竞争越来越激烈。在多年的发展实践过程中,中央编译出版社不断地进行营销管理策略的创新,通过准确的市场定位和产品定位在学术出版中取得了巨大的成功,找到了一条适合自己的生存、发展、壮大之路。专业学术出版物的读者群是小众化的,市场空间非常有限,如何在有限的市场空间中有所作为,是所有学术出版社面对的问题。中央编译出版社在发展过程中认识到,要占领市场首先是要找准市场,找到目标市场,所以首先必须对市场进行准确的定位。可以说,准确的市场定位是编译出版社成功的基础,是贯穿于其发展始终的关键。

市场定位是20世纪70年代由美国学者阿尔赖斯提出的一个重要营销学概念。所谓市场定位就是企业根据目标市场上同类产品竞争状况,针对顾客对该类产品某些特征或属性的重视程度,为本企业产品塑造强有力的、与众不同的鲜明个性,并将其形象生动地传递给顾客,求得顾客认同。市场定位的实质是使本企业与其他企业严格区分开来,使顾客明显感觉和认识到这种差别,从而在顾客心目中占有特殊的位置。在出版社中,准确的市场定位要通过读者定位、产品定位等几个方面来实现。

在读者定位方面,编译出版社以所掌握的出版资源为基础,结合主要出版社会科学类图书的特点,将自己的读者锁定在各地的高校图书馆,而其中以党校、行政学院、社会主义学院以及人大、政协等机构为主。随着中国经济的持续高速发展,国家对文化教育事业日益重视,资金投入不断增加,大学在不断扩招,尤其是研究生的扩招,使得学术图书的消费群体在不断地扩大,学术图书还是存在着大量需求的。找准了服务对象,编译出版社在各个方面加强与读者的联系,全面及时地掌握读者的信息,了解读者的需求,力争最大化地满足读者,为读者提供最好的服务。

要满足读者的需求,最重要的还是产品的品质,这就涉及了产品的定位问题。出版社生产的产品是图书,与一般产品不同的是,它的品质完全体现在内容上。中小型专业出版企业在资金、人才、管理等方面与大型出版集团无法相比,所以应在"专、精、特、新"上做足文章,不求最大,但求最好最强,构建专业领域内的比较优势,所以产品差异化战略是很好的选择。战略管理大师迈克尔·波特教授提出的著名的三种基本竞争战略中,有一种适用于中小企业的战略就是"集中差异化战略"。它是指企业主攻某个特定的市场,以更高的效率、更好的效果为某一特定的战略对象服务,以此克服资本实力上的弱势,超越在更广阔范围内竞争的强大对手。

也就是说,集中优势资源着力开发自身较为熟悉和擅长的领域,为特色化发展打好基础。以市场差异化开发为核心的差异化战略能够使中小出版企业打造出不可替代的或程度很低的产品，走专业化、特色化发展之路，促进管理模式和运营机制的转变，是总体上实力不强的中小出版企业走出困境并提升核心竞争力的明智之举。

那么，在出版业中运用差异化战略，就是要集中资源于最擅长的领域，做出特色出版，形成专业领域内的品牌。中央编译出版社在出版社会科学类图书时，坚定地走精品化路线，以敏锐的学术眼光，出版了一批独具特色的学术出版物，引领了国内学术出版的潮流，很好地实现了产品差异化的营销战略。编译出版社出版了国家"九五"重点图书系列"新世纪学术译丛"，其中的《资本主义论丛》、《民主的模式》曾被席殊书屋评为年度"社科十大好书"，深受读者和社会的好评；《总裁的智慧》和《创新思维训练》都曾连续高居西单图书大厦排行榜，后者已发行近 10 万册，并作为北京高校自考指定用书。近年来，出版企业策划出版的"全球化译丛"和"民族主义研究译丛"，以及"另类视野：文化/社会研究译丛"和"大众文化研究译丛"，都反映了出版企业对于这些问题的深切思考，并且深刻体会到学术界对这些前沿问题学术著作的渴求，很好地满足了读者的需求，这正是中央编译出版社以学术赢得出版市场的本质所在。正是这一系列的精品学术出版物，使得中央编译出版社在社会科学图书出版领域树立了自己的特色品牌，在社会及读者中间产生了很大的影响。

开发出了独具特色的差异化产品并不等于就占领了市场。图书虽然是比较特殊的商品，它也同一般商品一样，需要很好地进行营销，才能够为广大读者所知晓，并树立自己的品牌。尤其在今天这样一个信息爆炸的社会，"酒香不怕巷子深"早已对任何商品都不再适用，在竞争激烈的图书市场更需要进行有效的营销。中央编译出版社在营销策略上最重要的一点是做足细节。在图书出版过程中，在每一个环节都要围绕产品进行充分的沟通，从编辑到发行人员对于图书要有充分的认识，对于图书的特点有充分的了解，以便在销售过程中为读者提供周到的服务。在发行渠道方面，充分考虑了学术图书同大众图书的不同，除了在大型的卖场设立专柜外，深入到目标读者群中间，与目标读者建立直接的联系，进行直接销售，强调把发行做细做透，取得了很好的效果。

中央编译出版社通过"小而精"的出版战略，运用产品差异化及细致的营销手段使得出版社成为了规模不大、影响不小的专业学术出版企业。出版社虽然规模小，但在社会科学专业图书出版领域形成了系列、有特色且富于内涵的风格，图书影响不断扩大，社会效益明显增强，对我国社会科学的研究发展产生了一定的影响。中央编译出版社走出这样一条发展壮大的道路，说明中小出版社面对激烈的竞争，只要能够找准自己的定位，充分发挥自身的优势，努力做到"专、精、特、新"，那么同样能大有作为。

中央编译出版社的经验为出版界提供了一条极具参照价值的出版路径和一个富有启发意义的出版理念，值得中小出版企业借鉴。

三、借势出版：军事图书出版经验四社谈

（一）中共党史社：守阵地、拓市场

为纪念中国人民解放军建军 80 周年，回顾我军在党的领导下走过的光辉历程，展示人民军队威武之师文明之师的良好形象，中共党史出版社经过一年多精心策划、认真

组织,陆续出版了二十余部军事图书。这批图书有史有论、见人见事、题材各异,具有学术价值和资料价值。该社出版的《中国共产党武装斗争认识史》、《军史辉煌(丛书)》、《帅府家风》、《敦厚朱德》等图书入选中共中央宣传部、新闻出版总署等单位确定的纪念中国人民解放军建军80周年重点图书。未列入重点的《开国第一将粟裕》、《百岁十将军》、《陈毅与项英》等其他十多种图书,也从不同角度记述了中国人民解放军由弱到强、由小到大的光辉历程和丰功伟绩,展示了新时期人民军队的精神风貌,丰富了纪念活动的图书市场。这批图书大多数为第一次出版,既有原创性又有可读性,印制精美、价格适中,为纪念活动增添了一道亮丽的风景。

1. 抓重大纪念日、重作品可读性

作为中共中央党史研究室直属事业单位、中央级社科类专业出版企业,中共党史出版社以"为党史(革命史)研究、教学、宣传服务,为党的建设和干部队伍建设服务,为社会主义精神文明建设服务"为办社宗旨,在纪念抗日战争胜利60周年、红军长征胜利70周年等重大纪念活动中,都曾推出过一批导向正确、品位高、可读性强的优秀作品。这次推出的重点图书中,《军史辉煌》丛书以独特的视角、纵横捭阖的笔法,采诸家之长,以人民军队发展时空为背景,从统帅、元帅、名将、英模、军队、战争多个方面反映了我军由小到大、由弱到强的历史发展过程,是一部主题鲜明、内容翔实、史料丰富、文字生动的军事通俗读物。《中国共产党武装斗争认识史》主要研究民主革命时期中国共产党对武装斗争的认识历程,侧重于探讨中国共产党在领导中国革命的过程中,是如何逐步正确认识武装斗争的重要性,其间曾遇到哪些问题、如何解决、有何经验教训、如何走向成熟等。在中国人民解放军建军80周年之际,该书的出版对于研究武装斗争历史,重温中国人民解放军的成长壮大历程,有着重要意义。

《帅府家风》翔实地讲述了元帅的家事、家风,讲述了元帅们的人生经历、个人爱好、生活情趣、教子方法、治家理念,把这些叱咤风云的元帅还原成普通的长者,丰富了元帅的形象。让读者从一个新的角度,了解他们离开戎马倥偬的军事生涯以后,作为家长和父亲质朴达观、和蔼可亲的另一面。《敦厚朱德》力求走进朱德丰富的内心世界,还原出一位对中国革命殷殷赤心,对战友亲人拳拳慈心的真实可亲的敦厚朱德,展示朱德不凡的人性光辉和独特的人格魅力,首次披露了部分重要史实的内情和细节。全书史料翔实,文笔流畅,描写细腻感人。朱德同志的女儿朱敏说:"通览全书,可以看出凝聚了作家大量的心血,比较细腻、真实地刻画了爹爹的个性风趣、举止风雅、为人风范和革命风骨、伟人风采,不失为一部红色经典传记。"

2. 内容形式统一、期待双效俱佳

能够推出上述系列有分量、多品种的图书,首先是中共党史出版社的主管部门——中共中央党史研究室一直高度重视出版企业的工作,不断在政治和选题方面强化出版社的把关意识;中共党史出版社则利用自己丰富的作者和作品资源,抓住每一个重大纪念活动形成政治热点的机会,精心策划选题,合理调配力量,科学安排生产进度,适时推出一批重点图书。为了确保图书按时高质出版,他们严格遵守重大选题立项备案制度和"三审三校"制度,按精品图书制作标准,严把政治、质量关,上下一条心,全社一盘棋,加班加点抢出了进度。

军事题材类图书的出版有很强的政治性,中共党史出版社在如何做到政治类、历史类图书内容与形式和谐统一这一问题上,也下了很大工夫,并且积累了一定经验。为了做好图书的装帧设计,社长亲自指导美编,不仅在思想上有所启发,还从美学的角度出主意、提设计方案,精心设计每本图书,努力做到既庄重大方,又与市场接轨。许多读者都反映,党史社的图书无论从选题角度、内容质量、封面版式、开本用材上都为之一新。

中共党史出版社在图书市场激烈竞争的情况下,既要守住阵地,又要开拓市场,必须兼顾社会效益与经济效益,而不能顾此失彼。虽然经营压力比较大,社委会坚持经济服从政治的原则,强调必须责无旁贷地为党史宣传服务,为社会主义精神文明建设服务,绝不因追求经济效益而牺牲社会效益。但是,只有好的社会效益,才能有好的经济效益,作为自收自支的经济实体,也必须重视经济效益。这次该社由于在纪念中国人民解放军建军80周年活动高潮中将相关图书陆续投入市场,一定程度上满足了社会需求,希望这些图书在销售上也能取得较好的业绩。

(二)江西人民出版社:力推红色摇篮系列精品

江西系老一辈无产阶级革命家缔造人民军队、领导开展土地革命、创建革命根据地、开辟以农村包围城市革命道路的主要地区,是人民军队的摇篮和中国革命的摇篮,有着极为丰厚的红色出版资源。作为一家地方人民出版社,深入挖掘这一资源,努力推出一批精品图书,来纪念建军80周年,责无旁贷。

1. 计划早制订

2006年10月,江西出版集团即对包括江西人民出版社在内的各图书出版社提出了军事图书出版要求,并作出总体部署。根据这一部署,江西人民出版社一方面在出版战略上做安排,即结合正在开展的图书出版定位,将"红色历史文化板块"确定为今后需要加强建设的重点出书板块;另一方面着手开展纪念南昌起义80周年、秋收起义及井冈山革命根据地创建80周年的图书选题策划工作。在这方面,江西人民出版社主要做了以下几项工作:对社里历年已出版的相关图书进行梳理和分析,利用和挖掘已有的出版资源,最后从中遴选了近10种修订再版。召开专题选题策划会。2006年11月,社编委会组织社内相关人员进行专门研讨,提出10个系列近80个图书选题,并划分为两个部分:一个部分是今后一段时期"红色历史文化板块"的组稿方向;另一个部分是纪念建军80周年的组稿选题。2006年12月初,社里邀请有关领导和专家对纪念建军80周年选题计划进行论证。制定纪念建军80周年专题出书计划,并逐一抓落实。2006年12月下旬,社里编制了《江西人民出版社纪念中国人民解放军建军80周年出书计划》。之后,要求相关编辑人员,对已落实撰稿作者、提纲的选题,尽快与作者签订出版合同;对尚未最后落实的选题,抓紧进行落实,以确保所有计划在2007年7月前出书。

2. 主打六系列

这一计划包括六大系列26种图书。

第一个系列为"史话系列",包括《南昌起义史话》、《秋收起义史话》等六种书。这批图书讲究史实准确、语言通畅、图文并茂、庄重而严肃。目标定位是具有一定学术品位的优秀大众通俗读物。

第二个系列为"史论系列",包括《论井冈山精神》、《井冈山革命根据地全史》等三种书。这几种图书均为修订再版,作者多系知名党史学家,注重权威性、厚重性、学术性和准确性。目标定位是优秀学术著作或品牌学术著作。

第三个系列为"亲历者回忆录系列",包括《亲历南昌起义》、《亲历秋收起义》等四种书。前三种系当年亲历者相关回忆文章汇编,最后一种系南昌起义时担任贺龙警卫连长的黄霖同志的回忆录,注重史料价值和准确性。目标定位是供有关研究人员及党史、军史爱好者参考的珍贵文献。

第四个系列为"红色资料系列",包括《红色歌谣》等六种书,属弘扬革命精神和人民军队优良传统的资料性书籍。目标定位是青少年爱国主义教育读物。

第五个系列为"通俗历史读物系列",包括《毛泽东与井冈山》、《井冈人物》等五种书,注重真实性、知识性、可读性、生动性和趣味性。目标定位是红色旅游读物。

第六个系列为"画册系列",包括《人民军队的摇篮——南昌》和《中国革命的摇篮——井冈山》两种书,由江西省委党史研究室组织编写,讲究思想性、资料性和鉴赏性。目标定位是具有收藏鉴赏价值的纪念册。

3. 追求五特点

江西人民出版社在编辑出版这批图书的过程中,追求形成自己的特点,主要体现在以下方面:

(1)重点突出。出版计划大多是研究和反映人民军队初创时期和第二次国内革命战争时期发展和壮大情形的图书。

(2)立足江西与面向全国相结合。这表现在选题和作者人选两个层面。在选题上,在重视开掘本省红色资源选题的同时,着眼于人民军队走过的光辉历程,安排了《铁血军魂——中国人民解放军 80 年光辉历程》等全景性质的选题;在作者人选上,在充分调动江西省优秀作者积极性的同时,又邀请军事科学院知名军史专家担任相关图书的主编和撰稿。

(3)形式多样,学术著作与大众读物相结合。26 种图书中,有处于学术前沿的高品位学术著作,有广大读者喜闻乐见的大众通俗读物,有抢救史料、推动学科建设、挖掘珍贵红色文化资源的资料性书籍,有纪念性质的画册等等。

(4)创新与整合相结合。一方面,注重整合已有出版资源,安排了历年出版的仍有较高价值的一批图书进行修订再版,继续发挥其价值。另一方面,跟踪学术发展,结合时代要求,策划了一批时代特征明显、现实意义强的图书选题。

(5)坚持精品战略,努力追求社会效益和经济效益的统一。对已列入专题出版计划的选题,坚持从严把住思想内容关、文字质量关,坚持精编精校,并根据内容、体例、特色,按系列统一进行装帧设计,增强整体效果。同时在这批图书出版后,正在并还将开展各种形式的宣传、营销工作,使之产生良好的社会效益和经济效益。

（三）军事科学出版社：重积累、精雕琢

为纪念中国人民解放军建军 80 周年,中宣部、新闻出版总署联合推出 81 种重点图书,军事科学出版社出版的《中国人民解放军军史》《中国人民解放军战史》《中国人民解放军 80 年大事记》《中国人民解放军的 80 年》《中国人民解放军法制建设 80 年》五种图书榜上有名。作为一家军队专业出版社,真实反映我军光辉历史,热情讴歌我军在中国共产党领导下建立的丰功伟绩,是义不容辞的责任。

1. 选准目标、及早策划

军事科学出版社入选的五种图书都属我军的"正史",其严肃性非一般图书可比。为了真实、全面、系统地反映我军建军、作战和全面建设的光辉历史,早在数年前,社里就以迎接建军 80 周年为目标,着手选题策划,并对编撰、出版工作进行整体筹划。可以说,这五种重点图书的如期出版,是长期积累、周密计划、精雕细琢的结果。

《中国人民解放军军史》是全军计划课题,2002 年课题经军委批准下达以后,出版社就立即着手准备,专门成立了社长牵头的"军史出版工程领导小组",对该书的出版工作进行组织领导。《中国人民解放军战史》是再版图书。近年来,战史研究取得许多新突破,大量新成果要吸收、反映,修订任务非常繁重。为此,早在两年多以前,社里就开始筹划修订再版工作。《中国人民解放军 80 年大事记》和《中国人民解放军的 80 年》都是在"70 年"的基础上延伸开发的。这项工作也都在两年前即开始着手进行。《中国人民解放军法制建设 80 年》是新开发的产品。从选题策划到出版,历经近三年时间。

正是因为目标明确、策划及时、准备充分,才确保了五种重点图书在纪念建军 80 周年前夕适时推出,并赢得了良好的评价。

2. 发挥优势、精选作者

军事科学院是中央军委的决策咨询机构,是我军最高军事理论研究单位。背靠军事科学院,军事科学出版社在作者队伍选择上,具有得天独厚的优势。但针对权威性要求极高的军事历史著作选题,能否在数百名研究专家中精选出最"合适"的作者,需要认真权衡。选题确定以后,出版社多次召开会议,邀请军事科学院各学术研究部领导一起座谈,筛选各套著作的主编和骨干作者。

主编和骨干作者确定以后,出版社首先组织他们一起研究每套图书的整体布局、分册图书的框架结构和内容设置。在此基础上,由主编根据各分册图书的内容,安排分册负责人,再由分册负责人根据专业要求、历史阶段划分等情况,选拔该分册的撰稿人。这样就形成了从整套图书到分册图书的分工负责制,达到了出版社提出的"套书主编是大家、分册主编是名家、一般作者是专家"的要求,确保了图书的质量和权威性。

3. 全程介入、多次编辑

军事科学出版社出版的五种重点图书,可以说是作者和编辑联合打造的精品。在长达数年的研究编撰过程中,编辑工作始终与撰写工作同行。选题策划的过程,也就是编辑队伍的筹组过程。选题一经确定,每套图书的编辑小组也就同时确定。在接下来的工作中,编辑小组全程介入。从作者队伍的遴选,到编撰计划的制订;从套书内容的整体安排,到分册图书的框架结构设计;从文字风格的统一,到史料素材的取舍;从版式和装帧设计的审定,到技术规范的把关,编辑小组始终扮演着核心角色。实践证明,这种作者与编辑的密切合作、全程协同,对历史著作的编撰出版是一种十分有效的模式,对减少返工、保证进度、提高效率、确保图书质量,意义重大。

如果把五种重点图书比喻为一件件艺术品,那么,编撰工作就是作品的初步设计、初步创作,而编辑工作则是再设计、再创作和精雕细琢的打磨过程。在图书编写、出版的数年中,编辑工作一般都进行过三次以上。每一次编辑、退稿,都把作者的初步创作推上一个新的高度。经过三四次的返工、修改,这一部部凝聚着作者和编辑人员满腔心血的作品,才最终放射出夺目的光彩。

4. 精心设计、真美并重

历史著作最基本的要求是内容的真实性。但在内容真实的前提下,是否好看、耐看,是否具有较高的审美价值,就成了决定作品能否创造出良好的社会效益和经济效益的关键因素。为此,军事科学出版社在抓作品内容、撰写质量的同时,始终把图书的装帧设计等工作放在突出地位。

为了实现装帧精美,从版式的设计、到字体、字号的确定;从封面的风格到开本的选择;从腰封的使用到勒口的取舍,都曾设计多套方案,组织编辑、作者和有关专家进行讨论,优中选优。考虑到这五套图书都是为纪念建军80周年而做,封面设计选择红色为主色调,既突出了喜庆的气氛,更吻合了八一军旗的颜色,揭示了我军是红军传人的深刻内涵。

经过全社上下的共同努力,经过数年的精心磨砺,五种重点图书基本实现了"内容真"与"形式美"的高度统一。

(四)解放军出版社:资源优势领航军事出版

1. 多部重头大戏规模上演

作为全军唯一一家中央级出版社,解放军出版社依托丰厚的史料资源和强有力的出版阵容占尽先机。由于预见准确、行动迅速、组织严密,"八一"前几个月多套重点丛书像一枚枚重磅炸弹,在图书市场炸响。

其中,最重头的便是《〈星火燎原〉未刊稿》丛书。在中国革命战争史上,20世纪50年代出版的《星火燎原》丛书是规格最高的丛书:毛泽东主席亲笔题写书名,朱德委员长作序,刘少奇、邓小平、彭德怀等党和国家领导人亲笔修改文稿,数百名开国将帅为丛书撰稿。但是,由于各种历史的原因,包括困难时期纸张短缺的因素,该丛书只出了10卷,还有一大批高质量文稿没有发表。所幸的是,这批珍贵的文稿虽经岁月的磨蚀和水渍虫蛀却未毁,尘封50年后的《〈星火燎原〉未刊稿》丛书(10卷)终于得以出版。

《中国人民解放军高级将领传》丛书(12卷)则是一套经中央军委批准编撰的大型丛书。入传范围为:中央军委确定的军事家和1955年授予中将军衔的高级将领;1988—1993年授予上将军衔的高级将领;新中国成立前参加革命、最后职务为大军区正职以上或享受大军区正职待遇的高级将领以及其他资历、职务相当的高级将领,共375位。

其他重点书还包括:全面展示了我军80年历史的《光荣记忆——中国人民解放军征程亲历记》丛书(6卷);聂荣臻、宋任穷、叶飞、杨成武、张震、刘华清将帅一生革命生涯的回顾和总结的《中国人民解放军将帅回忆录》丛书(10部);全面、系统记述中国人民解放军在不同战争期间光辉战斗历程的权威专著《中国人民解放军战史系列》丛书(10卷)。此外,还有囊括了中国现当代军事文学顶尖作品的《红色战争经典长篇小说》丛书(共8册)等。

2. 丰富资源造就多样品种

目前的解放军出版社是由原解放军出版社和原解放军文艺出版社合并而成。合并前两家出版社都走过了五六十年历史,一个以出版"文艺"作品见长,一个以出版"史料"见长。两强并一社,形成了较强的资源优势。下面这些书的出版便充分展现了这一点。

《领袖自述》丛书包括《刘少奇自述》、《周恩来自述》、《朱德自述》、《邓小平自述》和《彭德怀自述》五本。中共中央文献研究室的专家们如大海捞针一样地从大量历史资料中打捞、筛选,根据各位领袖在不同时期、不同场合,以不同形式对不同人的谈话、回忆以及自传文字等各种材料,精心连缀、拼接,最终以领袖自述的形式,天衣无缝地、完整地展现了伟大领袖光辉而曲折、伟大而平凡的一生,很多资料首次披露。《中国人民解放军元帅传记》丛书(9部)则是唯一一套军版元帅传记文学,图文并茂,真实、忠实、翔实地记录了朱德等九大元帅传奇、坎坷、辉煌的一生。《中国人民解放军大将传记》丛书(10卷)以传记文学的形式全面记述了粟裕、徐海东、黄克诚等开国十大将光辉传奇的一生。《百战将星》丛书、《中国人民解放军征战纪实》丛书、《世界新军事变革》丛书和《中国人民解放军野战部队征战纪实》丛书都是经过市场多年检验,这次重版与新书一起推出,显得品种齐全,气势恢弘。从目前已经开始的"全国百家书店军版图书展销"情况看,参展的450多种图书有300多种来自解放军出版社,其中军史、文学类作品最受欢迎。

此外,解放军出版社这次入选总署建军80周年的重点书还有:《毛泽东与抗美援朝战争》、《香港驻军十年》、《授衔故事》、《中国军旅文学50年》、《改变历史的那一刻》等,深受业界和读者好评。

四、与众不同、铸就辉煌:中央编译出版社的经验

(一)定位准确、就有市场

中央编译出版社以"让中国了解世界,让世界了解中国"为重要使命,以"思想文化的摆渡者——在东西方之间"为座右铭,与国内外的出版机构进行了广泛的合作;以出"精品图书"为导向,力争所出图书的内容、编辑、印装、设计都达到一流水平;以尊重知识为基石,以国内外专家学者为智力后盾,出版高品位、高质量的图书。

中央编译出版社拥有高素质的管理、编辑、出版和发行人员,能胜任英文、德文、俄文、法文、日文、西班牙文等多种外文图书的编译和出版工作。目前已出版译自英、法、

德、俄、日、韩国等语种的多种图书。

中央编译出版社虽然成立时间尚短,但在中国的出版界、学术界以及读书界已享有较高声誉。目前,中央编译出版社与国外一些著名出版机构如英国的麦克米伦出版公司、剑桥出版社、布莱克维尔出版公司、法国的伽利玛出版社、发现出版社、美国的西蒙与舒斯特出版公司、俄国的俄罗斯文学委员会、日本的研文社、韩国的三省出版社等都开展了出版业务上的合作,并与国内外的一些著名学者建立了长期的联系。作为一家专业的出版社,为了在竞争日益激烈的图书出版业中有所建树,中央编译出版社从自身的特点和实际情况出发,充分研究市场,形成了自己特有的经营和管理理念。

经济学意义上的差异化战略就是企业在生产经营过程中,充分发挥和运用产品或服务独特的某一部分乃至全部不同于其他企业的产品或服务的优势,提升企业的核心竞争力。市场差异开发是企业所有运营环节的重中之重,它能够使企业生产出不可替代或替代程度很低的产品。移植到出版业上的差异化战略就是在图书的特色化、专业化开发上下工夫,以在市场竞争中形成比较优势,提升核心竞争力。由于专业出版社一般投入产出规模较小,竞争能力、抗风险能力低下,因而实施差异化战略是明智之举。

中央编译出版社是一家以出版国内外哲学、社会科学经典名著为主的社会科学专业出版机构,以沟通东西方思想学术前沿,传播先进文化为己任,学术、经典是其特色,全社上下一致认为只有坚持不懈地铸造这一特色品牌,形成自己的出版特色,才能赢得广大读者的认同,也才能更好地覆盖市场。在"马克思主义理论研究和建设工程"中,中央编译出版社承担了有关图书的出版任务,目前已陆续出版了几十种,在不断的探索中,由于出版社定位准确,所出的此类图书首版平均印数都在4 000册左右,大部分图书当年就可重印。"无论是什么类型的书,只要你定位准确,在内容、形式、营销上有创新,都会有市场的,是能够取得'双效益'的。"社长和天篆如是说。

以前在读者心里,有关马列主义理论研究类图书都是内容上说教、观点陈旧、资料过时、设计呆板和阐述肤浅等,市场不容易打开。为了改变这一面貌,出版社在出版这类图书时,十分注重和出版社其他资源的整合。

近几年,在我国政治学领域研究方面,政党学的研究兴起,马列主义政党思想、社会主义思想研究出现了一个新的局面。2006年,中央编译出版社从英国引进了一套西方协商民主的图书,在社会上引起了强烈反响,出版社借势有意识将马列主义理论研究类图书和这类有关政党学图书重新整合向读者推荐,取得了很好效果,一些政治类院校就找到出版社,希望合作,将其作为学院的教学参考资料。目前,北京社会主义学院就和出版社签下了18种有关政治学、政党学方面的教材出版合同。

(二) 与时俱进、以优取胜

这几年,不断有日本、法国、英国、俄罗斯等国家的共产党、社会民主党的学者到出版社进行这方面的交流,并给出版社推荐或赠送版权。日本马列主义经典作家岩田茂是研究马克思主义生态学的,来到出版社后,将他已出版的有关马列方面的专著无偿交给中央编译出版社出版。

通过这种探索,也充分说明这类书不是没有读者,关键是定位是否准确。同时这类书的出版和出版社的其他类图书及活动是不能割裂开的,是应该和国家的文化事业、理论建设、国际交流结合在一起,把其放到大的理论背景、文化背景之下,和其他资源进行有效地整合,就容易得到读者的认同。

随着图书市场竞争不断加剧,有关马列主义理论研究类图书的外在形式也必须与时俱进、以优取胜。

出版社在这类图书的装潢、装帧、版式设计、材料使用等方面也进行了不断的探讨和改进,尽量使这类图书的内容编排、材料选择、开本的尺寸都符合这类图书的特点,使之不仅具有高品位,而且具有高质量。如在装潢设计上,既保持了传统的美观、稳重、大方,又体现了新时代人们视觉的接受效果和政治上特有的含义。

（三）注重营销细节、市场收获明显

出版社重点抓好营销细节,将发行工作的重点放在全国数十个营业面积在 1 万平方米左右的大书城上,要求发行人员保证在每个书城都要有出版社的图书,并要有这类图书的专柜,规定相关的图书要按时反馈信息,北京地区一周一次,外地一月一次。

与此同时,出版社在产品策划与目标市场互动、个性化营销与各类直销以及其他配套营销策略、方式及渠道建设等方面进行了积极探索。出版社把马列图书的销售,通过渠道拓展,建立起各地党校、行政学院、社会主义学院书店分销体系,并通过针对不同目标市场的品种整合及产品定位,努力探索市场的有效途径,实现马列图书受众面的更大化。

全国同类的书很多,如何让本社的图书脱颖而出呢? 出版社深知服务是关键,为此,出版社要求大家围绕产品抓细节。在图书的出版发行前,编辑和发行员要有沟通,编辑要让发行业务员详细了解图书的特点、卖点、读者对象和潜在的读者群等问题。而每一个业务员,在对书有了全面了解后,还要让书店的业务员了解相关知识,并且每年至少要和书店主管业务的负责人,以及店面营业员有三次面对面的交流。

"抓了细节,抓了执行力,对出版社的产品的市场推广和经济效益的实现,收获明显。"《民主党派和无党派人士关注的 20 个理论问题》一书,由于出版社抓了细节,让书店的业务员有针对性地推销,仅在浙江省就销售了 3 000 多册。

专业图书的受众面窄,市场空间有限,这几乎是出版业界的共识。但如何能够在这块专业的领地开拓出一条生存、发展、壮大之路? 这是一个需要认真思考的问题。中央编译出版社正是在不断的探索中锐意进取,开拓着一条创新之路。

第六节　出版社精品营销管理战略

一、树立精品意识提高编辑素质

精品是拥有独特文化品位和价值的出版物。它包括正确的导向、符合市场的需求、富有新意及较高质量等等。精品教育音像出版物应该具有以下一些特点：理论与实践紧密结合、知识与技能有机综合；教、学并重，充分体现学生学习的主动性；重视学生能力的培养，把知识体系和能力体系有机地结合起来。精品出版物是知识、技术和智慧的结合，具有深刻的思想性、严谨的科学性和完美的艺术性，具有高品位、高质量、高效益。高品位主要是指导方向正确、思想性强，高质量是指科学质量、学术质量、艺术质量及编校质量高，高效益是指图书的社会效益和经济效益相结合，发挥了最大的社会影响和作用。

出版社要生存，要发展，就要树立精品意识，努力提高质量。所以提高编辑素质刻不容缓，具有特别重要的意义。笔者将从以下几个方面谈谈如何加强出版社编辑的素质。

1. 出版社编辑素质的高低是制约打造精品的一个关键因素。出版高质量的精品出版物就必须培养和造就与现代出版业相适应的一支高水平、高素质的编辑队伍，这一点是毋庸置疑的。出版社要采取多种形式、多种渠道开展经常性的复合型的编辑人才培训工作，提高编辑素质。因此编辑人员要与时俱进地不断增强政治意识、大局意识和责任意识，采取培训和继续教育的手段不断提高其政治素质、品德素质、文化素质和职业素质。政治素质，包括思想理论水平、方针政策水平和政治觉悟水平等；品德素质，主要是编辑的职业道德修养；文化素质体现在出版物的学术水平、理论价值以及表现形式等方面；职业素质，包括知识结构、智能结构，以及出版专业理论和出版专业技巧等。

2. 编辑劳动是一种创造性的智力劳动，个体独立性很大，出精品有赖于编辑工作者深厚的知识底蕴和创造性智慧。编辑出版工作必须拥有大批高素质的优秀人才。建设一支既具有编辑专业知识，同时具有广博的社会知识和科技知识，能够适应社会主义市场经济要求的复合型人才队伍，是做好编辑出版工作，发展出版事业的根本保证。

3. 编辑要具备扎实的专业知识和宽广的知识结构，因此要不断地学习、提高和培养。要正确发挥编辑文化导向作用，树立精品意识，严格把握稿件学术水平与质量，坚持宁缺毋滥的原则，以不断提高出版物水平。而坚持和完善质量保障制度，提高编辑人员整体素质和利用现代化编辑管理手段，是保证出版物质量及打造精品的基本条件。如果不能坚持抓好队伍建设和人员素质的提高工作，打造精品就是一句空话。因为只有编辑的素质高，出版物的质量才能高，同时，各项质量保障制度，只有高素质的人员才能真正执行。素质高的编辑人员，一定能够随着市场形势的变化，不断准确地、科学地调整自己的编辑方针，使编辑的出版物更加适应社会的发展，产生应有的良好影响。

4. 编辑要重视知识与经验的积累。高素质的造就不是一日之功，编辑在工作中要做有心人，虚心向经验丰富的老同志学习，同时，注意阅读有关编辑出版的书刊，浏览有代表性的著名出版物，从中获取营养。还要勤于写作，注重分析、总结，不断学习，更新知识结构，不断扬弃一些旧的观念和思维方式，吸收新的信息和思维方式，长此以往，必将大有长进。

二、围绕创品牌、创特色的思路，不断开拓精品选题

能否确定一个好的选题，既与编辑的德、才、学、识紧密相关，同时也是编辑对学术敏感和悟性的具体体现。只有在对国内外学术界及市场相关动态了如指掌的前提下，才能够捕捉到处于学术前沿的绝佳选题，也是编辑出优秀教育音像出版物的前提。每个出版社，每个编辑，都希望设计出好的选题，有了好选题，再加上郑重选择作者，认真编辑、制作，就可能获得双效益的出版物，没有好的选题，打造精品就注定要失败，即使后续工作做得很好也没有用。我们要选择受读者欢迎的题材，使之为读者所喜闻乐见。我们编辑的教育音像制品，绝对不能只适合专家的资料，更应贴近广大的普通群众。好的选题能够牢牢抓住读者的视线，使读者饶有兴趣地学下去，并能造成一定的社会影响，起到深刻的社会效应。这样，出版物才有旺盛的生命力。才能成为精品出版物。

出版社发展的目标就是要办出自己的特色，办出自己的个性，就是要打造自己的精品！打造精品最关键的是出版物要有特色，有个性，长此以往，在读者心目中才会留下一定印象，为创立品牌打下基础。因此，开拓精品选题，实施精品战略应坚持以下原则和方法：

1. 突出重点，发挥优势，走专业化道路，提升出版社自身的品牌竞争力。强调特色，着力打造精品出版物，如已经形成鲜明特色的，则要提升自身的品牌竞争力，市场定位是关键。出版社应客观地认识这些优势与特色，在"特"字上做文章。有目的地策划选题、策划市场、策划适合于自身资源的特色产品是创造精品的前提。市场一旦定位以后，就要专一，深度开发同类选题，力争做到"你无我有，你有我专"。如果出版社没有精品意识，没有超前意识，没有拳头产品，只是等、靠、要、模仿、照抄照搬，终究不是长远之计。

2. 开拓精品选题是编辑的首要任务。编辑必须首先走向市场，调查研究，了解信息、设计、策划双效益选题，选择优秀作者，撰写优质书稿。出版社要把编辑策划开拓精品选题作为考核编辑业务能力的重要内容之一。编辑在策划、组织选题时，应尽量保证在环节上的"一条龙"即从策划、组稿、装帧设计、印刷出版、发行都严格把关。这也是现代出版业对编辑综合素质的基本要求，使编辑由单纯的组稿、案头工作向策划编辑发展，以适应出版的需要。

3. 编辑要凭借自己的知识积累和学术眼光，结合国内外最新学术动态，对相关科研成果进行筛选、综合、提炼，提出有特色、高质量的精品选题。选题可以是现实性强的，在学科研究上具有前沿性和创新性，此外，还应重视那些过去没有开发或已开发但仍有潜在的广阔的研究空间的课题。还可开设专题栏目，突出其连贯性，吸引研究者的来稿，使这一选题得到深入研究，不断向纵深发展，形成规模效益和板块效益，出版物也能因此办得有活力、有特色，从而提高出版社的知名度。由此可见，打造精品，编辑具备选题策划能力是非常重要的。

4. 实现选题创新，走出版精品出版物的道路。信息是精品选题创新的源泉，独到创新的选题不会来自主观意志，而是来自对信息的广泛收集和研究，从中提炼出有价值的课题。在当今信息爆炸、知识剧增的时代，更应重视信息收集工作。编辑应以独到的观察力对收集到的相关信息进行深入地研究思考，运用多种思维模式以及丰富的想象力,才会产生有创意的精品选题。创新是出版社可持续发展的保障,是出版社兴旺发达的不竭动力。创造和提升出版品牌,参与国内外出版市场竞争,是出版业发展的新趋势和新特点。如果没有创新,出版社就很难做强做大。要以创新求发展,以创新争市场。只有创新,才能出精品;只有创新,才能避免翻炒"跟风"。创新主要有两个方面:一是内容创新,二是形式创新。

5. 精品选题要避免重复性。要有一定市场生命力,既有专业的个性特点,同时也要符合读者的需求。当前有些出版社对于精品的塑造上还有许多欠缺,尤其是模仿、跟风甚重。从目前出版市场看,重复雷同的音像制品占有不小比例,如"高考辅导"、"儿童英语"等选题的出版物,有不少出版社都一窝蜂上马,竞相出版,这不仅给青少年成长带来不良后果,而且影响出版业健康发展。因此选题要避免重复性,尽可能在有限且竞争激烈的出版市场中深挖选题潜力,突出自身优势,发挥出个性特点。因此,出版社必须采取有效措施:一是正确定位,找准定位点。出版社应根据自身的特点,扬长避短,找准自己的位置,然后下大力气抓,直到抓出成效。如果眉毛胡子一把抓,什么书好销,一拥而上,就会走重复之路。二是研究市场需要。要正确分析出版市场的走向,认真研究消费者的心理,在打造精品上下工夫,从而为组织高质量的精品书稿打下坚实基础。三是调整出版结构,压缩出版物品种,走出版精品教育音像出版物的道路。是继续增加品种、数量来占领市场还是尽快地转移到精品和服务上来? 如果我们沉溺于多搞一些品种,增加一两万的销售填充市场的份额就满足的话,就可能失去精品战略的实施机会,为出版社可持续发展埋下祸根。出版图书或音像制品不是生产越多效益就越好,有些品种多了容易泛滥成灾,很难在市场上站稳脚跟。如 2004 年上海外语音像出版社以一套《酷酷英语》拉开了其品牌筹划的序幕,声势浩大的宣传加上直线上升的销售量,创造了一个驰名的品牌。所以,创特色的出版物不在于多,而在于精。这些事实有力地说明,打造精品是创建一个出版社品牌特色的核心。

三、实施精品战略全面提高质量

出版社要打造精品、大力实施"精品工程",就要注意经营和管理好品牌,不断延伸精品效应,扩大精品影响力,进一步发挥精品出版物的示范和带动作用。要总结以往行之有效的经验和措施,建立提高出版物质量的机制,使我国的出版社质量有个整体的提高,使出版工作在两个文明建设中发挥更大的作用。

出版社要创建自己的精品。这必须有个完善的保证系统。首先,应该有一支精干的编辑队伍,这是打造精品的首要保障。我们的编辑要敢于公关,要建立一支自己的优秀的作者队伍,为选题开拓打好基础。其次,社里对编辑开发的选题要有统一的策划。确定打造精品的重点选题的定位标准。精品选题的定位应和出版社的专业性质是一致的,重点书应遵循出版社专业分工原则,符合专业分工要求。有人认为,专业出版社只出专业类的书是很难生存的,我们应该辩证地来看待这个问题。从全国一些专业出版社的成功之路我们可以看到,他们恰恰在于坚持自己的专业分工优势,找准定位点,形成了系列出版和规模出版,开拓更深层次的选题,形成了自己的品牌特色。如上海外语音像出版社就是立足于上海外语大学具有特色的外语文化资源,开发外语精品,形成出版物的品牌化、系列化。

出版社要发展,要壮大,就必须打造精品,提高出版质量。实施精品战略应着重采取以下几点对策:

1. 打造精品应力求能够做到"加强策划关、质量专业化、出版高效率、发行有突破"的原则,通过提高出版质量来加强精品出版物的影响力,获得较好的市场回报。

2. 打造精品要完善机制,这是影响出版社形象的关键所在。既需要编辑、出版、校对、印制等各环节的工作人员有正确的指导思想、丰富的知识和精湛的技能,更需要生产管理者有先进的管理理念、高超的管理艺术;既要实现现代化的科学管理,又要建立行之有效的监督机制。向管理要效益,向管理要质量,向管理要精品。如果管理松弛甚至混乱,精品战略就不可能实现。

3. 打造精品出版物还要力求在装帧设计上下工夫。一套优秀的出版物除了它的选题及自身的质量取胜之外,它的版式编排、印刷纸张、开本、封面设计等也是吸引读者目光的重要因素,要力求新颖、独特,强调图文并茂。同时这也反映出出版社与编辑高品位、高素质的专业精神。

4. 打造精品要督促校对把关,要培养校对人员的质量意识和把关自觉性。校对人员还要善于总结经验,熟练掌握校对的程序和方法,掌握校对规律,找到校对重点。由此形成全体编、审、校人员共同把好各方面质量关的局面。全面质量管理的目标和原则,在于调动全体编辑人员的质量观念和把关意识。这是保证出版物质量的群众基础。近年来上海外语音像出版社在国内出版界首家通过了 ISO9001:2000 质量管理体系认证。严格按照规范化的流程与质量保证体系进行。大力实施"精品战略",逐步建立了以精品为中心的选题结构和以精品为中心的选题策划机制;下工夫提高选题水平,严把作者选择关,严格编校质量。一些精品出版物还获得了教育部优秀教育音像制品奖等奖项,得到了广大读者的赞誉。

5. 作为精品,就要尽量做到出版物的系列化、整体化,来烘托、营造出一种气氛,这样才能吸引、打动读者。避免其势单力薄、单调,同时易被淹没于其他出版物的海洋之中。再有,就是加大宣传力度。在市场经济条件下,舆论支持是出版社让重点策划的出版物走向市场,得到读者认同,赢得社会知名度的不可缺少的重要条件。因此,要在强有力的宣传中,突现自己的精品,全面建构出版社的品牌特色,进而建立一个"以精品增效益,以效益促精品"的良性循环体系。

所以,要做好一套精品出版物的品牌锤炼,实施精品战略,无论是出版社还是每一个编辑所做的工作都必须是十分具体及周密的。这就要求每一个编辑都要具备良好的综合素质,发挥其最大的潜能,调动其最大的积极性,来完成好打造精品的每一个环节的工作。同时出版社也要做好与编辑的协调工作,尽可能地支持编前与版后的其余事情。在目前错综复杂的市场环境下,决定每一个出版物的命运,乃至于出版社命运的决策者将是读者,我们的衣食父母也是读者,而我们能否在市场激烈竞争当中成为强者,关键就是要抓住机遇，发挥优势，克服障碍，求强而不求大，加快发展，实施精品战略，多出精品，促进出版社的发展。

第七节　出版社营销战略管理案例

一、北京希望电子出版社图书种类及营销特点

北京希望电子出版社图书产品分为专业类图书、教育类图书和文艺类图书三大类，在市场需求和营销策略上各有其特点。

1. 专业类图书(计算机类图书)

此类图书的消费者都是具有一定的专业知识，为了提高自身素质的需要而进行购买的。普通大众对于计算机专业的基本知识有学习的需求，形成了普及专业计算机类图书的潜在消费者群体，其他产品对这类图书的可替代性较低。但由于其较高的专业性要求，所以操作此类图书的从业人员的先决条件即是具备相关专业知识，可以合理分析读者市场及消费者的购买动机，在图书自身的核心层面、形式层面做出较为准确的判断。

在营销策略上，因该品种图书的读者群相对较少，选购此类图书的消费者多数是用于专业学习，他们的购买力比较高，所以定价可以相对较高。消费者购买该类图书主要取决于图书的品质和内容，所以促销和推广活动对该类图书的销售影响不大。但是，由于消费者的专业发展和自身技能的需要，他们对该类图书会产生重复购买行为，所以应在专业计算机类图书领域构建有特点、有深度的图书产品系列。

2. 教育类图书

该社在多媒体软件、计算机教材、计算机职业技能培训与认证、图形图像技术、计算机编程技术、计算机网络与硬件技术等方面多年的开发实力和技术力量，将多媒体教学手段和图书相结合，更加丰富和直观地开展计算机知识普及活动，受到读者的欢迎。从业人员对图书的核心层、形式层和延伸层都要进行透彻、缜密的分析和定位。这种图书市场巨大，广泛的作者资源使其进入门槛低，是一个竞争相对激烈的市场。2006年，该社对劳动和社会保障部"全国计算机信息高新技术考试项目"的教材开展网络出版的尝试，到目前已有上万人次阅览网络出版的教材，很好地配合了全国计算机信息高新技术考试项目的开展。

3. 文艺类图书

该类图书的消费者在图书市场中分布最为广泛，消费者购书主要受兴趣、爱好和环境影响。因此，该类图书的市场需求弹性比较大。和专业计算机类图书不同的是，专业计算机类图书虽然市场份额较低，但是读者群稳定，在其领域内易于形成良好的口碑。但是，此类图书市场不稳定，受社会生活和时尚的影响很大，图书市场的波动也较其他图书大很多。该类图书市场容易受到替代品种侵占，而且由于这个市场本身较为成熟，该社的文艺类图书又是新进入的品种，和同类产品之间的竞争比较激烈，所以该类图书的从业人员应具备较强的时尚触觉和敏锐的信息捕捉能力，对图书市场的需求、图书产

品的定位、消费者购买力和购买动机的分析要果断、准确。在该类图书的销售中,促销与宣传推广是主要的营销手段。

二、北京希望电子出版社 SWOT 分析

(一)SWOT 综合分析

北京希望电子出版社属于小型出版企业,以图形图像与多媒体类图书见长。但中青社、兵器工业出版社均以图形图像与多媒体类图书见长,在各自销量前 200 名中,分别有 98 种、150 种。希望社在自己销量前 200 名的图形图像与多媒体类图书种类中只有 71 种,图像与多媒体类图书一直以来都是希望社的利润创造的决定因素。该产品线是希望电子社的主要经济来源,它的销售额和利润水平在所有产品线中是最好的。下面对该企业进行 SWOT 分析:

表 11-1 北京希望电子出版社 SWOT 分析表

关键竞争要素 关键环境要素	优势(S) S1—产品专业领域强 S2—分销系统完善,覆盖全国近 4 000 个网点的庞大销售网 S3—拥有一个年轻化、专业化、高素质的领导班子 S4—成熟的读者群	劣势(W) W1—产品种类结构少 W2—多媒体技术没被充分运用 W3—规模小,技术与国外先进水平差距较大 W4—企业文化没有成为所有员工共同意识 W5—出版社内部管理相对落后,内耗过多
机会(O)	SO 战略	WO 战略
01—承担"九五"国家重点电子出版物 02—行业内主要竞争对手实力比较 03—主要消费人群的购买力逐渐增强 04—市场开放、国外出版公司进入带来先进的管理模式和电子出版经验 05—全球信息化进程很快 06—引进和输出版权成为新的效益增长点 07—国际融资机会增加	利用企业内部长处去抓住外部的机会	利用外部机会改进内部弱点
威胁(T)	ST 战略	WT 战略
T1—人才危机,业务骨干、资深编辑被出版业进入者(包括国内其他行业和外国投资者)抢夺 T2—新进入者构成的威胁 T3—市场环境稳定性(盗版等)	利用企业的长处避免或减轻外在威胁的打击	克服内部弱点和避免外部威胁

(二)战略评述

1. SO 战略:集中战略

北京希望电子出版社是专门从事科技、计算机教育与应用方面电子出版物开发、出

版和发行的出版企业,目前中国政府对北京希望电子出版社给予重点扶持和关注,所以在所有国内出版企业的竞争中,它自身的渠道优势、产品集中优势使它应该运用 SO 战略扩大自己在全中国的影响力。

针对行业内竞争对手实力较强,应该避其锋芒,采取集中差异化战略,利用自身在教育电子出版物的优势,在这类产品取得竞争优势。

中国消费者的相对购买力强劲,尤其对于教育支出方面更是飙升迅速。北京希望电子出版社应该利用其从事计算机教育、分销系统的优势,采取扩张战略,占领更多市场份额。

2. WO 战略:降低弱势型战略

北京希望电子出版社的一个致命伤是产品结构单一,资金不够雄厚,技术相对来说比较薄弱,但是面对出版市场的开放,国际融资机会增加,北京希望电子出版社有着很好的销售渠道,可以利用国际融资机会融资,引进先进技术,扩大产品种类及规模的市场份额。

3. ST 战略:回避或克服威胁型战略

希望社属于小型出版企业,但更加应该留住人才,克服这个问题应该给予人才较为丰厚的待遇。新进入者构成的威胁主要来自国内竞争,北京希望电子出版社应该利用其完善的分销系统迅速将产品推向市场,利用其市场地位实行差别化战略,以削弱同行对其竞争的影响。

4. WT 战略:防卫型战略

出版业对相关人才(管理人才和签约作者等)的吸引力低,那么北京希望电子出版社应该运用 WT 战略加强企业文化意识,提高人力资源效率,减少吸引力低的影响。

新进入者构成的威胁主要在于北京希望电子出版社是一元化业务战略,所以它应该朝多元化业务组合发展,避免单一竞争万一不利带来的巨大影响。

外部行业盗版的问题可以通过提高北京希望电子出版社在专业领域的地位来缓解,因为在各专业领域相对来说消费者选择盗版的可能性比较低。另外,多媒体技术如果被北京希望电子出版社更广泛使用,例如增加防伪技术,那么盗版问题应该也会降低。

三、北京希望电子出版社营销模式分析与营销策略选择

(一)市场定位与营销策略

该社图书具有集专业性与大众性于一身的产品特点,决定了它的营销要采用电子出版物产品组合策略。电子出版物产品组合策略包括全面化组合、市场专门化组合、产品专门化组合、有限产品组合和特殊专业性产品组合,根据该出版企业自身的特点,该社电子出版物产品的营销现在主要实行市场专门化组合,其市场定位和营销策略是:

(1) 以专业计算机类电子出版物的营销为主线。北京希望电子出版社的主产品线是专业类计算机电子出版物、设计类电子出版物,以凸显计算机类电子出版物出版社的品牌。但依据产品线分析法对北京希望电子社专业计算机类电子出版物进行分析得出的结论是,虽然专业计算机类电子出版物为出版社主要的经济来源,但是专业计算机类电子出版产品的市场成长性不好,有明显的下降趋势。但该类产品内容的生命周期比较长,所以专业计算机类电子出版产品的定位和营销策略主要表现在以下几个方面:

① 在品位方面,高定位。

② 在定价方面,由此类出版物的专业性质所决定,其高文化含量及对编辑含量、印刷技术的严格要求,价格不能走平价路线,定价普遍偏高。

③ 在分销渠道方面,因专业计算机类出版物的消费者群体范围较窄,除需要开拓少量专业直销渠道之外,现有分销渠道基本可以满足市场需求。有些专业电子出版产品的分销渠道在传统的新华书店系统,也使它的销售基本维持于一个稳定状态。

(2) 以图形图像与多媒体类出版物的营销为副线。像中青社、希望电子社、兵器工业出版社三家均以图形图像与多媒体类出版物见长,在各自销量前 200 名中,分别有 98 种、71 种和 150 种。希望电子社的网络通信类电子出版物也在社里占有一席之地,前 200 名中共有 39 种。

图像与多媒体类出版物一直以来都是希望电子社利润创造的决定因素。该产品线是希望电子社的主要经济来源,它的销售额和利润水平在所有产品线中是最好的。该类产品很容易在经历一次饱和期之后再次进入畅销期,随着每一新题材的出版发行,都让该系列电子出版产品形成不断延伸的生命周期。图像与多媒体类图书现在的市场定位和营销策略主要是:

① 品种。在保持原有品种品质和数量的基础上,积极开拓其他市场上有需求的新品种多媒体类电子出版物,保证多媒体电子出版物市场品质第一、市场占有率第一的领先优势。

② 定价。由此类电子出版产品的读者身份因素决定,此类电子出版产品在营销中必须走高价位的战术,以保持原有的消费群体,吸引新的消费者目光。

③ 分销渠道。原有的分销渠道已不能满足消费者的需求,如传统的新华书店。这类电子出版产品的普遍需求性要求在营销中开拓新的营销渠道,全面打开发行、分销、零售的网点,基本达到消费者随处都可以进行购买的要求。

(3) 以 IT 网络类电子出版产品为市场开拓新品种。传统的措施是只能从系统、完整、可操作性和售后服务等方面入手,关键是这些内容是读者需要而且从别的渠道不易得到的。今后高级的网络内容还是有市场的,客户端体验、大型网络的实施与管理、更标准的 WEB 格式都是将来可能出现的亮点。

因此,该社推出《网络工程与实施》、《黑客任务系列》、《黑客任务大作战》、《防毒缉黑擒木马之绝命追杀》等针对性很强的技术配盘图书。该产品线的销售额和利润水平有很好的成长性,在所有产品线中最具发展潜力。现阶段,IT 网络类电子出版产品还处于产品生命周期的引入期,该时期是出版者审定图书市场定位和重新确定其目标读者的重要时期。此类图书的市场定位和营销策略是:

① 品种与品位:新品种的开发持慎重态度,严格进行市场调研之后方确定选题,保证图书成品的品质、品位,以确立市场需求和满意度。及时地征求、收集读者对于电子

出版产品的意见,了解与目标读者的契合度,明确宣传重点、激发读者需求。

②定价:因IT网络类电子出版产品的内容覆盖面非常广泛,既有人们日常生活中需要的平实的知识,又有专业化很强的细节因素,所以此类电子出版产品的定价应该在全面分析需求、成本和竞争态势后,根据其自身技术要求进行不同价位的定价,有高有低。

③分销渠道:此类电子出版产品反映的内容皆是生活中所涉及的各类知识需求,传统的营销渠道现在不能满足其营销需求,所以此类电子出版产品需要积极开拓新的营销渠道,如超市、图书发行公司、网络营销渠道等。并以这些渠道为主渠道,除此之外再辅以传统营销渠道进行销售。

(二)北京希望电子出版社的营销策略选择

根据北京希望电子出版社的自身特点,下面将阐述北京希望电子出版社图书产品整体营销策略实施的过程。

1.市场信息与选题策划

随着社会信息化的高度发展,怎样将图书的出版信息以最快的速度准确地传递给读者,是图书市场占有率的重要决定因素之一。在图书发行链中,读者是终端消费者,只有面向他们推广宣传,才能使他们购买图书产品。而他们的购买情况也需要提供给图书发行人员,进而反馈到编辑方面,以方便他们根据图书供求态势分析进行图书选题开发与判断,并进行市场调研,编辑通过市场调研反馈信息进行选题执行与操作。操作流程基本按照图11-2来执行。

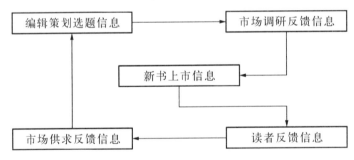

图 11-2 营销信息速递流程图

现阶段,北京希望电子出版社关于选题策划主要依据以下流程进行:

(1)选题构思:它来源于读者信息反馈、同类图书品种比较、图书营销及发行人员、发行商和媒体的信息反馈。

(2)选题构思的筛选:编辑通过对选题构思进行筛选,剔除与营销目标不一致的选题构思。

(3)品种概念的形成:这是对该图书品种的市场定位,不同的定位可以形成不同的产品概念。

(4)拟定营销计划:包括目标市场的选择、销售周期的安排、发行量及市场占有率的预期推断和主要的营销组合策略设计。

（5）商业分析：对图书产品的投入和产出进行计划和分析，预测成本和利润。

（6）编辑加工、印制：对书稿进行加工并付印。

（7）市场投放：包括发行的时机、发行的地区和图书营销组合。以目前北京希望电子出版社的情况来分析，编辑比较重视选题构思、编辑加工、商业分析，发行人员更注重拟定营销计划及市场投放这两部分，双方都在一定程度上忽略选题构思的筛选和品种概念的定位，所以会出现有积压书、退货书的现象，浪费了该品种图书的黄金出版时机。

2. 图书分销人员的选择与激励

图书分销人员是出版社和消费者之间的纽带。对于顾客来讲他们是出版社的象征，反过来，分销人员又从顾客那里给出版社带回许多相关信息。对于北京希望电子出版社图书产品的分销队伍来说，图书分销人员主要任务是：

（1）根据图书类型寻找目标客户：发行员依据需要将图书目录分类发至相关批发商或零售商。

（2）在潜在客户和现有客户之间分配好时间：有客户之间的时间应基本持平，因为潜在客户也需要时间了解北京希望电子出版社的图书，潜在客户也需要时间树立购买它的图书产品的信心。而有客户必须保证图书产品的售后服务，树立希望社图书产品的品牌形象，使其继续购买该类图书产品。

（3）传递北京希望电子出版社图书产品信息和服务信息：图书发行部门及时更新图书征订目录，让读者或批发商了解到最新、最全的图书产品、宣传资讯。

（4）与客户接洽，完成交易：发行员在接到书名、数量后，依据对方订单的要求发货。

（5）为客户提供服务与技术支持：图书退、换等。

（6）收集图书供求信息和发行情况报告，进行写图书产品评价报告：发行员每两个月将图书销售量、库存数量，退货数量上传至编辑部，使编辑了解情况。在编辑的选题论证研讨会上发行人员要积极参与选题予以市场判断，并提出出版建议。

（7）将出版的图书产品合理分配给市场和客户，及时调货、补货，以免造成有些地区有积压图书、缺货的现象。

3. 新品种的市场拓展

消费者在接受新品种的过程中要经历知晓、兴趣、评价、购买、接受五个阶段。对于北京希望电子出版社图书产品的营销来讲，新品种的市场拓展有如下几个变量所决定：

（1）图书内容质量及创新程度。北京希望电子出版社图书在这个方面较为重视，无论是哪种门类的图书，都强调质量，注重创新，摆脱束缚。

（2）与目标读者的契合度。在读者需求日益细分化的背景下，北京希望电子出版社图书与目标读者的契合度也成为市场扩散的重要因素。怎样和读者的需求保持一致，是北京希望电子出版社每位图书从业人员都在悉心研究的课题。从图书的体例、内容、定价、分销渠道选择、促销手段的设计，都要经过大量的市场调研，数据分析才能做出决定，得到最契合读者口味的结论。

（3）作者的名气。作者的名气很大程度上决定了北京希望电子出版社图书产品的市场拓展机会。根据读者的心理,都喜欢看名家的著作,所以同质量的图书,由于作者的不同,它的市场扩散能力也不同。

（4）图书内容及其相关信息的传播性。依据图书所承载的知识内容不同,其传播性也不相同。专业知识传播性要低,大众知识传播性要高;传统知识传播性要低,创新知识传播性要高。北京希望电子出版社图书在专业计算机品种范畴内,因为专业知识性特点,传播率不会太高,市场扩散几率相对稳定。

4. 北京希望电子出版社的营销策略选择

（1）突出重点带动一般的营销策略。既包括重点区域带动一般区域,又包括重点学校带动一般学校,重点抓好城市、经济条件和教育基础较好的发达和中等发达地区以及各级重点学校、实验学校、区域性示范学校的发行工作。

（2）省内与省外、教育系统和非教育系统在销售政策上内外有别的策略。重点保省内市场,有目的、有步骤地培育、开拓省外市场,重点抓教育系统的发行,有计划地拓宽社会发行渠道,做到两个轮子一起转。在营销政策上,依据不同情况实行不同的销售折扣和不同的结算方式。

（3）销售环节抓大促小的策略。借鉴其他行业改革的成功经验,我们考虑应重点与有实力、有信誉、有市场的大销售商包括个体经销商合作,将代理发行权有条件转让,促使其发展壮大,客观上也扩大了本社音像产品的销售。同时,帮助和协助其他规模较小、业务量不大的批发或零售商,为其提供信息、产品周转、售后服务等方面的便利,使其营销总量渐渐增加,从而使音像产品销售规模不断扩大。

（4）主导音像产品带动非主导音像产品实现产品连动销售的策略。既包括同一品种中适应市场需要的微利产品带动其他高附加值的产品销售,又包括不同品种当中因为产品的互补性从而带动整个音像产品的销售。

北京希望电子出版社是专门从事科技、计算机教育与应用方面电子出版物开发、出版和发行的出版社,目前中国政府对北京希望电子出版社给予重点扶持和关注,所以在所有国内出版企业的竞争中,它自身的渠道优势、产品集中优势使它应该运用 SO 战略扩大自己在全中国的影响力。

针对行业内竞争对手实力较强,应该避其锋芒,采取集中差异化战略,利用自身在教育电子出版物的优势,在这类产品中取得竞争优势。中国消费者的相对购买力强劲,尤其对于教育支出方面更是飙升迅速。北京希望电子出版社应该利用其从事计算机教育、分销系统的优势,采取扩张战略,占领更多市场份额。

第八节　渠　道　策　略

—— 石油工业出版社渠道策略

一、石油工业出版社图书产品的现有营销渠道

从 1983 年开始,国家允许出版社自办发行,也就是说,出版社所出版的图书除了由新华书店销售外,出版社可以自行建立各种营销方式来销售本社图书,出版社拥有本社图书的总发行权,但不得总发行其他出版社的图书。石油工业出版社承担图书发行任务的部门由最早的发行部演变为当前的营销中心,营销网络遍布全国各地,与各省、市、县新华书店都有密切联系,与民营书商也有密切的合作,石油工业出版社现有销售渠道如图 11 - 3。

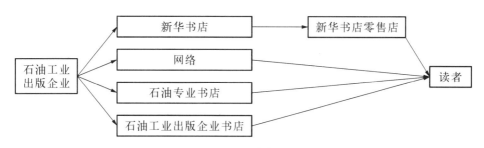

图 11 - 3　石油工业出版社销售渠道

石油工业出版社建立了自己的专业图书销售书店,其发行部目前已培育和建立了石油石化及社会图书两大营销网络,完善和发展了石油工业出版社的自办发行体系,已在全国石油石化系统建立了图书发行站 16 个、网点 63 个、标准发行站 15 个,与各石油石化企事业单位 5 000 多个客户保持固定销售联系,形成了比较稳固的石油石化图书连锁经营体系;与全国 280 多个大中城市近 2 000 多家新华书店和民营书店建立了图书经销关系,建立邮购客户 3 500 多个,与全国 10 家大型网络销售商签订了网上销售协议,基本形成了社会图书营销网络,为石油工业出版社持续发展提供了有力保证,推动了石油工业出版社图书销售额逐年稳步上升。

二、石油工业出版社现行营销渠道分析

石油工业出版社目前采用的图书分销渠道主要有以下四种:

(1)出版社→新华书店→零售店→读者。这种渠道是石油工业出版社多年来一直沿用的主分销渠道。出版社营销中心把全国各地按省级行政区域进行划分,每个业务员分管几个区域不等,业务员与新华书店之间形成一对一的管理方式。主要的图书发行方式包括:图书订货会、主发图书和短缺添货。每年参加的订货会主要有北京图书订货会等。石油工业出版社通过参加订货会把当年出版的新书及重点图书摆放到展架上,由新华书店业务员看样订货,随后根据订单由营销中心发货至新华书店。为了使新书迅速上架,出版社头版头次印刷的图书可主发至新华书店,根据协议进行主发业务,从而使新书在全国范围内迅速铺开。各新华书店根据销售情况,由书店业务员填写各自书店短缺图书品种的订单后传真到石油工业出版社,由出版社业务员根据订货单订数发货至新华书店。

(2)出版社→网络读者。当前,石油工业出版社通过网络销售的图书全是电子版的,石油工业出版社与全国 10 家大型网络销售商签订了网上销售协议,基本形成了社会图书营销网络,为石油工业出版社持续发展提供了有力保证,推动其图书销售额逐年稳步上升。

（3）石油工业出版社→石油工业类专业书店→读者。这种渠道和第一种渠道一样，也是属于被利用的比较充分的一种分销渠道。出版社面向各个专业书店，因为在人们需要某一方面的图书的时候，往往都会去专业书店寻找，这是由于专业书店专门销售某一特定产业、行业及其相关领域书籍，创办者多有行业背景，具有此领域高于普通人的行业知识，此类书店专业性强，石油工业出版社出版的主要是石油工业类图书，因此正好符合这类专业书店的特点。

（4）石油工业出版社→石油工业出版社书店→读者。石油工业出版社建立了自己的专业图书销售书店，其发行部目前已培育和建立了石油石化及社会图书两大营销网络，完善和发展了石油工业出版社的自办发行体系，已在全国石油石化系统建立了图书发行站 16 个、网点 63 个、标准发行站 15 个，与各石油石化企事业单位 5 000 多个客户保持固定销售联系，形成了比较稳固的石油石化图书连锁经营体系。这种直接分销渠道对出版企业来说优势在于完全掌握营销的主动权，可以迅速地了解市场变化，缩短了物流时间。

三、石油工业出版社现行营销渠道策略

1. 重点掌握新华书店渠道

新华书店系统被称为图书发行的主渠道，除了其历史原因外，新华书店的规模十分庞大，覆盖全国各个省市，根据新闻出版总署的统计，2001 年我国新华书店系统共有发行网点 13 283 处，其中书店 2 736 处，售书点 10 547 处，而且新华书店的图书销售额占有非常大的比例。新华书店系统在图书的销售环节具有举足轻重的地位，这在短时间内是不会改变的，因此石油工业出版社重点掌握这一销售渠道，并将其作为长远的合作伙伴。

2. 积极发展民营及专业书店渠道

目前，我国石油工业类图书市场呈现出鲜明的特点，发行招、投标成为趋势、民营书商数量多等，因此，考虑到石油工业出版社的实际特点，石油工业出版社对经销商的渠道建设的思路是尽量广开客源，整合渠道，在市场相对规范、成熟的地区积极寻求代理。石油工业出版社积极维护并稳定原有客户群，对于原有客户及新从各片区转移的老客户，充分利用北京图书订货会的契机，进行积极有效的沟通，确立新型业务合作关系。积极开拓新客户，不依赖坐等客户上门，深入市场，在市场中寻找有潜质的新客户群体。

最终目标是将市场当中适合经销石油工业类图书品种的资质优良的民营经销商锁定。

图书属于品种多、数量大、购买分散的商品，不可能由出版企业直接面对众多的零售商或消费者，因而需要营销渠道有一定的长度，必须有批发商的环节，以保证足够的市场覆盖率和适度的成本及风险。

3. 维持现有的直销渠道

出版社直接建立零售网点从事零售业务，盈利高、风险小，但难以获得很高的市场覆盖率,而且成本高,渠道控制、管理的难度也随之加大,风险增加。图书具有品种多、单价不高、销售册数累积量大的特点,决定了出版社的服务必须向渠道的下游延伸。石油工业出版社的直销书店更多的是关注图书批销商,即以图书销售为中心,营销渠道及信息流终止于批发商。所以要改变过去的销售思路,以市场为中心、以满足读者需求为中心,不能只把图书的销售及服务聚焦于批发商。通过与零售书店及读者的接触、交流,实现更为直接的信息反馈,有利于出版社对市场前沿信息的跟踪与分析,因此石油工业出版社在发展主渠道的同时也保持着对直销渠道的发展。

四、石油工业出版社营销渠道策略优化建议

营销渠道的管理是企业管理中的重要内容,高效的营销渠道可以通过在渠道各成员之间建立并维持良好的合作关系,通过对时间、空间及资源的配置,使最终用户获得最大满足,使渠道系统整体及渠道各成员取得可观的竞争优势。

传统的图书营销渠道具有广泛的市场辐射能力,为出版社的图书占领市场发挥了巨大作用,但是在供过于求、竞争激烈的市场营销环境下,传统的图书渠道存在着一些缺点:一是出版社难以有效地控制图书营销渠道;二是多层结构有碍于效率的提高;三是信息不能准确、及时反馈,坐失商机。基于以上原因,出版社应将图书营销渠道改为扁平化的结构,使图书营销渠道变短、销售网点增多,增加出版社对图书营销渠道的控制力。

石油工业出版社的营销渠道要能完成图书的运输、刺激读者需求、图书的配送等职能。在石油工业出版社的营销渠道中,必须保证必要的信息流,一方面使出版社能与最终客户保持接触,使读者能够直接了解来自出版社的出版方向、出书范围等信息,了解图书的特点、作者水平及代表性、适用读者群等;另一方面则使出版社通过与读者的直接接触来了解读者的需求以及购买偏好等信息,并在此基础上掌握市场信息,为进一步的出版及营销决策提供支持。

1. 加强营销渠道的管理与控制

渠道成员之间产生冲突的根源在于成员之间相互依赖。冲突主要来自三个方面,即成员之间的目标分歧、经营领域的差异、对现实的不同理解。对渠道成员之间的冲突,应首先分析其产生原因和来源,分析冲突的性质,有的冲突属于建设性的,有助于调整营销渠道的职能,提高其运作效率,而有的则是病态冲突,甚至会发展成蓄意破坏、损害或阻挠成员之间的信赖关系,必须以适当的方法加以控制,否则会影响到整个渠道的效率,甚至会损害渠道的合作。

针对石油工业出版社的实际情况,在以下几个方面加强渠道的合作有益于减少或控制渠道成员之间的矛盾与冲突,增强营销渠道的竞争优势:

(1)加强信息的沟通与分享。石油工业出版社对石油工业类图书的专业知识及相关信息掌握得较多,经销商尤其是零售商对读者需求等市场信息掌握得较多,双方加强信息的交流与沟通,可以有效地控制因信息不对称或因信息传递时失真而造成的冲突与矛盾,促进共同的利益。

（2）石油工业出版社与各经销商联合制定促销计划。石油工业出版社除了自己的宣传推广外，还要加强与各图书经销商之间的合作，共同制订广告计划，进行联合宣传、促销，并对经销商给予发书折扣的减让等优惠措施，形成密切合作的关系，对避免矛盾是很有效的，而且有助于促进相互忠诚与信赖的关系，提高渠道的效率。

（3）地域划分。同级渠道成员尤其是批发商之间的冲突往往是由于跨区域销售造成的，对此石油工业出版社可利用拥有供货资源的权力加以协调与控制，以协议或合同的形式明确各成员之间的地域划分，避免各成员之间产生跨区域销售引起的冲突。

（4）培训。石油工业出版社应定期提供针对经销商的培训，一是针对图书专业知识、适用范围等方面内容，二是强调经销商之间的竞争与协作。出版社的销售人员也应到经销商处接受图书销售方面的培训，以直接面对读者，既可以掌握图书销售信息，了解读者的需求，也可以对读者进行有针对性的宣传。通过双向的培训密切了彼此关系，同时也能做到及时沟通及直接的信息交换，不仅可以避免不必要的冲突，而且可以提高营销渠道的效率，提升渠道的竞争力。

这些方法都可以预防和减少渠道冲突，而一旦发生渠道成员之间的冲突，就要及时加以控制并解决，避免造成对整个营销渠道的不利影响。

2. 通过营销渠道获得竞争优势

石油工业出版社在建立起图书营销渠道及相应的管理与控制体系后，要想在竞争中取得优势，关键还在于在营销过程中正确发挥渠道的作用。

（1）通过营销渠道促进行业规模的扩大。现有石油工业类图书市场规模偏小，因此营销渠道的作用就是要通过刺激需求、促进销售来扩大市场规模。目前，全国图书的销售因地区差别而存在很大的差异，而石油工业类图书的销售又有自身的特色，在石油油田开发地区以及石油工业企业集中地区的销售较好。

（2）通过营销渠道促进销售。在石油工业类图书营销渠道中存在着两种作用力：推动力和拉动力。推动力是指出版社对图书批发商和零售商的激励与支持，促使其储存、展示及促销本社的图书；拉动力则是指销售中强调最终用户的需求，拉近图书与读者的距离，激励他们购买图书。

为了充分发挥营销渠道的销售作用，出版社应激励批发商提高其市场覆盖率，增加零售网点的建设，并把宣传、促销及服务向前延伸到零售商及读者，协助批发商做好零售网点的建设工作。同时，出版社应与批发商取得一致，共同做好零售商的工作。要使批发商明白，直接面对零售商并不是削弱批发商的势力，而是做好渠道成员之间的信息沟通，为了实现共同的利益而不断扩大市场规模。出版社的出版及营销决策的信息应该来自读者，才能使图书接近市场，更具有竞争力，出版社可以直接为零售商提供宣传推广、货架陈设等方面的支持与指导，从零售店了解库存、销售情况可以起到对批发商的监督作用，更重要的还可以直接了解市场信息。

图书的最终用户是读者，出版社及批发、零售环节通过适宜的图书品种组合来满足读者的需要，并通过刺激及开发读者的进一步需求来扩大市场规模、增加销售，才能实现价值的增值。因此,营销渠道成员应设法拉近与读者的距离,一般可采取广告、促销等手段来实现上述目标。主要的手段包括:广告宣传、业务人员推销、图书订货会、书市等。全国出版、发行等行业协会每年都举办类似活动,这也是出版社宣传品牌、实施差异化战略的重要渠道之一。

　　总之,出版社应与渠道其他成员一起,利用渠道的推动与拉动作用,缩小与读者的距离。刺激市场需求,共同创造营销渠道价值的增值,使成员分享增值的利益。

第十二章 中国出版企业数字时代的发展战略

第一节 中国传统出版业发展数字出版概况

目前在我国出版行业,电子图书、数字化期刊、网络游戏以及手机出版等数字出版产业发展迅速,而大多数传统出版社则由于主观上依赖于纸质图书的出版及书号配发上的制度性保护,客观上则受制于资金、技术、人才等的限制,在和依托强大资金和技术优势聚集内容资源的技术服务商的竞争中仍然处于相对劣势。

一、中国传统出版业发展数字出版现状

面对数字出版产业高速发展的现实状况,中国大多出版集团已经把数字化出版作为其未来生存与发展的战略来看待。因此,清醒地认识到自身所处的发展位置和发展方向,积极稳妥地开展数字出版工作,拓展未来数字出版领域的生存空间,对传统出版业来说至关重要,也是一项无可推卸的历史使命。

1. 数字出版产业市场规模分析

据中国出版科研所发布的《2007—2008 中国数字出版产业年度报告》数据显示,2007 年中国数字出版产业收入 362.42 亿元,比 2006 年增长了 70.15%,根据预测,2008 年数字出版的收入将达到 530.64 亿元。全国数字出版用户数量,2006 年 2.86 亿人/家/个,2007 年 3.77 亿人/家/个,比 2006 年增长 31.88%。随着互联网、手机的越来越普及,以及 3G 技术在人们工作和生活中的实际应用,中国数字出版行业未来发展之路被业内人士普遍看好。更有预测数据显示:2020 年,我国网络出版的销售额将占到出版产业的 50%;2030 年,90% 的图书都将出版网络版本。

国家版权局音像电子和网络出版管理司副司长寇晓伟在 2007 年国际版权论坛上所做报告称,2006 年我国网络出版年总销售收入超过 130 亿元。在中国现有的 80 多万个网站中,涉及出版的网站占 25%,从业人员超过 4 万人,由此看来,我国的数字出版产业规模正在逐步扩大,已覆盖传统出版的所有领域,进入了一个快速发展的轨道。

尽管数字出版产业发展迅速,但由于尚未形成成熟的赢利模式,目前主要是在期刊数据库、网络游戏、个别文学原创网站等方面上有较好的表现。因此,数字出版整体上尚不足以对传统出版产业构成颠覆性冲击。

2. 数字出版产品供给状况分析

目前,全国已有 450 多家出版社在出版电子图书,所出品种已达 30 余万之多,中文电子图书已成为全球单一语种最大的电子图书库。从数字期刊发展情况来看。以中国

知网为例,截至 2009 年 5 月 5 日,中国知网共建有一次检索中文期刊、学位论文、专利等 16 种学术资源。其中,中国期刊全文数据库,是目前世界上最大的连续动态更新的中国期刊全文数据库,收录国内 8 200 多种重要期刊,内容覆盖自然科学、工程技术、农业、哲学、医学、人文社会科学等各个领域,全文文献总量 2 200 多万篇;《中国学术期刊网络出版总库》收录国内出版的 6 642 种学术期刊,其中核心期刊、重要评价性数据库来源期刊 2 460 种;中国重要报纸全文数据库,收录 2000 年以来中国国内重要报纸刊载的学术性、资料性文献的连续动态更新的数据库;外文期刊库国家科技图书文献中心(NSTL),1995 年至今,共收录 1 300 多万篇文章。

从电子图书方面来看。虽然电子图书应用逐渐普及,但数量不足、新书太少成为制约电子图书发展壮大的关键性因素。根据中国互联网络信息中心(CNNIC)2005 年 7 月发布的《中国互联网络发展状况统计报告》指出,在"网民认为目前互联网最不能满足其需要的信息"问题中,电子图书太少这一需求始终排在第一位,连续六次的统计结果都是一样。

3. 数字出版产品需求状况分析

随着技术的进步和人们阅读习惯的转变,传统出版行业面临着图书出版品种日益增加、起印量减少以及按需出版图书、绝版书的印制需求日益增多的发展趋势。

在由读吧网和中国图书商报共同发布的《2008 中国电子图书发展趋势报告》统计数据显示,2008 年,电子图书市场实现销售收入 22 630 万元,增长 33.4%。在个人电子图书市场方面,收费阅读市场和手机阅读市场增长强劲,分别增长 86.5% 和 366.2%,标志着中国电子图书个人市场的增长开始进入快速发展时期。截至 2007 年末,全球共有超过 3 800 家的图书馆、中小学、教育城域网、企事业单位等机构采购了电子图书。2007 年电子图书销售的总册数较 2006 年增加了 25%,达到 1 500 万册。但企业、图书馆等机构用户依然是电子图书市场的主流消费群体,个人用户市场尚未形成。但随着中国网民以及 3G 的实际运用越来越普及,个人消费市场必将成为数字出版消费的主要目标市场。

预计未来五年,我国将有超过 55% 的手机用户通过手机阅读电子图书和数字报,由图书馆等机构用户采购的电子图书、数字报的规模将达到 12 亿元人民币,由网民和手机用户带动的电子图书、数字报内容销售及广告收入将达到 60 亿元人民币。

人们的阅读习惯和阅读行为是出版业赖以存在和发展的基础,数字阅读为出版物的数字化转型提供了基础,为出版社提供了新的市场空间。在四次国民阅读调查中,传统阅读人数以每年 12% 的速度下降,而新媒体阅读的人数则以每年 30% 的速度增长。随着数字阅读的越来越普及,以及各类阅读器的逐渐成熟,这都要求出版业必须以受众喜闻乐见的形式开发丰富健康的数字化内容,满足受众日益多元化的阅读需求。

与此同时,网络的日益普及、快捷的物资配送、安全的网上支付等数字出版产业所需的必要条件正在不断地完善,越来越多的人开始习惯第三方支付。所谓第三方支付是指基于互联网,提供线上(互联网)和线下(电话及手机)支付渠道,完成从用户到商户的在线货币支付、资金清算、查询统计等系列过程的一种支付交易方式。根据艾瑞咨询发布的《2009 年第一季度中国网上支付市场监测报告》统计显示,2009 年第一季度,中国第三方支付市场交易规模达到 1 092.7 亿元,环比增长 21.4%,同比增长 146.9%。这都为用户进行数字化阅读提高了极大的购买便利。

二、中国数字出版产业发展特点

数字出版是新闻出版业面临的一场新兴技术革命,它既给传统出版业带来了很好的发展机遇,也带来了严峻的挑战。相对于国外数字出版产业发展状况,中国数字出版产业呈现出自己的特点。

1. 技术提供商成为数字出版产业的主导

在中国,数字出版产业的主要推动者是技术提供商。从技术上讲从三个行业进入了出版业才改变了出版业被动跟上,并不是我们很了解这个问题,结果是通信公司、IT公司、数字技术提供商,因为他们的开发研制的过程中就深入到出版业,这样出版业的人不得不看到这个现实,是被动进来的。但是,在引进消化、应用、创新方面,我国科技、信息、互联网界对数字出版作出了巨大贡献,功不可没。

国内规模比较大的有方正阿帕比、万方数据、超星、书生等。到 2010 年,北大方正、书生公司、超星、中文在线四大电子图书出版商,占据了全国电子图书市场 90% 以上的份额;清华同方知网、万方数据、维普资讯、龙源期刊则占据互联网期刊市场 90% 以上的份额。

数字出版同传统出版一样,拥有内容资源多少是出版商、技术商等各利益方取得竞争优势的先决条件。因此,方正阿帕比、书生等为代表的技术提供商积极寻求出版社的合作,内容资源逐渐丰富;高等教育出版社、上海世纪出版集团等传统出版单位积极整合原有的内容资源;起点中文、红袖添香等为代表的盛大文学原创网站内容积累速度不断加快,这充分表明内容资源正以不断加快的速度向少数企业集中。

2. 集团化发展成为趋势

随着数字化时代到来,国外大型出版集团纷纷把信息技术与互联网业务的开发放在至关重要的位置。中国国内一些实力强大的出版集团也已把数字出版作为迅速提升自身整体实力和竞争力的长远发展战略,成立专门公司从事数字出版工作,这既有利于发挥传统出版业的优势,又有利于尽快形成运营平台进行市场开拓。上海世纪出版集团、辽宁出版集团等在这方面已经有多年实践经验。

从出版集团实力来看,多数出版集团都拥有较大的经营规模,如湖南出版投资控股集团,到 2008 年末,集团总资产突破 75 亿元,实现年销售收入 68.9 亿元,比上年增长 9.9%;实现利润 4.12 亿元,比上年增长 25.7%。上海世纪出版集团是全国成立的第一家出版集团,现有 13 家出版单位、44 份杂志和 5 份报纸,每年出版图书近 8 000 种。从出版种类和知名度来说,各大出版集团在原有的品牌号召力、知名度是其不可替代的优势资源。

数字出版具有内容和技术的双重特征,在技术提供商占据产业发展主导的形势下,传统出版集团面临的不仅是同行竞争,还需面对技术服务商的挑战。传统出版集团要在数字出版领域实现突破,需要在整合内部原有资源的基础上,更加注重数字出版技术研发应用、内容资源整合开发、运营服务、资本合作等各层面进行多元化合作。上海世纪出版集团总裁陈昕认为:"出版集团的领航作用,价值链和知识共存的巨大惯性导致大型出版集团占有数字出版的主导地位。同时,成熟的资本市场和资本运作,包括风险投资的引入,将为数字出版转型提供大量的支撑。"

3. 政府大力推动数字出版产业发展

数字出版业的快速发展,也让政府有关部门高度重视。2005 年以来,有关部门加大了对数字出版业的扶持力度。国家在"十一五"时期文化发展纲要中就明确地指出"大力发展以数字化内容、数字化生产和网络化传播为主要特征的新兴文化产业,加快发展民族动漫产业,大幅提高国产动漫产品的数量和质量,积极发展网络文化产业,鼓励扶持民族原创的健康向上的互联网文化产品的创作和研发,拓展民族网络文化发展的空间"。"十一五"时期文化发展纲要还强调"大力推进以数字技术和互联网技术为核心的文化生产和传播的新兴行业,加快传统发行业向现代发行业的转换,积极发展电子书、手机报刊、网络出版物等新业态","发展手机网站、手机报刊、AP 电视、数字电视、网络广播、电视、电影等新兴的传播载体"。纲要还提出,"鼓励自主研发、数字内容、数字传播、数字服务终端的产品和装备,开发数据处理、存储、传输、下载、适用互动等数字出版的增值业务,扩大数字出版的产业群体。"这些都表明国家已经把数字化的出版和传播当成出版业现代化的关键之一。

2007 年中国国家新闻出版总署启动了"中国民族网络游戏出版工程",建立了 4 个国家网络游戏动漫产业发展基地、5 个国家级网络游戏技术创新工程中心,培育了 20 家中国民族游戏核心企业,建立了 1 所培养游戏动漫开发高级人才的学院和 10 所设有游戏动漫相关专业的定点院校。

在国家大力支持和鼓励数字出版产业的同时,各地方政府也积极采取措施促进本地区数字出版产业的发展壮大。上海市于 2009 年 2 月发布了数字出版业发展引导目录。在技术上主要着力于以下几个方面:复合出版相关技术,按需印刷应用技术;数字作品版权保护技术;移动环境下的数字内容多元发布技术。上海浦东新区为吸引海内外企业入驻张江国家数字出版基地,出台八条优惠政策:对建设大型数据库给予资助,最高资助额度可达 200 万元;支持数字出版基地的公共服务平台建设;鼓励数字出版企业技术研发和内容原创;奖励创新性强的数字出版产业化项目,奖金数额可达 300 万元;对重大数字出版项目采用贷款贴息方式支持,贴息数额可达 200 万元;支持数字出版企业进行国内外市场推广,以及让入驻企业享受房租补贴等。2009 年 5 月,上海市工商局、上海市新闻出版局联合发布《关于本市从事数字出版业务工商登记有关问题的意见》,首次对数字出版的范围、数字出版经营主体的组织形式、名称以及经营范围等方面作了明确规定。

三、数字出版给中国传统出版业带来的变革

数字出版的不断发展壮大,促使传统出版变革,以适应新的发展要求,这种变革表现在制作、发行、出版、销售等全过程中。

1. 信息传播模式的变革

以互联网、手机媒体为代表的新媒体,极大地延伸了受众的信息接触面,同时也对传统的信息传播模式提出了挑战。在新媒体环境中,受众的信息传播能力都得到了显著的增强,传播的速度和效率都得到了空前的提高。

从传播过程来看,在传统传播模式中,从信息源到受者,每一个环节都是一个信息"把关人",信息被层层过滤、单向流动到受者。传者与受者处于一种不平等的信息交流之中,受者的反馈不能及时传送给传者,受者对其反馈结果也不能予以控制。但在数字出版活动中,数字化可以使传者与受者之间的信息传播由单向变为双向互动,由点对面的形式变为点对点的形式。以广播电视为例,数字化传播可以由传者安排的、按规定时间和先后顺序的线性传播,变为受众自己选择的、打破时间和顺序限制的非线性传播,可轻易地跳过受众不需要、不喜欢的节目和广告,极大地增强了传者与受众的互动性,从根本上改变了受众的被动地位。

数字化更可以让受众方便地提供各种信息,改变传者、媒介和传播内容。对传者而言,自己的受众不再是难以捉摸的对象,可以根据来自受众的各种反馈,及时调整自己的传播。UGC即所提供的人人都可以参与内容创造相对公平合理的传播模式。UGC的概念最早起源于互联网领域,是英文 Users Generate Content 的缩写,即用户将自己原创的内容通过互联网平台进行展示或者提供给其他用户。YouTube、MySpace、优酷、六间房等都是 UGC 的典型代表。数字化不仅带来了新媒体,还影响了传媒的议程设置。许多记者、编辑经常从各种网站、博客等上面寻取报道和评论的线索。已有不少社会性议题是先在网络上火爆,然后才引起传统媒体的重视和反映。

信息的数字化、网络化使受众直接面对广泛而丰富的信息资源,出版社原有的信息资源优势被削弱;信息空间的高度开放性,使受众可以自由地获取和发布信息,出版者的把关地位也被削弱。因此,数字出版使作者和受众的传播功能放大、传播地位上升,数字出版真正实现了以受众为核心的出版理念。

2. 出版载体的变革

某种技术、载体被选择,是体现不同社会利益和价值取向的大量的技术争论的结果,而并不是一个固定的单向的逻辑程序的展开。

信息的交流和储存必须借助于载体才能进行,人类社会活动越多,信息交流量就越大,所需的信息传播载体也就越多,对信息载体的要求也就越高,人们在获取信息的过程中,如何更便利地获取信息,克服信息载体所带来的约束和限制,是促使信息载体不断发展变化的原动力。

近代以来,我国出版产业的发展经历了两次技术革命:"第一次是激光照排技术的出现,第二次是数字化技术的出现。激光照排技术的出现,大大提高了印刷出版的效率,摆脱了沿袭一千多年的出版方式,使中国的印刷出版产业一举赶上了世界先进水平。但是,激光照排技术只是对以前技术的改良,根本上仍然沿用了使用纸张存储出版信息,因此在存储、传播、检索等方面还深受纸介质的束缚,对有效利用信息没有实质性的改进。数字技术的出现彻底改变了这种局面。数字信息摆脱了纸张的局限,不但能够永久存储毫不磨损,而且瞬间即可传播到全球每一角落,检索数十亿页内容最快只需数秒时间,因此对中国出版产业产生的影响也更为深远。"

随着高新技术在出版行业的不断被采用,"出版"的含义也不断变化。这种变化主要体现在出版载体的变化上,从甲骨、简帛、纸张,到目前的手机、专业阅读器等各种形式的阅读载体,出版物的载体已经经过了上千年的演变。随着互联网的出现及其广泛应用,从根本上改变了信息载体与信息内容的表现形式及关系。

3. 出版方式的变革

随着科学技术的迅速发展,图书出版已经由原来单一的纸质图书延展到网上阅读、离线阅读、手机阅读等多种出版形式。中文在线董事长兼总裁童之磊认为:"全媒体出版就是同一个内容在同一个时间在各种各样的媒体上发布,发布载体包括纸质媒体、互联网、手机和手持阅读器以及未来更多我们所不知道的新兴媒体。"

2008 年 12 月,著名导演冯小刚的首部长篇小说《非诚勿扰》以纸质图书、互联网、手持阅读器、手机 4 种形式同步出版。2009 年 3 月,第 81 届奥斯卡最佳影片《贫民窟的百万富翁》同名原著,也以全媒体出版方式与电影同步首发。

随着数字出版的发展,人们获取信息的渠道多元化,原先以纸质图书主要出版形式无法满足人们需求,于是跨越传统出版,以全媒体出版方式日渐受到人们的青睐,也成为图书出版的发展趋势。

网络原创小说是一种新兴的出版形式。近几年,随着互联网、手机等新兴媒体的普及,读者网络阅读习惯逐渐养成,日益受到出版社和作者的重视。2008 年 10 月,海岩、都梁、郭敬明、天下霸唱、宁财神等 18 名知名作家签约起点中文网,而一些知名度不高作者更是希望借助网络发表自己的作品,吸引读者来点击,只要作品达到一定点击率,自然会引起出版社的注意。以盗墓类小说《鬼吹灯》为例来看,《鬼吹灯》作为 2006 年最火爆的一部网络小说,不仅在网络上有超高的阅读人气,而且其纸质图书,截至 2007 年 7 月,销售册数已经达到 80 万册,成为安徽文艺出版社畅销品牌图书。盛大文学还与麦石信息根据《鬼吹灯》,共同研发大型网络游戏《鬼吹灯外传》。《鬼吹灯》、《我总是心太软》、《诛仙》等一系列小说的成功,无不表明网络原创小说,再到纸质图书出版及其衍生产品的开发是一种切实可行的出版模式。

此外,"博客出版"也已成为出版的一个发展方向。2004 年,博客应用在中国出现,随之而来的博客出版模式也成为图书出版的重要渠道。Mook,即杂志书,作为杂志和图书的结合体,其性质介于杂志和书之间,作为一种全新的出版形式也备受关注。

第二节　中国出版业发展数字出版面临的机遇与挑战

数字出版作为一种新型业态,尚未出现完善的盈利模式,国内外对数字出版的认识和探索也都在进一步深化之中,但其代表未来出版发行业的发展方向,已经得到了业内外的广泛认可。因此,充分把握数字出版产业的快速发展给中国传统出版业带来的机遇和挑战,积极发挥传统出版业的各种资源优势和品牌优势,占据数字出版制高点,推动中国出版业更好更快地发展,是时代发展的必然要求。

一、中国传统出版业发展数字出版面临的机遇

随着科学技术的进步和人们阅读习惯改变,中国出版业的竞争焦点正逐渐向数字化方向转移,数字出版已经成为我国出版业变革的前沿。科学有效地把握中国传统出版业面临的发展机遇,是推动自身成功转型的必然要求。

1. 中国经济快速稳定发展

从经济环境来看,中国正处于经济快速发展阶段,这对中国出版产业转型无疑是一个难得的机遇,也为中国出版产业数字化发展提供了一个极为有利的经济环境。一方面,居民收入水平的不断提高,消费结构不断优化,为数字出版市场的扩大提供了可能;另一方面,社会主义市场经济体制的完善,促进了现代企业制度的建立,推动了传统出版业的变革。

根据国家统计局核算,2008年中国国内生产总值300 670亿元,比上年增长9.0%,第一产业增加值34 000亿元,增长5.5%;第二产业增加值146 183亿元,增长9.3%;第三产业增加值120 487亿元,增长9.5%。经济总量从世界第六位上升到第四位。改革开放30年来,中国经济增长迅速,中国城乡居民消费结构明显优化,恩格尔系数显著下降,发展和享受型消费比重不断上升。中国农村居民家庭恩格尔系数从1978年的67.7%下降到2007年的43.1%,城镇居民家庭恩格尔系数从57.5%下降到36.3%,人民生活水平明显提高。中国国家统计局报告指出,随着温饱问题的解决,在城乡居民生活消费支出中,发展和享受型消费比重上升。

近年来,中国城市化以每年1%的速度在扩展,每年平均有1 200万人进城,特别是大学扩招后,大学入学率突破了15%,在校大学生超过了2 000万人。随着国民受教育水平的不断提高,这也意味着阅读人口的增加,对于数字出版产业发展来说,提供了坚实的基础。

2. 出版业体制改革加快

目前,中国出版业市场体制还不是很完善,主要表现在:一是没有形成真正独立的竞争主体,也没有真正的市场竞争,国有出版单位一方面受到政府的特殊保护,另一方面又被各种管理制度所掣肘;各种社会资本、民营资本实则没有同等经营资质,难以介入出版行业,因而不能形成投资主体多元化和股权多样化的格局。二是产业规模及其规模效应对其他行业的辐射能力还不够强,没有形成产业间的互动,也未形成能影响整个行业的主导企业,离真正的资本运作还很远。

2009年4月6日,中国国家新闻出版总署印发《关于进一步推进新闻出版体制改革的指导意见》。大力推进新闻出版产业升级和结构调整。高度重视用高新技术改造传统产业,制定和完善出版发行标准,推动新闻出版产业升级和结构调整。大力发展数字出版、网络出版、手机出版等新业态,努力占领新闻出版业发展的制高点。加快实现由传统媒体为主向传统媒体与新兴媒体融合发展的转变,打造主流媒体在新闻出版多元传播格局中的强势地位。积极鼓励和支持新闻出版单位运用高新技术和先进适用技术改造传统生产方式和基础设施,有计划有步骤地构建覆盖广泛、技术先进的新闻出版传播渠道。

出版业体制改革全面推进,出版单位纷纷通过上市、兼并重组的方式加快发展的步伐。2007年,四川新华文轩连锁股份有限公司在香港联交所主板上市,成为内地书业首家香港上市公司;11月由原深圳发行集团和海天出版社整合组建而成的深圳出版发行集团正式成立,成为目前内地出版发行业唯一集出版物生产、销售及多元文化产业发展于一体的企业实体;辽宁出版传媒股份有限公司于12月在上海证交所挂牌上市,创造了"中国出版第一股"。2007年12月7日,江西出版集团联合中国宋庆龄基金会重组中国和平出版社方案获批准,成为中国出版业第一例真正意义上的跨地域兼并重组的企业。

3. 数字出版技术的进步

目前,中国新闻出版业正处于由传统出版向数字出版转变的关键时期,不仅要面对人们阅读习惯的转变,出版社自身也面临一场技术革命。传统出版单位只有在掌握内容资源的同时,充分利用数字出版技术,才能为读者提供他们满意的内容,在数字出版领域占据有利地位。

任何产业的发展,技术进步是发展的重要条件,这在数字出版领域表现得尤为突出。以阅读器为例,2009年2月9日,亚马逊推出新款电子图书阅读器Kindle2,Kindle2允许用户通过亚马逊网站购买自己喜爱的电子图书,用户无需个人电脑,可通过免费的无线接入购买电子图书,Kindle2可存储约1 500本书。

在电子显示技术方面,近年来取得显著的进步,例如电子纸。电子纸又被称为数字纸,是传感器的一种衍生产品,同时具备纸张和电子器件的特性。1975年由施乐的PARC研究员NickSheridon最早提出了电子纸的概念。电子纸不仅轻便耐用,可以随意折叠、随意存取,而且可在上面反复写入信息。2006年4月15日,解放日报报业集团率先在iRex电子纸上展现和发布了全球第一份电子报纸。

过去,由于复制技术不发达,各种作品的复制品不论就其质或量而言,都受到相当程度的限制。20世纪末期迅猛发展的数字技术和网络技术,不仅使复制品可以以几乎近"原物重现"的方式维持其品质,更可以使任何人在自己选定的时间或地点进行低成本和无限次数的复制,并将其传递给其他用户,或上载至网络站点供人们自由下载,著作权人的权利受到前所未有的冲击和威胁。

在数字出版版权保护的技术方面,目前已经广泛地应用于互联网中的技术有数字水印技术、数字内容加密技术和基于数字水印与内容加密之上的数字版权管理技术(Digital Rights Management,简称DRM)。目前数字版权管理技术采用的版权保护方法主要有两类:一类是以数字水印技术为核心的DRM技术,另一类是以数据加密和防拷贝为核心的 DRM 技术。数字版权管理是一项新兴的技术,国外很多计算机公司如 IBM 公司、Adobe 公司都进行了 DRM 技术的开发。在国内,北大方正电子公司推出的 Apabi 电子图书解决方案,就是以 DRM 技术为核心的电子图书版权保护解决方案。

数字版权保护是数字出版中最重要的技术基础,只有通过版权保护,数字出版物的作者和出版社才能得到相应的收益。以电子图书为例,电子图书销售网站从出版社得到电子图书的销售许可,读者通过网络支付购买电子图书。出版社也可以把电子图书通过销售渠道卖给图书馆,图书馆购买电子图书就像购买纸书一样,按复本数购买,对读者提供借阅的服务。由方正集团自主开发的版式文件技术 CEB、数字版权保护技术 DRM、阿帕比电子图书整体解决方案等一系列原创核心技术可以妥善地解决图书资源数字化、数字版权保护、E-book 安全分发和数量统计等三大关键问题。

二、中国传统出版业发展数字出版面临的主要挑战

随着 IT 技术和数字出版业态的发展趋势,数字出版产业自身的理念、技术、产品、生产模式、阅读需求也在不断地变化和发展,如何使其顺利完成与传统出版产业的对接,是关系到出版产业可持续发展的重要问题。目前,中国数字出版产业发展过程中,主要存在以下几个方面的问题。

1. 产业链不健全

一个产业健康发展,需要产业链条上的每一个环节形成合理的分工。但中国数字出版产业链还不完善,主要表现在:在产业链上游,技术提供商积极参与数字出版,但传统出版单位态度偏冷,尚未形成大规模进军数字出版产业的态势。传统出版单位对数字出版热情不高,一方面是长期以来的出版体制所致,由于受到国家政策保护,传统出版社处于垄断地位,加上书号资源以及享有税收优惠等政策,因此在面对新技术对传统出版的冲击时普遍缺乏危机感。另一方面,传统出版业的从业人员对数字出版缺乏研究和认识,而且传统出版单位要发展数字出版,需要投入大量的人力、物力和财力,但目前出版单位找不到适合自身的数字出版赢利模式,同时也担心数字出版物会冲击纸媒介;在产业链的中游,网络运营商定位相似,市场细分有待加强;在产业链的下游,电子图书、数字期刊等销售对象主要是学校、企业等机构用户,个人用户市场尚未形成。

产业链不完善,一方面是因为传统出版的内容资源缺乏整合。经过多年的积累,传统出版社大都拥有丰富的内容资源,但因长期以来对于资源数字化的程度重视不够,加之缺乏必要的数字化技术和手段,把这些内容资源多次循环利用存在较大困难。与出版社掌握大量内容资源相比,技术提供商拥有技术和资金,但不掌握内容资源。传统出版社和技术提供商各自的优势和不足决定了双方合作的必要性,但利益分配的不合理,又使双方的合作比较谨慎。另一方面,技术提供商自我宣传推介不够。在数字出版产业发展之路上一路领先的技术提供商,对于自身技术和平台的宣传和推介做得还不够充分,未能将已成熟的数字出版技术及时转化为内容生产力,因而也在一定程度上制约了数字出版的快速发展。

数字出版需要构建新的生产关系,也需要建立一条不同于现有"编-印-发"体系的

产业链条。现在,由于绝大部分传统出版社缺席数字出版领域,新的产业链没有真正建立起来,这是目前国内数字出版盈利微薄的原因之一。

2. 盈利模式相对单一

由技术服务商主导的电子图书、数字化期刊、网络游戏以及手机出版等发展迅速,而大多数传统出版社则主观上依赖纸质图书的出版、书号配发上的制度性保护,加上受制于资金、技术、人才等条件的限制,数字出版转型缓慢。探寻适合中国传统出版业的数字出版盈利模式,是推动传统出版模式向数字出版转型的关键。数字出版作为一种全新的出版方式,必须从创作到制造、流通和消费等每个环节都需要采用全新的运作模式,需要将网络技术、电子商务等相关技术结合,构建数字出版生产、信息资源和要素公开交易的平台,降低交易成本,形成数字出版较为完善的盈利模式。

目前,数字出版已经呈现出良好的发展空间和赢利能力,传统出版社也纷纷涉足数字出版,但是真正形成成熟的盈利模式且从中赢利者并不多。就中国数字出版产业盈利状况来看,在期刊数据库和电子图书方面已经形成了较为成熟的盈利模式。数字化期刊以清华同方知网、万方数据、维普资讯和龙源期刊为代表;电子图书领域则以北大方正、书生、超星、中文在线为代表。但传统出版单位在整体经营上尚未找到赢利模式,还处于投入大于产出阶段。多数传统出版单位对数字出版仍然停留在建网站或与运营商签订这样那样的委托数字化协议阶段,对数字出版本质缺乏认真研究。一方面数字出版是大势所趋,另一方面许多想要进入这一领域的单位又找不到赢利模式,这样使本来就对数字技术和数字出版心存疑虑的传统出版单位处于一种尴尬的状态。

3. 用户数字阅读习惯需要培养

科学技术的不断进步,使大众阅读选择更加多元。新兴媒体,如互联网、手机媒体的兴起,极大地丰富了大众的阅读形式。近几年来,中国读者的传统阅读率有明显的下降趋势,而电子网络出版物的阅读率却大幅度上升,大众阅读习惯悄然改变。中国互联网信息中心(CNNIC)所做的第 6 次国民阅读调查,在线阅读、手机阅读、手持式阅读器阅读等数字媒介阅读开始普及,成年人各类数字媒介阅读率为 24.5%。其中,网络在线阅读以 15.7% 排第一,手机阅读以 12.7% 排第二,另外还有人通过 PDA、MP4、电子词典等手持式电子阅读器进行阅读。

目前,阅读从纸质时代进入了纸质与电子并存的时代已经是一个客观现实。2006年中国出版市场在纸质图书、报纸、期刊销售额全面增长的情况下,博客出版、电子图书、数字网络期刊、手机出版等各种数字出版取得了突破性的进展。

数字出版的产业整体收入逼近了 200 亿元,网站推出收费阅读,网络阅读在中国已经形成了一定的规模。手机阅读网已有近 1 000 万手机客户端下载。面对屏幕阅读与在线阅读的兴起,海量信息的搜索与快餐文化互为因果,阅读呈现出的"浅阅读"特征,柳斌杰新闻出版总署署长指出:"纸质阅读力虽然在下降,但是传统的纸质图书阅读在相当长的时间内仍将占据重要地位。而从深层次的研读、品位、深度学术思想研究来说,纸质的媒体仍然是简便易带、老少适合的一种载体。最能够表现传达细致入微的情感和深刻思想的一种工具，代表着一种阅读的传统和理念，而数字出版的发展并不会完全代替纸质的出版物。"

因此，虽然有越来越多的人习惯于从网络中获取免费信息，但是人眼从习惯于阅读纸质印刷物转移至屏幕仍需要一定的时间。

4. 数字出版版权保护有待加强

数字出版在给人们的工作和生活带来便利的同时，也造成诸多问题，其中最重要的便是版权保护问题。与传统出版相比，数字出版有易复制、易传播的特点，这使内容资源在整合及传播技术上更容易实现，版权受到侵权的手段也更隐蔽、影响范围更广。数字版权受到侵权的形式多样，主要表现在：未经许可把他人作品放在互联网上供人浏览，或者存储在一定的介质上复制并传播；未经许可删改作者姓名、作品内容或者冒用作者的姓名；非法利用技术手段入侵他人网站，改动网站内容或者破解他人的加密技术，使得版权保护技术失去作用。

2007 年，七位知名作家——李鸣生、张抗抗、张平、卢跃刚、王宏甲、邱华栋和徐坤联手将北京书生公司告上法庭事件，在一定程度上表明数字版权问题成为数字出版领域的焦点话题。目前，中国数字作品的版权保护还存在多种问题，位于产业链上游作者的权益得不到保障，处于产业链的下游用户缺乏良好的版权保护意识，使得数字出版产业尚未形成健康的产业循环。

中文在线董事长童之磊在第二届中国数字出版博览会上指出："在国内 1 400 多个电子网站中，真正拥有版权的大概只有 4.3%，大量的 1 300 多个网站全都是盗版。这是数字出版产业面临的最大的挑战，如果不能进行有效的版权保护，数字出版产业就不能很好发展。在数字出版领域，在大规模盗版情况下，而且盗版手段越来越新颖，必须要创造一个全新的体系，就是反盗维权加上合法授权。"

版权保护问题如果不能得到很好的解决，不仅互联网上原创作品的著作权难以得到有效保护，更严重的是将影响到传统出版资源数字化的加工、整合和利用的进程，进而影响到整个数字出版产业链的优化整合。因此，随着中国互联网的普及、电子商务在出版行业的不断渗透，与之相适应的版权政策以及版权保护法律体系亟须完善。

5. 技术标准尚未统一

出版业的发展离不开标准化，数字出版产业的发展同样需要统一的技术标准。在互联网领域，中文标准严重缺失，4 000 项国际标准中只有 3 项由中国制定。在电子图书的标准格式上，目前国际上使用最广泛的电子图书格式是 Adobe 公司的 PDF 格式。在中国，除采用 PDF 格式以外，还有一些中国企业自主研发的格式，例如北大方正的 CEB 格式、书生的 SEP 格式、超星的 PDG 格式、知网的 CAJ 格式等。

此外，实力雄厚的大公司担心数字出版物格式标准的制定，会影响其市场地位，而没有研发数字出版物格式技术的公司，欢迎数字出版物格式的统一。其中一个重要的原因就是实力雄厚的大公司依靠自己的技术优势研发了自己的一套数字出版物格式，并以此作为占领市场的手段之一。

技术标准不统一,传统出版社在开展数字出版工作时,面临着巨大的生产成本困扰,对于整个行业来说,也不利于内容资源的交换和整合。多种电子图书格式,要求用户必须使用不同的阅读器,这使得用户进行数字阅读的成本增加,无形中提高了用户的阅读门槛,阻碍了数字出版的健康发展。因此,中国国家新闻出版总署正在抓紧制定数字出版的国家统一标准,以规范这一领域,从而推动数字出版更好更快地发展。

6. 数字出版人才缺乏

数字出版的核心竞争力是技术创新能力和管理能力,而提升技术创新能力和管理能力的关键是人才。传统出版单位在编辑人才方面与新兴数字出版企业相比有其明显优势,但是一些传统出版单位在已有优势的基础上,并没有紧跟数字技术的发展步伐,既懂技术又懂管理的新型复合高级人才极为匮乏,加之数字出版产品的研发、营销、管理人才也奇缺,这无疑更加剧了传统出版单位与新兴数字出版企业之间的竞争差距,严重束缚了数字出版的快速发展。

数字出版横跨 IT 和出版、教育、图书馆等多个行业。既懂信息技术、又懂出版业务的复合型人才很少,而集掌握互联网和信息技术、熟悉出版业务、具备企业经营管理经验等于一身的数字出版行业领军人物则更是凤毛麟角。究其原因,高等院校目前的专业设置无法培养出适应数字出版需求的新型复合型人才,IT 企业中的员工对出版领域又相对陌生,而要让传统出版单位的编辑快速掌握互联网和信息技术也有一定的难度,以至于形成了现在传统出版单位进行数字出版难以跨越的人才鸿沟。更重要的问题是,虽然传统出版单位在编辑人才方面与新兴数字出版企业相比有竞争优势,但培养和引进机制受限,没有跟上新媒体的人才需求。目前全国从事网络内容出版的人员约 30 万,由于没有受过系统的职业培训,整体素质并不能完全适应新产业。在管理层,既懂技术又懂管理的新型复合高级人才同样极其匮乏,对数字出版单位的宏观管理和监督不是特别到位。

第三节　中国出版业发展数字出版的战略思路

科学技术的进步,给传统出版业带来巨大挑战和发展机遇。充分认识到数字出版对传统出版的重要性以及紧迫性,积极有效地开展数字出版工作,拓展传统出版的发展空间,都有着极为重要的意义。合理地制定数字出版发展策略,有效地应对数字出版发展过程中存在的各种问题,是保障数字出版顺利发展的基础。

一、健全数字出版产业政策与管理制度

健全的政策与管理制度,是保证数字出版产业健康发展的基础,主要从数字出版产业的准入与退出、完善的法律制度和扶持政策三个方面出发。

1. 制定科学的准入和退出机制

数字出版是一个朝阳产业,蕴藏着巨大的经济潜力,需要从国家战略的高度推进数字出版产业发展。制定科学合理的准入和退出标准,做好数字出版产业发展规划,运用

产业政策来引导和调控数字出版产业的发展方向,保证数字出版产业健康有序地发展。

中国目前已经通过审批的数字出版单位有几十家,但涉及数字出版业务的网站却多达数万家。由于数字出版管理面对的管理对象与传统出版单位相比有很大不同,而中国一直以来实行的针对传统出版单位的单纯依靠审批登记、依靠主管机关的纵向隶属关系进行管理的管理模式以及依靠下发文件、开会、年检等管理手段,特别是对每年数千种图书的出版内容实行事后审读的监管方式,在以数字技术和海量内容为主的数字出版管理中都显得十分被动,使主管机关对数字出版难以实现有效监管。

制定科学的准入和退出标准,根据不同类别授予不同资质,将有助于把互联网企业的出版活动纳入有效的管理范围,增强其事业归属感,也有利于强化其自律意识,加强自我约束。对于那些严格遵守规矩,从不越线的传统出版单位来说,适当授予资质也有助于形成跨媒体出版格局,提高其市场综合竞争力,使其获取更大的发展空间,从而实现增长方式由数量型、扩张型、粗放型向质量型、效益型、科技型的转变。

新闻出版总署署长柳斌杰认为,当前新闻出版工作要坚持调整结构,优化产业布局,要建立和完善新闻出版单位退出机制。鼓励兼并重组、收购、股份制等,打破地域和部门限制,千方百计培育大型集团,增强主要新闻出版集团战略投资者的地位。

2. 建立健全数字出版产业法律法规体系

数字出版代表着出版业的发展趋势,是一场真正意义上的出版产业革命。新闻出版部门应建立符合中国数字出版产业发展现状的政策法规,采取法律、经济、行政等多种手段,加强对中国数字出版的宏观调控和管理。现阶段,中国已经颁布了《信息网络传播权保护条例》、《数字出版管理暂行规定》、《互联网新闻信息服务管理规定》、《互联网著作权行政保护办法》等一系列关于数字出版的法律法规。

相对于数字出版产业的高速发展,对数字出版的监督管理还相对滞后。目前,中国并没有一个专门的机构来对网络内容进行监管。中国的信息产业主管部门虽然对互联网服务享有广泛的管理权,但在各专门领域,如新闻、出版、教育、卫生等则由其主管机关在各自职权范围内实施管理。中国出版科学研究所数字出版研究室副主任张立建议,国家行政主管部门对数字出版可考虑实施分级分类管理,即对符合一定条件的数字出版企业允许其登记备案,并划定信息发布级别和出版范围;对其中达到一定资质标准的企业授予其数字出版权。

3. 制定并完善数字出版产业发展的扶持政策

数字出版业的快速发展,也让政府有关部门高度重视。2005年以来,有关部门加大了对数字出版业的扶持力度。

2006年,中国政府先后公布了《中华人民共和国国民经济和社会发展第十一个五年规划纲要》、《国家中长期科学和技术发展规划纲要》等一大批支持文化产业发展的规划纲要。政府从产业政策上,明确了对数字出版产业的支持。政府还鼓励和支持出版高新技术企业采取联合投资、共同委托等方式进行合作研发,对加快创新成果的转化也要给予政策扶持。

2007 年中国国家新闻出版总署启动了"中国民族网络游戏出版工程",建立了 4 个国家网络游戏动漫产业发展基地、5 个国家级网络游戏技术创新工程中心,培育了 20 家中国民族游戏核心企业,建立了 1 所培养游戏动漫开发高级人才的学院和 10 所设有游戏动漫相关专业的定点院校:

在国家大力支持和鼓励数字出版产业的同时,各地方政府也积极采取措施促进本地区数字出版产业的发展壮大。2008 年广东省实施了有关数字出版的八大核心工程项目,即:出版流程数字化再造工程、城市综合信息门户网站工程、数字出版服务及管理平台工程、出版资源智能化数据库工程、新媒体形态探索和内容建设工程、网络游戏动漫出版工程、出版物物流配送中心工程和信息内容处理技术研发应用工程等,通过实施八大核心工程项目,搭建起数字出版产业的主体架构,并不断优化升级,为提升数字出版生产能力和传播能力奠定基础。

二、加强内容资源整合力度

当前数字出版产业,就如同传统出版一样,"内容为王"是决定一个企业能否发展壮大的关键。如何将原有的各种资源整合在一起,节约更多的成本,发挥更大的效益,从而在未来的市场竞争中拥有强大的竞争能力和持续的发展能力。主要通过内部资源整合方式和外部资源合作方式来实现。

1. 出版社之间资源整合

对出版社之间的内容资源进行重组,目的是实现出版资源的有效配置和合理使用,实现经济学界所倡导的生产全要素联动,从而使企业获得更大的发展空间。

① 加强宏观调控,推动资源配置向优势企业倾斜

就出版业而言,首先作为国民经济的一个独立产业,理应纳入国家宏观调控的范围之内。其次,出版又是国民经济中的一个特殊产业,市场机制本身存在的不可避免的功能性缺陷及产业本身的特殊性,决定了发挥政府宏观调控职能,是促进出版资源得以优化配置的重要手段。从我国特有的出版经济发展状况出发,仅仅依靠市场方式配置出版资源,由于市场机制作用的盲目性和滞后性,有可能产生社会总供给和总需求的失衡,以及市场秩序混乱等现象。因此,既要求出版企业摆脱行政附属地位,成为市场经济的主体,也要在国家进行宏观调控下的领域内,健康有序地发展。

② 以市场手段实现出版资源的优化配置

将出版业纳入国民经济产业,其产业建设必然要遵循经济发展规律,其经济发展也必然要遵守市场经济规则。现今出版业的跨地区重组要以资产为纽带,以资本运作为支撑,通过市场运作和产权交易,实现出版资源在更高平台上的有机整合,使可能拥有的社会资源向高效出版资源科学、合理地流动。唯其如此,大型出版传媒集团的组建才具有现实的意义,横向资源的整合才能真正发挥 $1+1>2$ 的作用,中国出版产业也才能在科学的轨道上实现快速发展。通过整合重组和有效利用,形成整体优势和产业优势,形成富有效率的出版生产和服务的微观运行机制。以原有出版单位的经营性国有资产为主,吸纳其他国有资本,组建出版集团。积极创造条件,对所属发行企业和印刷企业

进行股份制改造,组建由集团控股的发行股份公司和印刷股份公司。

③ 以资源深度加工提高市场控制力

科学技术的不断进步,促使数字出版产品的形式层出不穷,"目前已经出现电子书、按需印刷、网络学习平台、工具书在线、手持阅读器、手机阅读等多种形态,将来还会出现更多的载体形态,但其根本仍然是数字化的内容资源。出版社的出版资源综合开发利用要深度加工考虑。"

可以说,资源深度加工是未来数字出版的主流方向和趋势。传统出版资源只有经过深度加工,才能够充分发挥出现代计算机和网络技术的优势,满足消费者灵活便捷获取信息的要求。拥有强大的资源集约整合能力才能形成品牌和平台效应。在"内容为王"的时代,谁对内容资源拥有更强的集约整合能力,谁就掌握了数字出版的主导权和市场控制权。

2. 出版社外部资源合作

出版社都有属于自己的内容资源,但由于中国的出版社规模相对较小,内容资源不集中。这种分散的资源与读者多样化的需求是不相符的。随着数字出版全球化浪潮的兴起,国内外的新闻出版集团纷纷通过与技术提供商合作,利用他们先进的技术,满足受众个性化、多样化的需求。在双方合作出版过程中,内容提供商提供图书内容,技术提供商则提供版权保护和销售支持,通过销售电子图书内容,再按照一定的比例分配利润。

从国外看,国外出版商在向数字化转型过程中,多采用与技术提供商合作或通过并购的方式进行,约翰·威立出版集团并购布莱克维尔和 Whatsonwhen 以进军数字出版;兰登书屋购买 Vocel 公司部分股权以开发手机阅读等。以 Google 为代表的搜索引擎商,以图书搜索技术为依托,积极介入数字出版领域,这给传统出版社竞争压力的同时,也成为其合作的重要对象。目前,已经上万家出版社加入到 Google 的图书搜索合作项目中。Google 还允许出版商将 Google 图书搜索功能添加到自己网站上,读者可以直接在出版商的网站上的站内搜索,查看自己感兴趣的书籍。

从国内来看,2002 年人民邮电出版社通过与北大方正等技术提供商的合作,利用北大方正成熟的技术方案和销售渠道,出版社的电子图书以数据库的方式提供给读者。在自主出版中,通过网络出版平台开展电子图书营销业务,提供延伸阅读等数字内容服务。人民邮电出版社希望借助这一模式,能够探索出基于内容销售而又超越单纯内容销售的更多的增值服务方式,努力满足网络出版的大众阅读需求,最终找到电子图书新的盈利模式。

2007 年 5 月 30 日,北京方正阿帕比技术有限公司和康佳通信科技有限公司宣布将联手推动移动数字出版市场。今后康佳手机将全面预置方正阿帕比的电子图书阅读软件,为康佳手机用户提供最新、最畅销的正版电子小说。康佳与方正双方的合作,开启了渠道商与内容商的新的发展方向。2008 年 2 月,万方数据与中华医学会进行战略合作,是技术提供商和内容提供商的具有战略意义的一次合作。2008 年 10 月,湖北长江出版传媒集团和中文在线根据双方在数字出版产业中各自的优势,强强联合,建立战略合作伙伴关系。

三、加快复合型数字出版人才培养和引进步伐

数字出版是一个涉及出版和互联网等多个领域的行业,在出版流程、出版模式、市场营销等多方面都不同于传统出版,这对人才需求提出了更高的要求,需要的是既懂出版,又懂技术的复合型人才。

1. 制订数字出版人才培养计划

在高等院校方面,北京大学、武汉大学、北京印刷学院等高校已开设了有关数字出版的专业方向和相关课程,此外,约 40 所院校开设了电子出版、数字传媒、多媒体出版等数字出版教育课程。高等院校还应积极招聘数字出版方面的国内外专家,将数字出版最前沿的信息和技术引入课堂教学,同时加强数字出版实习基地的建设,使数字出版复合型人才的培养做到理论和实践的结合,这有利于数字出版人才更好、更快地成熟。2009 年 4 月 29 日,方正阿帕比与上海理工大学合作,共同打造数字出版产学研基地,既可以充分发挥高校在人才、研究等方面的优势,又可以有效利用企业在技术与市场的长处,为数字出版在技术研究、人才培养和产业应用发展等各方面培养符合数字出版发展要求的合格人才。

在出版社方面,2009 年,华东师范大学出版社制定了自己的"十一五"发展规划,并制定了《数字出版规划》,在 2009 年 4 月启动了数字出版人才"蓄水池计划",旨在面向校园招聘一批适合数字出版发展要求的高精尖人才,打造一支既懂出版又懂新技术的复合型人才队伍。

2. 建立公平合理的人才使用激励机制

① 营造尊重人才、"以人为本"的良好工作氛围

"以人为本"的管理是指在管理过程中以人为出发点和中心,围绕着激发和调动人的主动性、积极性、创造性展开的,以实现人与企业共同发展的一系列管理活动。三一重工董事长梁稳根说"人类因梦想而伟大,人生因梦想而富有意义",这句话点出了工作氛围对核心人才激励的重要性。这就要求我们要努力营造"尊重劳动、尊重知识、尊重人才、尊重创造"的氛围,对人才要爱护和关心,把人才作为一种财富来看待,为人才创造一个公平的竞争环境、宽松的工作环境、良好的生活环境。

② 创新人才选拔使用机制

建立以公开、平等、竞争、择优为导向,有利于优秀人才脱颖而出,充分施展才能的选人用人机制。实现"人尽其才、才尽其用"。一是推行竞聘上岗。二是实施绩效考核。企业根据岗位和职位的不同,制定系统的绩效考核体系,确立以能力、业绩为主要依据的人才评价标准。在人才使用上还要努力破除论资排辈、求全责备、平衡照顾的观念,把思想、品德、知识、能力和业绩作为选人用人的标准。

③ 创新人才工作机制

企业在引导人才形成共同价值观的同时,应该给予人才以切实的职业生涯规划,鼓

励内部人才的流动和发展,建立长效的激励机制和协调机制,增强人才的归属感和事业心。企业应注重物质激励力度,在员工超额完成目标的前提下,企业出资人或董事会既要考虑给予提高基本薪金和年度奖金的短期激励,形成良好的动力,激发员工的潜能和创造力。要打破薪酬分配和奖励中的平均主义,建立以绩效为依据的分配制度。

除物质激励以外的多种激励方式,包括提升员工竞争力、创造和谐的工作关系等。帮助人才提高自身竞争力应成为企业激励人才的重要方式。在现阶段人才更关心的是个人竞争力的提升。企业可通过增加培训、提供更多发展机会等给人才提高个人竞争力创造条件。或者也可通过建立科学的考评机制、竞争机制,使人才在工作中能不断提升个人竞争力,这对激励人才有重要作用。可以增强员工的责任感和荣誉感,树立与企业荣辱与共的意识。实现企业组织目标和个人目标的结合和统一。

3. 积极引进国内外优秀数字出版产业人才

未来的发展离不开科学技术的进步。产业的竞争一定程度上取决于人才的竞争。国际出版集团数字出版走在我们前面,一个重要的原因就是他们拥有众多高素质的人才。中国的数字出版产业正处于高速发展的道路上,数字出版人才匮乏已经成为制约中国数字出版发展的瓶颈,实施优秀人才引进计划,是解决当前人才缺口的有效措施。

要吸引人才,关键是要改善用人环境。要为引进人才提供优良的工作条件和生活环境,在工作经费、住房、科研启动资金等方面出台一系列优惠政策,以此吸引更多的高级人才。

四、积极培育数字出版产业消费市场

中国数字出版产业市场正呈现迅猛的发展势头,中国新闻出版总署副署长孙寿山在第三届中国数字出版博览会主旨报告时指出:截至 2008 年 12 月,我国数字出版业的整体收入达 530 亿元,比 2007 年增长 46.42%。2009 年数字出版业的整体收入预计将超过 750 亿元。如何更快地促进数字出版的发展,达到接近国际出版集团数字化水平,对于中国数字出版产业来说,还需要从以下几个方面加强培育数字出版产业消费市场。

1. 完善数字出版物流通渠道

① 要充分发挥新华书店系统的主渠道作用

随着互联网的普及,人们获取信息的方式也更加便利,建立畅通高效的数字出版物销售渠道迫在眉睫。新华书店作为全国最大的图书发行渠道,有遍布全国各地的新华书店网点 1 万多个,形成了较为完善的出版物发行网络,这也为数字出版物的销售提供了一个庞大、便利的发行销售渠道。

对于长期致力于纸质图书销售的新华书店来说,在新华书店形成大规模的数字出版物市场,要解决两大问题:一是观念问题。要提高基层新华书店对开展数字出版物销售业务的认识,书店不能满足于发行传统的纸介质出版物,要开辟新的经营领域,寻求新的经济增长点;二是技术问题。对许多传统书店来说,技术力量不足是阻碍其销售数字出版物的一个重要原因。因此,在增加相应演示设备的同时,书店要根据具体情况引进专业技术人才,加强员工的培训工作。

　　通过新华书店进行销售,对新华书店和数字出版物提供商应该是一个双赢的结果。新华书店应充分利用这一优势,适时增加数字出版物销售业务,重视数字出版物的销售工作,培育数字出版物市场,逐步发挥新华书店自身庞大的销售网络的作用。2008 年,汉王科技与湖北新华书店集团合作,在新华书店设置了专门的电子书陈列终端,向大众进行展示和宣传,并与传统纸质书一起销售,虽然销售效果没有达到预期,但通过与新华书店的合作,提高了受众的认知度,为以后市场的开拓奠定了坚实的基础。

　　② 构建多样化的数字出版物发行市场

　　与新华书店、民营书店等传统批发销售渠道不同,数字出版物的销售主要通过互联网进行。互联网除了可以存储海量的内容资源外,网站的人气、点击量十分重要,这在很大程度上表明数字产品的销售状况。但中国的出版社网站排名普遍较靠后,从国际权威的 ALEXA 排名中可以看出,排名较靠前的上海世纪出版集团易文网也只为全球第 66 132 位,在国内的排名也在第 9 194 位。各个出版社的网站只是为了对外宣传、树立形象,其向外传递信息的功能十分弱,真正购买产品服务的用户就更少,销售量难以达到盈利平衡点。

　　在加强自身建设的同时,还应积极探索新的销售渠道。通过与大型商场建立合作关系,设立专门的销售网点,扩大数字出版物的销售渠道;与邮局联合,组织起能够产生规模效益的报亭销售网络,不仅可以方便读者购买、扩大网点和数字出版物的影响力,而且还可降低成本,获得可靠的利润;支持个体零售商的发展,同时加强对其信誉度、稳定性的考核。此外,加大宣传力度,积极采取展销会、订货会、新闻发布会等形式进行宣传也是不可或缺的重要手段。

　　随着全球化的深入发展,实施"走出去"战略,充分利用国内国际两个市场,制定科学合理的数字出版物的发展战略,争取最大限度的国内外市场份额,成为数字出版商必须面对的重大课题。

　　2. 积极探索新的营销方式

　　传统出版的用户习惯与数字出版物的阅读方式存在很大差异,消费习惯和购买行为也不同,这就需要数字出版商在推广数字产品时应进行差异化营销。而目前在传统出版单位中,几乎没有真正意义上的数字产品营销人员;在技术提供商中,数字产品的营销和推广也主要局限在团体机构用户中,面向一般读者,缺少成熟的、系统的、行之有效的销售办法。

　　面对互联网、手机等新一代媒体的兴起,传统出版社应当把发展数字出版物网上营销作为其未来的数字出版发展战略的重要组成部分。随着网络支付安全认证体系的日益完善,在可预见的未来,网络销售将成为未来数字出版物销售的主要渠道。借助互联网可以向读者提供最新预告、销售排行榜、部分内容,依靠网络的易传播性和互动性强的优势,必将极大满足读者的心里诉求。B2B、B2C 电子商务平台日趋成熟,博客、RSS、BBS 等网络营销工具的应用,为传统出版社开张数字出版物网上营销提供了坚实的基础。出版社还可以与网上书店建立经销关系,网上书店具有丰富的网上营销经验,与搜索引擎有密切的合作关系,掌握了大量客户的数据资料,可以有针对性地制作营销信息,说服读者购买某类图书。

数据库营销,就是企业通过搜集和积累受众大量的信息,经过处理后预测受众有多大可能去购买某种产品,以及利用这些信息给产品以精确定位,有针对性地制作营销信息,达到说服受众去购买产品的目的。出版企业可以通过自建网站、发送问卷调查或通过网络书店等各种形式,收集受众的个人详细信息,做到及时更新,适时向受众发送最新的出版物信息,给受众留下良好的服务印象,培养受众良好的忠诚度。在越来越重视体验的时代,企业必须时刻把自己顾客的感受放在首要的位置。

开展体验营销,是适应时代发展的一种必然趋势。企业通过向受众展示产品,让受众直接参与到活动中来,营造体验氛围直接让顾客参与到活动中来。出版企业应充分利用现代网络所提供的高便捷手段,建立企业与读者沟通的网络系统。一方面,在加强与读者沟通上,可以通过互联网上的论坛、电子邮箱或电话等加强与读者的沟通;另一方面,应建立读者资料数据库,开发符合读者个性化的产品做好相应的准备工作。

3. 引导读者新的消费需求

数字出版的未来,根本在于培养数字出版产品的消费群体,创造市场需求。数字出版的一个突出特点,是可以更大地满足读者的个性化需求。应充分利用数字出版技术,通过跟踪和分析,掌握读者的阅读习惯,为读者提供个性化服务。

《中国互联网络发展状况统计报告》显示,获取信息、休闲娱乐、学习位居 13 项上网目的的指标的前三位,占全部上网目的的 83.2%,这三项上网目的,都与数字出版密切相关。因此,当前的问题主要是如何适应社会发展的需求,去培育和发掘数字出版市场。适应读者的阅读需求,首先要做的就是使读者的阅读习惯逐渐适应网络阅读等新型阅读方式。就目前来说,读者长期形成的阅读习惯,短时间内适应新的阅读方式是不现实的,而且新型阅读器的价格偏高,对一般读者构成了进入的门槛。亚马逊 2009 年 2 月9 日推出了新款电子图书阅读器 Kindle2,售价 359 美元,这对于普通的阅读爱好者来说,是一笔不小的开支。

对于出版者来说,首先要注重数字出版物内容的丰富和质量的提高,提高产品的吸引力,注重数字出版物内容的深度挖掘。其次,要形成以服务读者为中心的新型营销理念,开发读者需要的产品,为读者提供最为便捷的服务,与读者保持双向的交流,在紧紧抓住现有读者的同时,善于挖掘潜在的市场,开拓新的市场。

五、积极探索数字出版产业新的盈利模式

所谓赢利模式,就是有关利润的来源、生产过程、产出方式和相应管理控制的系统方法。数字化不仅创造了网络、手机等新媒体及其赢利模式,而且给所有的媒体带来了新的赢利模式,如何建立适合传统出版自身的赢利模式是出版界亟须解决的迫切问题。

1. 走品牌化发展之路

近年来,国家大力实施数字出版工程,《国家"十一五"时期文化发展规划纲要》中指出：推动产业结构调整和升级，加快从主要依赖传统介质出版物向多种介质形态出版物共存的现代出版产业转变，积极发展以数字生产、网络化传播为主要特征的数字内容产业。"十一五"末，我国将建设 4 至 15 个数字出版产业基地，形成 10 至 20 个网络出版强势企业。这些工程的实施和基地的建设，将会带动我国数字出版业的发展，提升我国出版产业的整体实力和核心竞争力。

数字技术企业清华同方知网投资 3.45 亿元建成的世界上全文信息量规模最大的"CNKI 数字图书馆"，就是采用了数字化技术兴建的超大规模的学术期刊、文献数据库。北大方正的 Apabi 电子图书工程，也会成为出版界首选的电子图书解决方案的品牌。

传统出版业长久以来积聚的内容资源和文化积淀是出版社拥有的最宝贵的资源。因此，发挥传统出版社自身的品牌效应是发展数字出版的重要途径。面对数字化浪潮，中国商务印书馆提出了"品牌、主导、分类"的数字出版理念，积极利用自身丰富的内容资源，开展辞书语料库及编纂系统、数据库排版系统、工具书在线、按需印刷网、《东方杂志》数据库等数字出版实践，商务印书馆还积极努力地把传统出版领域多年来建立起来的企业品牌和产品品牌，延伸到数字出版领域，避免仅仅成为数字产品的原材料提供商，而泯灭了传统出版社的知名品牌。为顺利开展数字出版，商务印书馆按照出版物类别、产品特色和出版资源的历史时期，将出版资源分为现代出版资源和历史出版资源，并分别选择了相应的数字出版形态：有工具书在线，一般图书做了电子书，期刊做了网络学习平台和数字期刊方阵，历史出版资源建设了按需印刷网。在由著作权人、内容提供商、数字出版商、技术提供商、终端设备提供商、网络运营商、电信运营商、金融服务提供商、网络传播者及读者构成的新数字出版产业链中，商务印书馆不仅做内容提供商，而且做数字出版商，争取并且掌握数字出版主导权。

2. 完善数字出版产业链条

在数字化时代，国际出版集团积极向数字出版转型，比如新闻出版集团、培生教育出版集团等大型出版商转型迅速，并且已经获得了收益。这些都有赖于传统媒体应时而动，积极调整定位，重塑角色，积极与相关产业联合，谋求新媒体下的共盈。

由于缺乏技术优势，传统出版业依靠自身的力量往往事倍功半。在数字化时代，传统新闻出版业必须习惯从自我主导产业链转变到集成合作的运营模式。目前，从国外的电子书、数字报纸出版发展来看，已经形成了产业链。数字出版产业的进一步发展，需要建立健全产业链，建立合作共赢的商业模式，使得产业链上各方都能发挥和获得应有的价值。传统新闻出版业借助技术提供商的技术和平台，发挥自身的内容编辑优势；技术服务提供商不断开创新的技术，提供更好的技术服务，为读者提供更好的体验和互动；硬件厂商不断开发新的设备，提供阅读的载体，读者不断体验新的数字出版服务，享受更多的个性化服务和附加价值。

现阶段，技术提供商主导着数字出版产业的发展，多数出版社只是扮演内容提供商的角色，出版社面临着被技术提供商和作者越过的危险。出版社在数字出版物链中，要想占据有利的位置,获得在数字出版中的主导权与话语权,必须主动求变,紧紧掌握内容的主导权。

商务印书馆总经理杨德炎认为:"数字化产品的形式永远处于变化中,但是数字出版的根本仍然是数字化的内容资源,出版归根结底是以内容为基础的文化产业。在数字时代,出版社将越来越彰显其出版资源源头的魅力,没有出版社参与的数字出版产业是不可能走向繁荣的;出版社为了在数字出版产业链中找到更具控制力的位置,必须更加积极、全面地介入数字出版领域。"

第十三章 中国出版产业集团化发展的战略选择和战略模型

第一节 中国出版产业集团化发展的战略选择

从中国出版产业现实发展状况来看，未来三到五年内跨产业、跨地区的联合与经营将成为最引人注目的现象，换句话说，就是中国出版产业集团化已成为不可阻挡的趋势，最根本的问题就在于如何实施集团化的问题。现代管理大师彼得·德鲁克曾说过，先做正确的事，再正确地做事。这也是现代企业集团管理需要解决的两个重要问题——战略问题和机制问题。目标制定解决"做正确的事"，管理机制解决"正确地做事"。在哪个领域里做、做什么，是中国出版集团面对未来要解决的战略问题。在实施集团化发展战略过程中，我们必须解决两个问题，一是如何对出版集团的内、外部情况进行客观分析，二是如何进行战略定位，获得竞争优势。为此，我们试图通过中国出版产业内外部环境的 SWOT 分析矩阵作为问题解决的突破口。

通过对中国出版产业外部环境分析，我们不难得出这么一个结论，无论是国外出版集团的先进经验也好，还是从中国出版集团自身发展的需要出发，走集团化道路是中国出版产业发展的必然选择。正如入世将对中国的农业、信息产业、国有企业造成重大冲击一样，对中国的出版业也势必带来深远影响。马克思主义的一个原理就是经济基础决定上层建筑，上层建筑反过来影响经济基础，中国当然不能例外。西方世界的压力网路信息的互相渗透、国内盗版图书的猖獗等等，都不断冲击着中国的出版市场，而中国出版从整体而言在资金、实力和运作方式方面与国外雄厚的资本及成熟商业运作模式相比仍存在着较大的差距。目前的政策壁垒只能延缓外国媒体进入的时间，而不能遏止它们进入。一边适度放低外资进入中国出版市场的门槛，一边加速国内出版业整合，并建立更有效、更灵活的机制，迎接挑战。

而对中国出版产业内部环境的分析，则进一步回答了中国出版产业集团化发展的路径选择。随着出版集团的专业化分工越来越明确，出版集团应依据自身的优势特点，在进行多元化经营的同时，大力发展能增强核心竞争力的核心业务。将集团的有效资源集中于开发拓展某一板块的业务，体现专业化水平，使集团在这一领域中居于领先地位，应当成为当前中国出版产业集团化发展的一大战略。这样做的好处就是把有限的资源投入到最大的利润回报，又避免陷于成本盲目扩散的困境，集中力量发展核心业务，增强核心竞争力。具体如表 13-1：

表13-1 我国出版产业集团化的SWOT矩阵分析

内部因素 外部因素 战略环境	优势(S) 丰富的传统文化资源 雄厚的资本实力 高素质的复合型人才	劣势(W) 内部管理工作薄弱 市场意识、危机意识薄弱 市场竞争混乱 区域市场分割 尚未打破规模小,集中度低
机会(O) 全国政局稳定,中央加快文化体制改革的重要决定,中国经济又好又快发展,中国进入新的人口生育高峰期,图书买方市场形成,具有广阔的发展前景	SO 拓展图书市场经营,实行集约经营,构建强大的发行网络,强化图书主业,开展网上书店等现代化营销,利用有利政策向传媒业其他领域发展,介入房地产等非相关领域	WO 加快现代企业制度改革,进行股份制改造;实行内部改革,推进三项制度改革,精简人员,调动员工积极性和危机意识,建立学习型企业,打造有特色的企业文化,加强网点建设和信息化建设
威胁(T) 入世后,一般图书的零售和批发放开,教材的出版及发行实行招标,主营业务垄断地位受动摇,免费教材统一政府采购,利润下降,盗版图书、音像制品和电子产品充斥市场	ST 增强核心业务,继续加强教材发行服务质量,保持不可动摇的优势扩大连锁经管,成立全省连锁配送系统,实行多元化经营开展品牌建设	WT 采取收缩、撤退战略,剥离非核心业务,专注于主营业务发展。加强培训,提高营销队伍素质

第一,SO战略。可以把企业的优势与外部机遇结合起来巩固发展,利用出版集团多年的发展形成的客户群及较好的商业信誉与有利的市场环境相结合,扩大在图书主业的市场份额,走专业化发展的道路;利用集团雄厚的资金实力与有利的国家政策相结合,延伸产业链,积极向传媒业其他领域发展;利用高素质的复合型人才及资金基础与有利的发展环境相结合,开展非相关多元化经营,找到企业的生态利基。

第二,ST战略。目的是利用企业的优势去避免外部的威胁。出版产业的竞争越来越激烈,出版集团只有充分地发挥企业自身的优势,才能有效地防止外界的威胁,并且在市场中形成比较优势,要增强核心业务的能力,继续加强教材发行服务质量,保持不可动摇的优势,针对教材利润的不断下降,利用充足的资金优势开展多元化经营,寻求新的利润增长点;实施品牌战略以应对盗版的猖獗和国外出版巨头的冲击。

第三,WO战略。可以利用外部机遇来克服企业内部的劣势。尽管出版产业面临的竞争越来越激烈,但是还存在很大的市场发展空间,并且国家的宏观政策也有利于出版产业的发展,出版集团可以充分地把握这一外部环境,采取兼并、收购、重组等方式大力进行股份制改造,吸收外来优质资本,一方面可以利用吸纳的资本加强核心业务能力,不断拓展主营业务的市场空间,另一方面可以克服集团规模小、集中度不高的劣势,实现规模经营。

第四,WT战略。克服企业的劣势,减少企业的外部威胁。目前出版产业的竞争已经相当激烈,与此同时,出版产业的市场份额和市场需求又在不断地扩大,因此,市场发展还有很大的空间,出版集团可以根据品种的优势加强品牌创新和企业内部管理,专注于核心业务的发展。针对集中度不高的劣势,可采取收缩、撤退战略,主动放弃非核心业务,将更多的精力用于核心业务的增长,才能应对和减少外部威胁。

第二节 中国出版产业集团化发展的战略模型

根据当前国外出版集团的先进经验,我们不难发现这么一个规律:国外出版集团大都选择了专业化加多元化的发展战略。随着现代出版业的发展,一般出版、教育出版和专业出版三大板块日益成为现代出版业框架的三大支柱,它们分别以出版大众图书、教育图书和专业图书为其核心业务。从进入新世纪以来,出版集团的专业化分工越来越明确。出版集团都依据自身的优势特点,大力发展能增强核心竞争力的核心业务。将集团的有效资源集中于开发拓展某一板块的业务,体现专业化水平,使集团在这一领域中居于领先地位,成为当前西方出版集团一大发展战略。

从总体上来看,全球顶尖的几大出版集团在现代出版业结构框架中都已寻找到了自己的定位,如贝塔斯曼集团、新闻集团、维亚康姆及日本的讲谈社等是瞄准大众出版市场的出版集团;美国的麦格劳——希尔公司、英国的牛津出版社等是属于典型的教育出版集团,以出版教材、教育类图书为主;以贝塔斯曼集团为例,1998年购得美国大型大众读物出版公司兰登书屋,然后将其下属的、赢利能力很强的学术出版公司斯普林格进行出售,这都源于贝塔斯曼集团希望能将其精力集中在大众读物市场上。

20世纪90年代后,各大出版集团有了调整业务结构使其相关联发展的动向,将一些相关度甚小的业务盘剥出去,但存留在集团内部的那些非出版业务却仍然是集团发展的一支强大的生力军。如著名的培生集团(Pearson),它旗下由培生教育出版集团、企鹅出版集团和金融时报集团等组成,其中包括一些非传统出版业务,如美国 NCS 培生测试出版部门(NCS PearsonTestingUnit)。据培生集团公布,集团 2001 年的出版收入增长了 19.9%,达到 33.6 亿英镑(折合 49 亿美元)。其中教育出版集团的销售额猛增了 24.1%,而这主要得益于美国 NCS 培生测试出版部门 5.92 亿英镑的销售收入和6300 万英镑的利润。如果不包括来自 NCS 的收入,培生教育集团的销售额仅增长了1%,由此可见,多元化业务的整合,确实可为集团带来更多的利润空间。

通过以上的 SWOT 矩阵分析,我们可以清晰地看到中国出版集团集团化发展的战略方向同样也采取了专业化与多元化经营混合发展的战略。为了更好地说明专业化与多元化战略混合发展的战略方向,我们提出了出版产业专业化与多元化发展模型(见图13-1)

图 13-1 中,中国出版产业集团化发展的战略模型由一个小实心圆、一个大虚心圆以及两个时间坐标轴组成。最里层的小实心圆代表专业化经营的核心业务,涵盖了出版、印刷、发行等出版领域产业链的三大环节。集团可以选择其中任何一个核心业务开

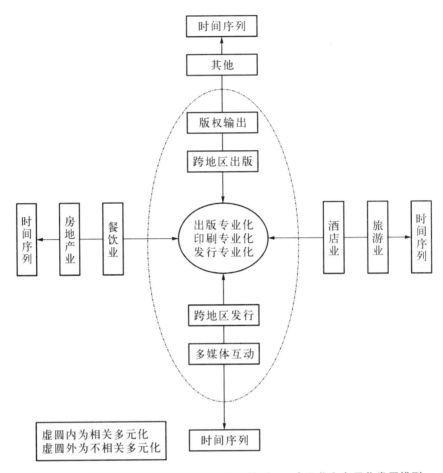

图 13 - 1　中国出版产业集团化发展的战略模型——专业化和多元化发展模型

展专业化经营。在两圆之间的业务代表出版产业的相关多元化的经营范围,这些业务与小实心圆的距离不同表示开展多元化经营的难易程度不同,距离小实心圆越远则开展多元化经营越复杂。大虚心圆以外的业务表示出版产业以外的非相关多元化领域。

中国出版产业集团化发展的战略模型具有两个鲜明的特点,一是表中的核心业务与非核心业务之间用箭头的正反方向连接起来,表示他们之间存在着作用力与反作用力的关系,核心业务始终处于支配地位,牵一发则动全身,是整个集团的生命线。而非核心业务如同一把双刃剑,其经营的好坏会直接影响集团的整体利益,甚至反作用于核心业务。

模型的第二个特点是体现了时间的动态性,市场是不断变化的,出版集团也一直处在动态的发展过程中。对于利益和风险同样巨大的专业化和多元化经营战略,集团会根据自身的特点结合外部环境的变化对经营战略做出调整,而不是一成不变的。

通过分析中国出版产业集团化发展的战略模型,可以对集团在明确未来的战略定位上起到一定的指导作用,帮助集团解决根本性的发展问题,集团存在的其他问题才能迎刃而解。

第三节　中国出版产业集团化发展战略模型的具体运用

根据中国出版产业集团化发展的战略模型（专业化＋多元化发展模型），出版集团在发展初期会将重心放在某一板块的核心业务，如出版、印刷、发行等业务，开展专业化经营。当集团发展到一定程度，具备了一定实力后，通常会在开展专业化经营以巩固其核心竞争力的同时，采取多元化战略，具体运用如下：

1. 市场拓展战略，指产品相同而销售市场在地理上各不相同的经营活动，企业的跨地区经营活动属于这种类型。出版集团以市场取向构建新的经营理念、机制和手段，在人、财、物等基础性资源配置上，大力向市场一线倾斜，构建出版主业的长效市场体系和扩张机制，使产品在省内市场、省外市场、海外市场真正能有增长、有长效。

出版社利用其良好的出版资源，扬长避短，实现规模经济发展。如接力出版社在全国300多家地方出版企业中，率先在北京设立出版中心，专门出版青少年文学、卡通动漫、生活百科等面向全国市场的五类图书，弥补了南宁本部专做覆盖广西市场教材教辅、幼儿园用书和低幼读物的不足。广西师大出版社也先后在北京、上海、广州等地成立贝贝特文化传播机构，成功实现跨区域发展战略。还有一种情况就是，出版社与他国开展版权贸易，进行版权输出，直接将出版社的优秀图书销往境外。

发行集团则会利用其多年积累下来的发行网络优势，不断拓展市场空间，如浙江、江苏等省级发行集团积极"走出去"，采取全资投资或控股、与所在地企业共同投资等不同形式，建立了跨省连锁经营大型卖场，主动融入当地的市场氛围中，积极拓宽区域市场份额。

2. 产品延伸战略，指经营与现有产品之间存在有机联系但不构成竞争关系的生产活动，即走出版产业链条延伸的战略。出版产业作为内容产业，必须要在内容上下工夫，要以内容创新为手段，培育多种媒体的内容提供能力和服务能力。出版企业的赢利模式也发生了变化，原先单一的发行利润不再是出版企业唯一的赢利模式。出版企业的赢利模式，要更多地从产业链的开发延伸中去获取，这样才能不断壮大产业实力，做大产业规模，实现出版业的超常规、跨越式发展。

此外，还要积极进行多媒体互动开发。我们所说的出版业的"多媒体互动"应当包含两层意思：一是就出版业内部而言，要使以纸为介质的报纸、图书、期刊与以磁光电为介质的音像制品、电子出版物、网络出版互动起来，实现物质形态的转化，以充分发挥其思想内容为广大受众所欢迎的作用，最大限度地实现社会效益和经济效益；二是就整个大众传媒而言，要使以纸为介质和以磁光电为介质的各种形态的出版物与电影、电视、广播等媒体互动起来，做到相互融通、相互吸收、相得益彰，把可看、可听、可视、可反复欣赏、可反复阅读、可长期保留等多种优越性综合起来，实现优势互补。这才是完整意义上的多媒体互动。为此，要着重发展以下几方面内容：

(1) 数字出版：数字出版是内容产业发展的大趋势，出版集团应高度重视。据中国互联网络信息中心(CNN工C)2007年1月23日在北京发布的"第十九次中国互联网络发展状况统计报告"显示，截至2006年12月31日，中国内地上网用户总数为1.37亿人，其中宽带上网人数突破1亿，达到了1.04亿，另外手机上网人数已有1 700万人。网民即读者，中国出版集团应深入研究充分利用网络这一平台，积极探寻新的盈利模式，将集团的资源优势转化为经济优势。

据麦格劳·希尔负责商业发展的副总裁鲍利克介绍说，对于图片丰富的教科书和专业图书的电子版来说，使用Acrobat的PDF格式的电子图书更受专业和学术市场的欢迎，因为它们可在手提电脑和桌面电脑上使用。这就为公司的业务拓展提供了新的思路。目前来说，麦格劳·希尔已经出版的电子图书，可以用于各种平台，其中大多数采用了Acrobat的Pdf MSReader格式、Mobi Pocket格式以及其他格式。麦格劳·希尔在了解市场需求后适时地发布主要面向大学生(购买对象是图书馆)的主打产品——百科全书在线版，而且针对不同的细分市场，每年还出版一些其他的相关产品。

(2) 网络游戏出版是中国出版业中增长最为迅猛的领域，每年增幅达40％。像这种高增长、高利润的领域，出版集团应予以密切关注，并积极介入。

(3) 开设网上教育课程，提供网上培训及教育服务，为机构和个人提供各种收费的专业咨询和信息服务等。二十一世纪出版社与吉德堡合作创办了国内唯一的一所出版社与吉德堡的英语学校——"二十一世纪吉德堡少儿英语学校"，学生已经突破1 000人，目前还在筹划新学校的建设。良好的合作使二十一世纪出版社取得了吉德堡学校的电子和纸质出版物出版权，码洋已达5 000万。

(4) 依托新技术，实现传统主业内容在有技术差异的平台上的转换和延伸，比如把纸媒内容变成动漫、影视和讲演培训活动。图书出版业相关衍生产品的开发也应当遵循动漫产业的发展路径。2006年，接力社与民营企业重组成立了接力天高影视动漫公司及北京接力感恩教育科技有限公司，实现了在与主业有高度关联性产业方向延伸产业的有效战略投资。通过这个平台，纸媒的内容可以变成网络和手机需要的产品形式。2007年，接力天高成功推出完全具有自主知识产权的动画电视剧《阳光少年》；同时，不断完善商业模式，有效实现了接力社自20世纪90年代以来对振兴中国原创动画孜孜不倦的追求，拥有了属于接力社的动画制作团队，在广西获得了动漫制作基地的支持。同时，接力天高与中国青少年发展基金会联合推出反映中国希望工程的公益电影《希望》，通过慈善放映，仅在广西一地就为贫困学子募得超过1 300万元的助学资金。

3. 纯粹型，指一个出版集团经营数项互相毫不相干的生产活动，如经营房地产、旅游等，属于非相关多元化领域，这种资本上的运作基于两点考虑：一方面，做好主业的同时，必须培植新的经济增长点，尽快改变过去资产结构利润结构单一的局面，否则，一旦教材教辅失去政策保护，将很难实现出版社的可持续发展；另一方面，通过多种经营和具体项目的合作参与，可以培养和积累多种经营的人才，为以后拓展多种经营路子的中长期发展规划锻炼队伍。川少社尝试进军房地产业，几年前在北京购置的房产，正赶上北京乃至全国房价的飞速提升。而四川新华发行集团在酒店服务业方面取得了不错的成绩,该集团控股下的四川新华国际酒店被国家旅游局正式评定为四星级的旅游饭店,它是成都市内又一家高档次社交、商务活动的场所,目前发展态势良好,堪称四川旅游行业一颗耀眼的新星。

第四节　中国出版产业集团化发展的重要因素

正如前文所述,中国出版产业集团化发展的战略模型可以对出版集团的发展问题的解决起到标本兼治的作用,集团在找准了自己的战略定位后,就可以有的放矢地采取不同的策略,从根本上提高集团的整体利益,并实现可持续发展。但在实际应用中,我们还需要考虑两个问题,一是核心竞争力作为企业生存和发展的能量源泉,如何增强自身的核心竞争力,从而获得比较竞争优势。二是如何处理好核心业务与非核心业务的关系。

首先,我们先看看何为核心竞争力? 核心竞争力(Core Competitive Power),又称核心能力或核心技术,是由美国著名管理学家普拉哈拉德和哈梅尔于 1990 年在其《企业的核心竞争力》一文中提出。他们认为核心竞争力是一种组织中的积累性知识,特别是关于如何协调不同的生产技能和整合多种技术的知识,并据此获得超越其他竞争对手的独特能力,它是企业独具的能在一系列产品和服务中所必须依赖的关键能力,是建立在企业核心资源基础之上的企业的产品、服务、技术、品牌等综合优势的反映。

出版集团核心竞争力指的是集团在选题策划能力、出版运作能力、营销能力、品牌形象和企业文化等方面所具有的优势与能力。它具有以下几个特点:

1. 知识性。核心竞争力是蕴藏在企业内部的能量,通过核心技术专长如独特产品、独特技术、独特的营销手段等表现出来。这种核心技术专长是一个较长时间的知识积累和运用的产物,反映了企业积淀的经历和技能,展示企业特有的经营化了的知识体系。出版的行为就是知识能力的再现。具体到每一个出版单位,其知识特性的竞争力表现不可能完全一样,有的表现为"选题策划力",有的表现为"畅销书运作技能",有的表现为"综合开发互助",有的表现为"资源整合与调控",还有的是"精品与特色创造"等等,而这都是以"知识性"为其基本特征的。

2. 辐射性。核心竞争力是知识、技术、技能等的非线性组合形成的贯穿于企业生产和营销全程的活动性能力,它使企业在保持主打产品优势的同时,不断开发推出相关的新产品。核心竞争力的辐射性主要地体现在它从核心技术到核心产品再到最终产品的辐射性功能上,即把核心技术辐射到各种最终产品,它犹如核心专长的孵化和延伸,数学定理在各方面的广泛运用,实际上是知识性能的体现,通过它渗透技术、延伸产品、拓展市场,使企业最大限度地满足消费者的需求,保证企业的多元化经营,创造更多的价值和利润,尤其是高附加的价值。

3. 独占性。一本畅销书可以被盗版,一个出版企业的营销渠道可能被仿效,但仿制企业的核心竞争力是极不现实的。核心竞争力是企业日积月累的知识，是长期形成的战略性资源，是企业的管理理念文化、价值观念等的综合力，不以清晰的一般定律式方程式模型显性化，而是以规则、运行方式、概念、文化等合理内化，使企业功能潜隐，已经不是单个元素的简单拼凑或组合，它没法用数字去衡量。贝塔斯曼的很多东西可以学，但它的管理手段，它的营销策略，它的应对市场的能力是无法仿造的。

4. 动态性。企业的核心竞争力是长期的经营实践、不断研究探索中发展形成的，它是支撑企业长期发展的主动力，有效地保证企业向上的竞争态势，因此便有较强的稳定性，但是，企业的核心竞争力总是与一定时期的产业动态、管理模式、企业资源、市场变化状态、人文环境等正相关的，这些变量的不确定性，也会使得核心竞争力呈现出一定的发展性，也是一种动态中的稳定，它会发生动态的演变，经历产生、成长、成熟、衰亡等阶段，也即是说，核心竞争力形成之后，必须注意再培育和提升，根据市场的变化、产业发展方向、管理的更新、企业自身的基础和资源状况，对企业的核心资源重新配置，实现企业核心竞争力的适时跨越，进一步扩大其竞争优势。对一般出版单位来说，初始阶段应该培育的生存能力，有了一定的积累之后，更多的是考虑超越他人的竞争力。有了较强的实力之后，应围绕扩张、形式集团化的规模经营而打造"核心竞争力"。

企业要在未来的市场竞争中赢得优势并获取丰厚利润，必须拥有自己的核心竞争力。《财富》世界 500 强和中国上市公司 50 强的成长过程表明，核心竞争力是引导企业成功的关键要素，任何一个想在未来竞争中获得成功的企业，必须明确为了赢得未来应怎样建立自己的核心竞争力。近年来，出版界对出版企业核心竞争力的关注度越来越高，并把它上升到关系企业生死存亡的战略高度来认识，一旦出版集团缺乏核心竞争力，它将失去持续发展的后劲，纵使昙花一现，终将难以在激烈的市场竞争中立于不败之地。

核心竞争力是可以通过正确的方法获取的，图 13－2 是一个核心竞争力的开发培育模型。这个模型有助于企业筛选、发现、增加及培育企业核心竞争力的要素。此模型中的核心竞争力由生产技术能力、管理运营能力、市场表现能力和转化应变能力这四个要素集合所组成，每个要素集合又由若干个要素点所形成，如图 13－2 所示。

（1）准确定位核心竞争力。不同企业，核心竞争力量是不相同的，出版业的核心竞争力也有自身的特点，每个出版集团都有一个核心竞争力的定位问题，即从什么方面入手培养什么样的核心竞争力。出版企业要在充分研究国际国内出版形势和全球经济发展形势的基础上，分析自身现状和潜在能力，明晰自己的主攻方向，发现自己的比较优势，然后确立可能培育的核心竞争力，再科学地规划一套完整的培育体系。这里，领导层的观念和能力是很重要的，如果还停留在最传统的管理与经营上，按部就班，只求平稳，那么就不会跟上国际上的企业管理新理念，企业就永远不会有创新、有大的发展。其次，领导层要有培育核心竞争力的水平和能力。

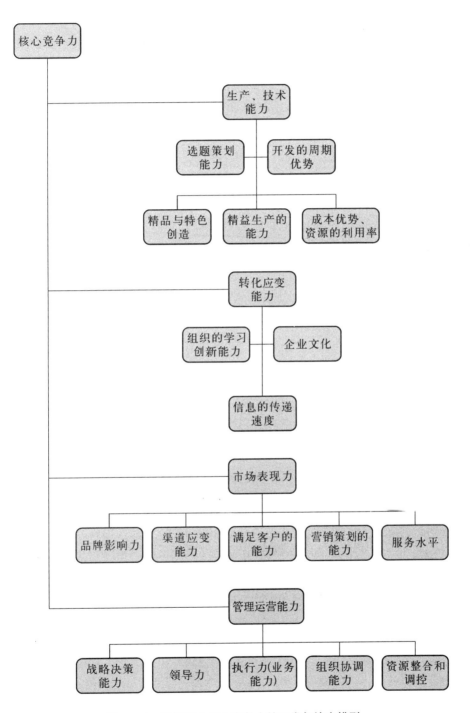

图 13‐2 出版产业核心竞争力的开发与培育模型

（2）建设人才团队。出版业是知识密集型产业,是以高知识的编辑与营销人才为主体的体系。企业竞争力的最终体现是人才的竞争力。人力资源的组合与优化是实现核心竞争力的根本,个人的素质(专业、学历、特长、敬业精神、协调性、创造性等)必然要求符合现代企业的发展要求,纯案头的编辑加工和"酒香不怕巷子深"的客观行为已经早就落后于时代,要主动抢占市场和创造市场。虽然企业的核心专长并不等于一般技术发明和创新,它是与市场需求趋势紧密相关联且不能轻易获得的关键技术及系统,但少数企业人才进行的开创性工作是基础。然而,现代企业更注重团队的作战能力。根据系统动力学的观点,专业团体创新活动比个人创新能产生更大的成果。人才团队有着一种超越个人思维的网状的、系统的、全方位的思维机制,它能把握整体变化形态、取得均衡搭配的效果,通过整体创新,使个人创新的成果增大,以弥补个人思维范围狭小之局限。因此,科学管理专业人才团队是出版业首要的也是始终的任务。要按照市场原则,根据核心竞争力的定位,重新配置和优化人力资源的人才结构,变人事工作管理为人力资源开发系统管理,用现代国际出版理念、新技术、新知识提升员工的专业技能和经营水平,培养适应国际市场竞争的管理、编辑、营销和策划等人才。

（3）打造企业文化。企业文化是现代企业发展的基础条件,是实现企业制度与企业经营战略的思想保障。是企业行为规范的内在约束,是企业活力的内在源泉,也是企业核心竞争力形成并恒稳的决定因素之一。从现实状况看,任何一个企业文化,正是这个企业在发展战略上对人的价值理念的要求,要求员工在价值理念趋势同于企业制度及战略决策。因此,企业文化实际上是企业的灵魂。充满魅力的企业文化是企业发展的动力源泉,是企业凝聚力和向心力的体现。没有自己文化的企业必然是没有朝气的、保守的、大众化的、没有任何个性的、没有凝聚力的。出版是一个重要的文化产业,它自身的企业文化建设既是企业的共有要求,更是这一特殊企业性质的必然要求。

（4）在模仿中创造。无论是发达国家的企业,还是发展中国家的企业,模仿都成为了它们强大的有效途径。出版业排名世界第三的日本就是一个典型的例子,可以说,它们的强势企业都是从模仿起步的。模仿是培育核心竞争力的初级阶段,是储蓄能量、打基础的阶段,是在创造提升自己的机会,核心竞争力的形成必须要有一定的实力作基础作保证,厚积才能薄发。模仿不是克隆,它是借鉴别人的先进的思想、观念、手段和管理模式,学习他人的先进技术,用他人之所长,补之所短。模仿也意味着创新,借他人的文化与技术,融自己的理念和专长,逐步形成自己的个性,这是超越,这是发展速度的加快,这极有利于尽快培育核心竞争力。中国出版业的发展有很多可供借鉴和学习的外国经验,同业中也有很多值得关注的成果。贝塔斯曼、迪斯尼都是有很强核心竞争力的出版企业。

（5）创建品牌。纵观世界500强企业,无一不是因品牌尤其是名牌而称雄,品牌是企业核心竞争力的集中体现。品牌是实力、形象的象征。在出版业里,迪斯尼的"卡通",商务印书馆的"辞典"等都是品牌,由此,它们有了突出的竞争力。目前,国内出版企业无论从资产实力、编辑能力、营销等,都不可能全面出击并在多个细分市场长期稳定获利,创出品牌,只可能在某几个板块、几个门类,哪怕一个板块创出一个品牌就已经是特色了,靠这一品牌就可以立足、进而走向强大。我们常说,出精品、创品牌,这绝不只是说起来好听的,出版企业在品牌观念上要创新,明确品牌实施战略,把着力点放在比较优势的产品区域上,没有品牌肯定是没有竞争力的。

第五节　中国出版产业集团两种经营战略和核心竞争力的关系

一、专业化经营战略与核心竞争力

1. 专业化经营战略的方向决定于企业对核心竞争力的正确识别。企业核心竞争力的状况,决定了企业在什么业务上能取得竞争优势,如何取得,以及能取得多大的优势,即核心竞争力的正确识别决定了企业在专业化过程中对自身业务边界的界定,业务重组的方向,对管理架构的选择,对资源分配的方式与重点,并影响着企业进入市场的角度和力度。培生集团卖出了自己在蜡像馆、拉萨德银行、西班牙主题公园的股份,买进了几家著名出版公司的教育出版部门,成为全球最大的教育出版集团;汤姆森出版集团也卖掉了一些非教育类公司,进行面向教育的规模较大的产业结构调整;麦格劳·希尔公司通过出售自己的四种化学杂志和两家意大利公司,公司业务得到优化,其核心出版业务运营更加顺畅。

2. 专业化经营战略的重点决定于企业对核心竞争力的正确规划。不同的企业拥有不同的核心竞争力,其数量从一项到几项不等。为了加速企业成长,增强企业竞争能力,研究行业的特点,正确地规划核心竞争力的培育方向,发挥企业核心竞争力的优势是十分必要的。例如目前高科技行业的特点在于创新性强、技术更新速度快,其附加值大多来源于新产品或新功能上,这对企业的研究开发能力是有很高的要求的。因此高科技企业的核心竞争力首先要定位在研发能力上,其大量资源都向研发倾斜。如 2000年,INTEL 公司研发费用达 38.97 亿美元,占净利润 37%。而 MICROSOFT 公司在2000 年的研发费用为 37.72 亿美元,占净利润的 40%,到了 2001 年其研发费用更高达43.79 亿美元,占净利润的 56.7%。规划好了核心竞争力,从某种意义上说,企业专业化实施的重点也就相应的确定下来。

3. 专业化经营战略的深化决定于企业核心竞争力的持续增强。迈克·波特的《竞争战略》(1980)提出了企业专业化竞争的三种基本方式:成本领先、特色经营和重点市场。成本领先战略是指企业通过在内部加强成本控制,在研究、开发、生产、销售、服务等领域把成本降到最低限度,成为行业中的成本领先者的战略。企业的核心竞争能力就表现为高超的降低产品成本的能力,这些能力会在特有的经验诀窍的获得中得到提高。随着特有经验诀窍的积累,企业实施成本领先战略的核心竞争能力则一步步增强了。这些给顾客带来独特利益能力的增强,在潜移默化中促进了企业专业技术、专业服务和专业精神的提升,进而深化了企业的专业化程度。全球最大的零售商沃尔玛公司,是成功运用成本领先战略的一个典范。早在 1991 年沃尔玛公司就拥有 1600 家连锁店,总销售额超过 320 亿美元,每平方英尺的销售额达到了 250 美元,远高于竞争对手的 150 美元。但沃尔玛公司并没有因此放松对核心竞争力的深入开发,它通过计算机网络和自有的商业卫星系统建立起高效的配售体系,再次把成本开支降低 2.5%。目前沃尔玛商品物流成本占销售额的比例为 1.3%,而凯玛特为 3.5%,西尔斯为 5%。这也就是说沃尔玛在同等零售上要比竞争对手多赚取 2.2% 的利润。

二、多元化经营战略与核心竞争力

1. 核心竞争力是多元化经营的先决条件

核心竞争力是多元化经营的平台和立足点,从某种意义上讲,核心竞争力决定着多元化经营。具体表现在以下两点:

(1) 核心竞争力决定多元化经营的方向和内容,核心竞争力与多元化经营是目的与手段的关系,已经形成了核心竞争力的主业与多元化经营的主辅关系,多元化经营必须服从并且服务于出版集团的主业,以能够增强核心竞争力为最终目的。因此,多元化经营的方向和内容是由核心竞争力决定的,它必须适应出版集团主业发展、拓展和竞争的需要并且服务于核心竞争力。国外一些大型出版集团多元化经营的方向和内容带有明显的以增强核心竞争力为归宿的倾向。如在 20 世纪 60 年代末创立了自己的报业王国,并建立了集团核心业务,形成其核心竞争力的默多克新闻集团,为进一步巩固其在报业领域形成的核心竞争力,将多元化经营的方向和内容锁定在杂志和电视等能与其核心业务——报业实现"资源共享、优势互补"的领域;贝塔斯曼集团早在 20 世纪 50 年代就定下了以图书为主,兼顾其他,优势互补的经营方针,图书出版一直是该集团的核心业务,也是其核心能力之所在,集团以保持并增强其在图书出版领域形成的核心竞争力为根本目的而限定了其多元化经营的方向和内容。

(2) 核心竞争力决定多元化经营的深度和广度

核心竞争力是一种基础性的能力,是一个坚实的平台,是其他各种能力的统领,它能够有力地支持出版集团向更有生命力的相关新领域延伸,并保证其多元化发展战略的成功,一个企业核心竞争力的强弱,将会决定其经营的范围,尤其是其多元化经营的深度和广度。如果一个企业拥有了强大的核心竞争力,它将可以利用其在核心业务上积累的资金、经验、丰富的资源以及独特的核心技术去涉足较多的行业和领域。如果一个企业拥有的核心竞争力较弱,决定了其多元化经营不宜太广、太深。实际上,世界几大跨国媒体公司其多元化发展都经历了一个核心业务发展阶段、相关业务发展阶段、非关联业务发展阶段的发展模式。如默多克新闻集团是以报业为其核心业务,随着实力壮大、品牌建立,其业务延伸到了电视、杂志和娱乐等领域。由此可见,核心竞争力决定多元化经营的深度和广度。

2. 多元化经营对核心竞争力的反作用

多元化经营在承受着核心竞争力对其决定作用的同时,对核心竞争力也会产生能动的反作用,它表现在:

（1）多元化经营能增强或削弱核心竞争力

成功的多元化经营能够促进核心竞争力的发展与融合,提高核心竞争力的使用效率,多元化经营能够降低主业的经营风险,为主业提供资金服务和资源支持,以便更好地保持主业的竞争优势和维护集团的核心竞争力。由于默多克新闻集团成功的多元化经营,其在报业领域的核心竞争力得到更进一步的加强,贝塔斯曼出版集团的多元化经营更加巩固了其在图书出版领域的竞争优势,国外不少集团回归主业或相关联行业,就是为了通过成功的多元化经营以巩固并提高其核心竞争力。中国的外语教学与研究出版企业在奠定了外语出版"霸主"地位的同时,提出了定位准确、难以复制的产业理念,即"面向全民外语教育,提供全面解决方案",包括网络教学、电视教学和师资培训三大领域,正因为其立足核心竞争力,围绕核心资源的成功多元化经营,使得其获得了令同行们望尘莫及的竞争力。

失败的多元化经营将会导致企业陷入困境削弱甚至丧失核心竞争力,巨人集团是最早推出汉字卡的公司,由于插手生物工程、房地产等无相关行业,结果在房地产项目上陷入困境。核心竞争力受到极大影响。在出版业投资无关联行业造成血本无归的例子也不在少数,科尔西集团就因为多元化经营而败走麦城,使其核心竞争力受到重创。一些出版集团因为忽略核心产品的开掘和企业核心竞争力的重塑,受某种社会投资热潮的诱惑而盲目地投资自己不熟悉也与主业无关的酒店、房地产、证券行业,结果失败了,且严重影响了主业。因此,在开展多元化经营的同时,必须谨防多元化经营所带来的连锁反应。正如一元可以产生多元并影响多元一样,多元也可增强或者毁灭一元。

（2）多元化经营能发掘和完善核心竞争力

核心竞争力不是一种固化的竞争力,而是一个动态系统。随着科技的进步,市场的发展,原有的核心竞争力可能会演化成一般的能力而丧失竞争优势。因而企业必须时时关注核心竞争力的发展演变并不断推进、丰富、甚至更新。基于核心竞争力选择性多元化经营可降低风险、提高效益,我们应强化企业现有核心竞争力并获取新的竞争力。以报纸起家的默多克新闻集团在 60 年代末就建立了自己的报业王国,确定了报业为其核心业务并成为核心竞争力,由于其后来成功的多元化经营战略,影视娱乐业收入占到了集团收入的 50%,而报纸仅占 25%,影视娱乐业也成为集团的核心产业,集团在完善其在报业领域核心竞争力的同时,又发挥了其在影视娱乐业领域的核心竞争力。

从前面所谈到的出版集团的战略定位中可知,各个集团在不同的发展时期,根据各自的优势和发展方向应有不同的市场定位,因而集团的各项产业在同一时期不可能齐头并进。受历史条件、人才、储备、资金实力、技术发展等多方面因素的影响,不同的出版集团在不同的历史发展时期具有不同的业务重点和经营特色。即使采用纵向扩张发展模式(沿着出版产业链延伸拓展)的大型出版集团,也不是产品价值系统上下游关系的简单一体化;采用混合扩张发展模式(多种媒体的多元化经营)的出版集团,也并非采取遍地开花式、均衡用力的方式进行产业发展布局。因而一个步入正常发展轨道的出版集团,它总是根据集团发展战略的需要、市场的需求和自己敏锐的市场判断,先知先觉地介入高增长、高利润的领域,开发适销对路的产品,培育品牌,扩大市场占有份额,进而垄断市场,获取超额利润,实现超常规发展。从本质上说,这是集团及时调整产品结构、培育新的经济增长点的结果。

第六节　中国出版产业集团化发展核心战略对策

通过对中国出版产业集团化的分析,我们可以清楚地看到,目前中国出版业的体制不健全、资本力量弱等因素严重制约了出版产业集团化的发展。中国的入世在很大程度上改变了出版产业的生存环境。经济全球化的结果必然带来信息传播全球化,使传媒有更多的信息可以利用。我们的目标,就是要使整个出版产业成为国民经济的一个重要组成部分,形成一个比较完善的产业体系,具备较强综合实力和市场竞争力,具有可持续发展的后劲。同时,出版经济实力的增强,技术手段的进步,将更加有力地实现传媒肩负的"以正确的舆论引导人"的使命和文化传播及积累的功能。

1. 立足主营业务,不断谋求企业竞争优势对于一个企业而言,没有核心的主业是不可想象的。核心主业就好比企业的重心。重心不"重",就不稳;没有核心主业,企业就不会在市场竞争的大潮中站稳脚跟。纵观全球最大企业 500 强,其主业都很清晰。例如通用汽车公司、可口可乐公司、麦当劳公司、宝洁公司等等,这些企业几十年一贯制,盯住主业,创出一条路子,得到丰厚利润。当然,企业规模大到一定程度后,实行多元化经营是必要的,但多元化经营决不能抛弃主业。这是因为:首先,任何企业的资源都具有稀缺性,如果把有限的资源平均分配到不同的业务上,势必造成在任何一种业务上都投入不足,从而也就难以形成核心竞争力;其次,只有主营业务突出,才能明确企业的成长方向和未来走势,从而才不会被纷繁复杂的表面市场机会所诱惑。事实上,实施多元化经营战略与发展主业并不是对立的,两者之间应当是相互促进的关系。可以这样认为,企业是一棵大树,主业和主导产品就是根,任何忽视和放弃主业与主导产品去发展多元化经营的做法都是不可取的。

2. 实施品牌战略,是出版事业坚持社会主义方向的体现,是适应社会主义市场经济体制的必然要求,树立精品意识,建立出版策划机制选题策划要保证科学性、前瞻性,出版、发行、宣传方式策划又要独特,具有可操作性,使整个出版过程都是在精心策划指导下的精心组织、精心施工,使内容精、形式新的精品图书层出不穷。出版集团在树立精品意识的同时,还应把追求精品出版的策划编辑制作为制度来建设,充分发挥策划编辑制集约化经营和资源优化功能,使精品图书推而广之,成为出版企业的特色。

3. 树立创新意识,建立人才成长机制。创新是精品出版的灵魂,出版创新主要是出版人、出版理念和管理制度的创新,要求策划编辑善于捕捉信息,抓住机遇,从出版物的内在质量与外在形式,独辟蹊径,别树一帜,给读者以全新的感觉、独特的视角和瞩目的吸引力。策划编辑制"以人为本",实现了出版人力资源的合理开发和优化配置,出版企业应以此为基础,完善激励机制,建立人才成长机制,开创一个出版人才辈出的新局面,为创新提供人力上的保证。出版集团还应充分发挥策划人个体高智能、创造性的优势和前瞻性思维的特长,发挥策划团体和策划编辑制制度创新的活力,在思想内容和表现形式上创新,在出版理念和宏观规划上创新,创造出自成一家的精品系列,以鲜明的特色作为立社之本。

4. 树立市场意识、风险意识,建立集约化经营机制。社会主义市场经济条件下,实施精品战略,就是要在坚持社会效益的前提下,努力实现社会效益和经济效益的统一,精品出版物的市场覆盖面越大实现的社会效益越高。但是,精品出版物的人力、资金投入大、成本高、周期长,最终要接受市场经济优胜劣汰法则的检验,具有一定的风险。出版企业要树立市场意识、风险意识,充分发挥策划编辑制出版组织关系制度,创新在图书生产和市场营销中的能动作用和增值作用,建立集约化经营机制对市场信息、生产过程、出版资源和资本进行整体运作,敏锐地把握现有市场,准确地感知潜在市场,最大限度地开发市场、引导市场、优化市场,最终以精品出版物占领市场机制的形成,推动整个出版物市场的升级改造和良性循环。

参 考 文 献

1. 迈克·波特著. 陈小悦译. 竞争优势. 北京:华夏出版社,2001

2. 刘庆元. 企业战略管理. 北京:中央广播电视大学出版社,2002

3. 刘庆元,刘宝宏编著. 战略管理:分析、制定与实施. 大连:东北财经大学出版社,2001

4. 甘平编著. 现代企业战略管理. 北京:经济科学出版社,2002

5. 白光主编. 创企业经营优势. 北京:中国物资出版社,2002

6. 罗伯特希金斯著. 财务管理分析. 沈艺峰等译. 北京:北京大学出版社,科文(香港)出版有限公司,2000

7. 劳伦斯·S. 克雷曼著. 人力资源管理:获取竞争优势的工具. 孙非等译. 北京:机械工业出版社,2008

8. 傅浙铭,张多中著. 营销八段市场定位方略. 广州:广东经济出版社,2000

9. 祁军,喻世友,杜会杰编著. 21 世纪商学院 MBA 全球最新案例广州:中山大学出版社,2002

10. 靳新,王化成,刘俊彦主编. 财务管理学. 北京:中国人民大学出版社,1999

11. 周蔚华. 出版产业研究. 北京:中国人民大学出版社,2005

12. 郝振省. 2005—2006 中国数字出版产业年度报告. 北京:中国书籍出版社,2007

13. 冯广超. 数字媒体概论. 北京:中国人民大学出版社,2005

14. 汪林中. 书业营销与渠道创新. 中国出版社,2000

15. 夏春玉. 营销渠道的冲突与管理. 当代经济科学,2004

16. 迈克尔·J·贝克. 市场营销百科. 李垣译. 沈阳:辽宁教育出版社,1998

17. 菲利普·科特勒著. 营销管理. 梅汝和等译. 上海:上海人民出版社,1999

18. 伯特·罗森布罗姆. 营销渠道管理第 6 版. 北京:机械工业出版社,2002

19. 大卫·帕默里. 制定营销计划. 曾令美译. 上海:上海远东出版社,1997

20. 贾永轩. 营销网络设置与管理. 北京:经济科学出版社,1998

·